U0466176

原生家庭，
一所隐秘的学校

乌实——著

华夏出版社
HUAXIA PUBLISHING HOUSE

图书在版编目（CIP）数据

原生家庭，一所隐秘的学校 / 乌实著 . -- 北京：华夏出版社有限公司，2025.1

ISBN 978-7-5222-0663-9

Ⅰ . ①原… Ⅱ . ①乌… Ⅲ . ①家庭关系—社会心理学—社会心理学—研究 Ⅳ . ① C913.11

中国国家版本馆 CIP 数据核字（2024）第 027826 号

原生家庭，一所隐秘的学校

著　　者	乌　实
责任编辑	王秋实

出版发行	华夏出版社有限公司	
经　　销	新华书店	
印　　装	三河市万龙印装有限公司	
装　　订	三河市万龙印装有限公司	
版　　次	2025 年 1 月北京第 1 版	2025 年 1 月北京第 1 次印刷
开　　本	710×1000　1/16 开	
印　　张	26.25	
字　　数	350 千字	
定　　价	88.00 元	

华夏出版社有限公司
网址：www.hxph.com..cn　地址：北京市东直门外香河园北里 4 号　邮编：100028
若发现本版图书有印装质量问题，请与我社营销中心联系调换。电话：（010）64663331（转）

致 谢

在内在成长领域，我已经工作了15年以上。以我的观察和经验来看，许多人生命模式中的快乐、成就以及困扰、挑战的成因，往往可以追溯到其在原生家庭中的成长经历。

但只是追溯，并不能创造、改变和超越，我们还可以治愈自己，转化生命的模式。我们不仅是过去的"结果"，也可以成为未来的"原因"。创造我们生活的主人，始终是我们自己。

这本书可以帮助你，借助过往的经历，以此刻为起点，实现内在的成长和疗愈。任何一个原生家庭的生长环境，都可以视为一所藏有资源和礼物的学校，等待你发现其中的秘密，迎来生命蜕变的毕业典礼。

本书部分内容脱胎于我的在线课程"21个深度冥想疗愈你和父母的关系"，由张德芬空间和心探索共同出品。感谢张德芬空间的伙伴们的发起，感谢心探索的杨富强、曹青双和陆冬银在课程和图书交付中所做的贡献。感谢华夏出版社的秋实老师，因她的编辑和出版工作，本书得以与你见面。

感谢我的父母，他们一直尽其所能地给予我伟大的爱，也让我体验到原生家庭关系的重要性和意义，体验到爱、成长与治愈。我为成为他们的孩子感到骄傲和幸福。感谢我父母的父母们、我家族向上数的每一位成员，当我朝向未来时，我能感到身后有他们坚定的爱的力量。

感谢我的太太钱素兰，感谢她爱的流动，让一切都顺畅、简单而圆融。简单是难得的智慧。感谢我的孩子们让我体验生命之流的奥秘，体验作为他们的"原生家庭"，我们能做些什么贡献，经历什么挑战，并得到什么样的启示和成长。

我记得 2018 年暑假，我和素兰带着一家人去度假，望着老人们和孩子们在博物馆上上下下，走走停停，笑逐颜开，我似乎看到生命之流在殷切的鼓励中流动着，流经一代又一代。在那个博物馆一角的长椅上，我写下了"21 个深度冥想疗愈你和父母的关系"的课程大纲和大部分内容框架。感谢每个所遇所见带来的启发。

本书中的人物故事综合了我的学员和朋友们的一些成长故事，他们作为"代表"讲述了一些探索者，如何经由原生家庭这所学校，让自己的内在频率得以提升，体验经由改变带来的内在力量和心灵自由。感谢他们，让我见证了这些动人的成长故事。

书中的练习是结合我自己的练习实践、指导经验以及内在指引而来。练习中的一些设计，参考自前辈导师和分享者，感谢他们的探索、实践和分享。这些老师包括索菲和伯特·海灵格、罗宾·葛萨姜、斯蒂芬妮·斯蒂尔、露易丝·海、汤姆·斯通、莱斯特·利文森，等等。

感谢所有经历和遇见，感谢每一位勇敢的内在探险家，感谢此刻你也在这里。感谢生命之流总会给我们最好的，让我们有幸一窥这进程背后的秘密。

目 录

第 1 章　生命之流中的承袭与抗拒 ·· 1

第 2 章　与父母的关系是所有关系的起点 ·· 15

　　第 1 节　你与财富的关系和你与父母的关系 ····························· 20

　　第 2 节　亲密关系和与父母的关系 ·· 27

　　第 3 节　亲子关系和与父母的关系 ·· 34

第 3 章　在与父母关系中成长的四个阶段 ·· 43

　　第 1 节　第一阶段：无意识阶段 ·· 49

　　第 2 节　第二阶段：归因阶段 ··· 55

　　第 3 节　第三阶段：改善阶段 ··· 62

　　第 4 节　第四阶段：觉醒阶段 ··· 75

　　第 5 节　与生俱来的隐蔽学校 ··· 82

　　练习 1　回溯生命源头 ·· 97

第 4 章　超越原生家庭困境的七把钥匙 ·· 101

　　第 1 节　在关系中觉察内在的真正需求 ································· 104

　　第 2 节　把握命运的长绳 ·· 112

　　练习 2　从父亲/母亲那里，你最想得到什么？ ····················· 120

1

第 3 节　超越原生家庭困境的七把钥匙⋯⋯⋯⋯⋯⋯⋯⋯⋯⋯ 123

第 5 章　钥匙一：开放
重新认识父母和我们自己⋯⋯⋯⋯⋯⋯⋯⋯⋯⋯⋯⋯⋯⋯⋯⋯**127**

　　第 1 节　经由了解感受爱⋯⋯⋯⋯⋯⋯⋯⋯⋯⋯⋯⋯⋯⋯ 130
　　第 2 节　从另一个角度认识父母⋯⋯⋯⋯⋯⋯⋯⋯⋯⋯⋯⋯ 137
　　第 3 节　爱来自接受本来的样子⋯⋯⋯⋯⋯⋯⋯⋯⋯⋯⋯⋯ 145
　　第 4 节　父母真正给予了我们什么？⋯⋯⋯⋯⋯⋯⋯⋯⋯⋯ 149
　　练习 3　冥想练习：看向母亲代表的光芒，接受创造一切的力量
　　　　　⋯⋯⋯⋯⋯⋯⋯⋯⋯⋯⋯⋯⋯⋯⋯⋯⋯⋯⋯⋯⋯⋯ 160
　　第 5 节　开放，是转变的第一把钥匙⋯⋯⋯⋯⋯⋯⋯⋯⋯⋯ 163

第 6 章　钥匙二：接纳
与父母的冲突不是外在冲突，而是内在冲突⋯⋯⋯⋯⋯⋯⋯**169**

　　第 1 节　与父母的冲突不是外在冲突，而是内在冲突⋯⋯⋯ 172
　　第 2 节　接纳再行动，是疗愈的重要一步⋯⋯⋯⋯⋯⋯⋯⋯ 180
　　第 3 节　"爱在调频"转化三角⋯⋯⋯⋯⋯⋯⋯⋯⋯⋯⋯⋯ 187
　　第 4 节　接纳打开一扇门⋯⋯⋯⋯⋯⋯⋯⋯⋯⋯⋯⋯⋯⋯ 195
　　练习 4　冥想练习：疗愈孩童时的自己⋯⋯⋯⋯⋯⋯⋯⋯⋯ 198

第 7 章　钥匙三：非评判
生命中的天然脆弱，并不是谁的错⋯⋯⋯⋯⋯⋯⋯⋯⋯⋯⋯**203**

　　第 1 节　揭开自己的标签⋯⋯⋯⋯⋯⋯⋯⋯⋯⋯⋯⋯⋯⋯ 206
　　第 2 节　生命中的脆弱感、无能感和愧疚感⋯⋯⋯⋯⋯⋯⋯ 217
　　第 3 节　走出自己的评判，才拥有自由⋯⋯⋯⋯⋯⋯⋯⋯⋯ 225
　　第 4 节　非评判，解开自我否定的束缚⋯⋯⋯⋯⋯⋯⋯⋯⋯ 236

练习 5　冥想练习：释放内在批判 ················ 246

第 8 章　钥匙四：肯定

你不需要向外寻找被认可和被尊重的价值 ················ 249

第 1 节　四个核心限制性信念 ················ 252

第 2 节　感到不被肯定、不被尊重，意味着什么？ ················ 265

第 3 节　解除禁止信息，感受自己的力量 ················ 272

第 4 节　肯定父母的价值，意味着肯定自己的价值 ················ 280

练习 6　冥想练习：根植大地，放飞自我 ················ 283

第 9 章　钥匙五：界限

分清各自责任，尊重边界和位置 ················ 287

第 1 节　需要不等于爱 ················ 290

第 2 节　界限意味着允许各自为自己负责 ················ 296

第 3 节　分清三种界限 ················ 302

第 4 节　厘清责任，走出模式限制 ················ 311

第 5 节　尊重父母必须经历的成长，尊重各自的序位和责任 ················ 320

练习 7　冥想练习：释放父母冲突对你的影响 ················ 329

第 10 章　钥匙六：放手

清理干扰能量 ················ 333

第 1 节　放手即转化 ················ 336

第 2 节　成长是一个拿起和放下的过程 ················ 344

第 3 节　与父母和解，意味着对安全的肯定 ················ 351

第 4 节　不确定世界里的确定的目光 ················ 360

练习 8　冥想练习：回家之路 ················ 365

第 11 章 钥匙七：爱

爱是道途也是答案 ············369

第 1 节　爱是钥匙，也是拿着钥匙的手 ······ 372
第 2 节　无条件的爱 ································ 383
第 3 节　从宽恕到无所宽恕 ······················ 394
第 4 节　我们曾经就是"一个" ··················· 401
练习 9　冥想练习：由爱到爱 ····················· 408

第 1 章

生命之流中的承袭与抗拒

第 1 章
生命之流中的承袭与抗拒

"这里有着怎样的关联?在这些关联里,有着怎样的秘密?"

一只名叫"不不"的小瓢虫,望着闪烁的北斗七星出神。他想搞清一个奇怪的问题:"为什么我身上,恰巧也有七颗星星,而不是五颗,不是八颗、十颗?为什么我与这天上的星星,会有着巨大的共鸣,仿佛那里总是牵引着我,就像我的家园,就像挥之不去的梦境?"

其他小虫子们并不能理解他的困惑,更别说回答他的问题了。小瓢虫不不只好自己踏上寻找答案的路。他感觉那遥远的七颗星星正召唤他穿越丛林,翻越群山。那些注定要寻找的秘密,也许就藏在去往答案的旅途上。

而他此刻无法推测和想象,这些秘密意味着什么。

每个人都在寻找自己看不到的秘密

琼敏带着一些有关原生家庭的疑问求助于我。有一次,我把这个小瓢虫的故事说给她听,她觉得特别有共鸣。

"我的命运——我这一生的命运,就是从我爸妈那里开始的。那么,在我和我爸妈的关系里,会不会也藏着我生命历程的秘密?我追寻这个答案的过程,会不会也能揭开某些秘密?"

13岁起,琼敏就有些叛逆。她开始不那么顺从于妈妈对自己的安排,这让妈妈对她的管控更加严厉。爸爸虽然有不同意见,但估计他不想和妈妈争执,就慢慢退居教育孩子的二线,沉浸在他的工作中了。

琼敏回家和妈妈的对话,一般开头都是妈妈问"今天表现怎么样?",结束语基本是:"我都是为了你好,你怎么跟你爸一样,你爱怎么样就怎么样吧,以后别说你是我女儿。"接下来会有砰的一声摔门声,有时候来自妈妈,有时候来自琼敏。

也许就从那时起,家对于琼敏来说,从以前依恋的安乐窝,逐渐变成了立志要逃离的地方。

一方面,她不断反抗,另一方面,她也会稍作妥协,在摇摆着的平衡中,她度过了中学时代,然后如愿考上了离家很远的大学,开始了她认为可以自主的生活。

第1章
生命之流中的承袭与抗拒

毕业后，她开始为独立生活而打拼。一边奋发向上，争取体面光鲜不丢人，一边应付着内心在各种关系刺激下涌出的愤怒、压抑和委屈。

办公室斗争，跳槽，再斗争；投资，负债，创业时成时败；初恋，分手，各种短暂关系；结婚，离婚，成为单身母亲……日子在"鸡血"、"狗血"和泪水、汗水间辗转向前，不舍昼夜。她的生活像我们大多数人的生活和生计一样，尽管有着95%的痛苦和不如意，但也间或闪烁着5%的希望和慰藉。

生活像激流中的小船，琼敏奋力划着桨，也不断被迫调整着方向。她经历着躲过暗流的得意，也遭遇着被拍在礁石上的遍体鳞伤；她经历着精疲力尽的无助、无力和沮丧，也时不时能看到岸边一些短暂光亮带来的希望。可是，无论她怎么调整、闪躲、奋力划桨，当你把镜头摇到高处，俯瞰她的小船时，小船都在激流的河道中，不可避免地随波逐流着。这河道，这激流，这暗礁，这小船，就像传说中莫名的命运。

直到有一天，她跟女儿发脾气，脱口而出："我都是为了你好，你怎么跟你爸似的，你爱怎么样就怎么样吧，以后别说你是我女儿。"

然后，她砰地关上房门。她停了一下，扶着椅子背。忽然，她崩溃了。

仿佛那么多年的奋力奔跑之后，她自以为跑了很远，自以为摆脱了自己所厌恶的，却猛然发觉，自己仍在原点。那么多年竭尽全力地挣扎，以为一切已经改变，却发觉自己仍只是在重复着、重复着。所谓改变，只是浮于表面。那个她曾全力抗拒的，就是如今的她自己，以为已出走半生，却发现自己从来未曾离去。

于是，她隐隐有一个感觉，这一切里没有"巧合"。自己与父母的关系中，或许刻着所谓"命运"的印记，年少时的那些与父母的依恋与抗拒，其中或许就埋藏着她生命历程中每个发生背后的秘密——同时，也埋藏着她所寻求的、打开改变之门的钥匙。

坐在我面前，琼敏问："那只小瓢虫的故事，后来怎么样了？"

这只小瓢虫叫"不不"，"瓢虫不不"的故事在我头脑里萦绕十几年了，我一直想把这个探索故事写下来，但一直没有动笔。因为这些年，我自己仿佛就走在这个故事的旅程里。故事的情节在纸面上虽没展开，但故事的实践在生活里却在继续。这些探索和实践带给我的领悟，让我对生命的认识与十几年前大不相同，也让我发生了深刻的转变。

我告诉琼敏，那只小瓢虫后来找到了他的答案，他在对未知秘密的寻找中，体验了生命的意义。

"那么，在我和家的关系里，在我和我爸妈的关系里，也埋藏着我所谓'命运'的秘密？"琼敏问。

"从某些角度来说，的确如此，我们都不是凭空而来的。"我说。

在家族模式的洪流中寻找坐标

我们都不是凭空而来的。每个人都有父亲母亲，每位父亲母亲也都有他们的父亲和母亲，他们的父亲和母亲，也有着各自的父母。一代代的生命故事就像一条条奔腾交汇的河流，汇入我们的生命之流。

在我们意识到这条河流的全貌之前，我们就只是自然而然地顺流而下，我们是"自动的"。生命中的发生，以及生活本身，就像一朵朵浪花起起落落，我们无法理解为什么自己会被一下子推起，又被淹没，为什么生活时而平坦顺畅，时而急转直下，让我们在礁石上跌落又弹起——为什么我们会陷入一个个类似的困境和痛苦，为什么我们会做出一个个自动化的情绪反应，我们又为什么会不自觉地做出一些不甚明智却又悔而不改的行为和决定。

如果我们有意识地观察自己的生命模式，我们就仿佛站在高处，俯瞰这条生命的大河。我们知道，这汹涌的水势从何而来，我们该如何建渠引流，如何能绕开险滩，如何不再制造险情。如果掌握了这河流的秘密，我们就可以把生命模式从"自动的"转变为"自觉的""主动的"。

这些生命模式是从哪里来的呢？其中有很大一部分来自你儿时和父母的互动；来自你在这些互动中，形成的内在信念系统、评判体系以及情绪能量等对你生命模式影响重大的组成因素。

而我们的父母，也具有他们自己的信念系统、评判体系以及情绪能量，他们也是带着这些模式与我们沟通的。这些模式形成了河道的上游，我们可以把它们简单地称为"家族模式"。

对于"家族模式"，我们一般有两种反应：承袭和抗拒。

无论我们对"家族模式"是承袭还是抗拒，我们都不能轻易扭转这奔腾而来的生命模式之流——这所谓的"命运"。因为这些承袭和抗拒，正是这些河流得以影响你的重要原因。

自动化的承袭与抗拒

"承袭,我知道,就是继承呗。"琼敏说,"比如我爸爱喝酒,可能我也不自觉地觉得喝酒挺帅;我妈看不起某个类型的人,我也自然而然地容易看不起他们。这个好理解。但是抗拒呢?比如她看不起某类型的人,我反对她的看法,甚至反感她的看法,那么她的看法也会影响我吗?"

"会的。"我说。

一般来说,在没有觉察的情况下,生命中的很多模式是在"自动化"地发生的。简单地说,在我们具备分辨判断、逻辑思考的能力之前,家族中的习惯、习性、价值观等会被我们自动继承。比如父母看待人、事、物的方式,评价人、事、物的标准和倾向;比如父母的说法方式、待人接物的自然反应;比如父母如何判定一个人是好是坏,对一件事是选择赞美还是贬低,看待一个结果是以积极的方式还是消极的方式……这些都自动进入我们潜意识之中。我们自然而然地就承袭着这一切。

每个人,包括我们的父母、我们父母的父母,在幼年时期甚至胎儿时期,对收到的信息还没有能力判断的时候,几乎都会全盘接受来自自己父母的信息,或者亲近的养育者的信息。在那时候,父母或亲近的养育者是自己百分之百信任的人。

我们可以观察到,这个沿袭的流动中,如果没有人有意识地觉察这些信息，调整这些信息，那么这个家族整体上会保持着很多相似的习惯、态度、反应和价值观。

就像有些人说，你看，这就是这个家族的命运，他们一看就是一家的。

这些来自父母的信息、信念、评价方式甚至情绪能量，在我们还没觉察这一切时，会以"照存"的方式被我们所承袭。我们在身体里自动运行的这些信念、情绪、评价标准，形成了我们底层的操作系统——如果用电脑打比方的话。

而我们开始发展出逻辑思考，开始用新知识、新见解、新见识武装自己，而这些只是如同我们在电脑上安装了一些新程序。这些程序无论多么新颖，仍然还是运行在电脑底层的操作系统上。或者用智能手机来比喻，你可以为手机安装各种各样的APP，但这些APP仍然运行在手机的底层操作系统上。

你很难通过安装新程序来修改操作系统。它们不在一个层面上。

我们遇到的困境，就像地面上的杂草，我们看见它们、剪掉它们，但"野火烧不尽，春风吹又生"，过不多久，我们发现自己又再次处在杂草中，处在困境中。就像爱因斯坦所说："你无法在制造问题的同一思维层次上解决这个问题。"没有"根"治，杂草总会自动生长。

随着我们长大，我们的分析辨别能力越来越强，我们也接触到更多元的观点、更新鲜的想法，更重要的是，我们的自主力量越来越强，独立愿望越来越强，我们开始需要表达自己与父母不同的见解，以表示"我"是作为独立个体而存在的。我们开始需要自己掌控自己，体现和彰显自己的力量。彰显力量，需要一个对象、一个靶子。在家庭中，这个靶子首先就是父母的控制。于是我们会用各种方式对抗父母的控制，或者试着摆脱父母所代表的传统对自己的影响，让自己拥有属于自己的力量和空间。

无论是抗拒家族沿袭着的价值观，还是抗拒父母对我们的控制、期待，抗拒传统的作风习惯，等等，都可以视为对自己"一定要承袭家族模式"这件事的抗拒。有时候父母越强势，孩子的逆反和叛逆就越激烈。

即使你没表现出多么逆反和多么激烈的对抗，你也一定有过对父母声音的抵触，甚至他们还没开口，你心里的抵触的声音就响起来了。

"是啊，有时候我妈还没说什么，我就好像预感到她要说什么，心里就开始跟她争论起来了。而且心里还她一句我一句，越说越激烈。"琼敏说。

"那后来，她真那么说了吗？"我问。

"嗯……忘了。不管说没说，反正都跟已经大吵了一架差不多。"她说。

"所以我们经常在心里'大吵一架'，但实际上什么也没发生。"

"是，还把自己累得不行。"

也许我们经历过与父母的大量争执，但比这个更大量的，是我们内心响起的争执。我们会在后面谈到这个话题。

比起外在对抗，我们内在看不见的对抗也许更为惨烈。当然，你或许会说，内在对抗还不是因为有过外在对抗，但无论什么原因，我们更多是在内在对抗中受苦。

对于我们遇到的问题，比起如何归因溯源，如何找到"罪魁祸首"，甚至如何"复仇成功"，我更关心的是，你还为此痛苦吗？

很多人终其一生都在斗争，也许最终赢得了无数外在的战争，却一生都受困于内在的战争。

我们开始抗拒家族模式，但家族模式早在我们有抗拒意识之前，就已经埋在我们的潜意识中了。我们的对抗，其实是某种内在的对抗。

我们能通过对抗打败我们不想承袭的家族模式吗？我们能通过抗拒来改变家族命运影响下的自己的命运吗？有时候，它们看似是可以改变的，但这些改变，仍然只是停留在修剪杂草的层面上。

"就像我那么讨厌我妈对我的方式，和我妈打了那么多年，可我跟我女儿说话的语气和内容却和我妈如出一辙。一切就像当年我讨厌的一样。我抵触我妈张嘴闭嘴就是别人家孩子，可我自己一开口也是'你看人家谁谁谁'……"琼敏说，表情黯然。

就像作用力和反作用力，你抗拒的力量越大，对面返回的力量也越大。在你内心的较量之中，你很难改变你所抗拒的东西。你内在抗拒的东西往往不会轻易消失，对你来说，它反而还会更强大。

对于承袭而来的家族模式，其中那些让你感到痛苦的组件——比如阻碍你的内在信念、评判标准、应对方式、负面情绪、匮乏和欲望等等，它们藏在我们的潜意识之中，我们姑且称它们为"干扰能量"。它们干扰清晰和专注，干扰我们做出符合当前利益的决定和选择。

我们一直抗拒和打压这些干扰能量，但它们非但没有因为我们的抗拒而消失，反而变得越来越顽固，时不时给我们来上一老拳，让我们觉得这一拳比当年更痛。

有时候，我们并不正面对抗，而是选择压制或压抑，回避或者逃避，但压抑、回避也是一种抗拒。我们只是转移了注意力，那些让我们痛苦的干扰能量只不过被深藏在注意力之外，并没有因此消失。

就像一个清朗的秋夜，山谷的天空中挂着弯弯的月亮，而你不喜欢这个月亮。你把头转向远处墨蓝色的群山，你告诉自己：月亮没有了，月亮没有了，月亮没有了！可是此时，你清楚地知道，那一弯月亮已更深地印入你的心中。

压制和回避会让你有个错觉，好像问题已经解决了——"那些情绪已经被我控制住了"，可是，当外部某些刺激条件具备时，那些内在深藏的干扰能量就与外部条件共振，开始让你感到痛苦。"树欲静而风不止"，可是如果没有哗哗作响的树叶，风又如何与它合唱、与它共振呢？

你天生就置身于一种命运的洪流中。无论沿袭还是抗拒，家族模式都会对你产生巨大的影响。无论是沿袭和抗拒都不能形成有效的疗愈和转化，不能驾驭洪流转向你想去的方向。

对于给你带来困扰的"干扰能量"，如果没有进行有效的转化，那么某些根深蒂固的模式将会以一种无意识的方式，继续沿着你的生命历程，潜移默化地影响你的孩子，就像它们曾经影响着你，影响着你的父母、父母的父母一样。

如果你想转变所谓"家族的命运"，扭转这条洪流，那么你能做的最有效的转化就是自我转化，走上一条内在觉察与治愈的道路。

看到、了解那些"你想摆脱或你想抗拒的东西"是第一步——它们到底是什么？它们的存在曾经就像呼吸，天然、自动地发生着，而你并不察觉。如今，你看到了它们——至少看到了它们表面的样子，体会到了它们带给你的感受，然后，随着你的不断了解，你可以看到更深的东西，进而使有效的觉察、接纳和释放——更有效的疗愈，成为可能。

了解可以帮助你认出爱。当你释放掉那些"干扰能量"，你会更加清晰地看到命运带给你的礼物——那些资源和挑战中埋藏的秘密。

我的"来路"就是专门给我制造麻烦的吗？

"也就是说，要解决我现在生活里遇到的问题，或者'我怎么那么命苦'的问题，我需要去了解我和我父母关系中的问题，先看到，再转化——是'转化'吗？"琼敏问。

"对，转化。这是一个区别于忽视或对抗的过程，也不仅是安慰或治愈。因为你其实没什么需要'治'的。你的内在有你所有的答案，有你需要的力量。你不需要被什么人拯救。你只是经过觉察、接纳和释放或者放下，把你遇到的挑战转化为生命资源，并且在这个过程中，认出你自己所拥有的力量。"我说。

"这就是秘密吗?我们的确不是凭空而来的,但我的'来路'就是专门给我制造麻烦的吗?"

"哈哈,你所能看到的东西,会随着你的转化而变化。刚才说的,可以说是第一层秘密。体验到了第一层之后,也许你还会深入到第二层。"我继续说,"无论什么'来路',都各有各的麻烦。几乎所有人都会在一段时间内觉得自己命苦,所谓'不如意事常八九,能与人言无二三'。那么,为什么我会经历这些苦、做这些功课,而你要经历另一些苦、做另一些功课呢?似乎我们每个人都有各自的生命功课,忙着完成各自的作业,那么是谁给我们留下的这些作业?又是谁为我们报了这些'必修课'和'选修课'呢?也许只有做完功课,你才会发现这些功课背后的秘密——透过这些功课,你能发现你真正是谁。这是我们作为一个人来到这个世界上,最终需要体验的。"

"这个话题……好深奥。"她撇撇嘴,笑道。她的眼神中表示出的意思是:"这是念什么经呢?完全不知道你在说啥,又不知道回应什么合适。"

"嗯,先不管它,先聊眼前要解决的。"我也笑着说。

第 2 章

与父母的关系
是所有关系的起点

第 2 章
与父母的关系是所有关系的起点

一连数日,丛林里阴郁闷热,瓢虫不不却不敢停歇,在树叶和乌云间上下赶路,有时,甚至分不清这一天是哪一天。

他觉得自己走了很长很长的时间。

忽然有一天,眼前的乌云裂开一条缝,阳光平静而强烈,照在他扬起的脸上,好像从来没有离开过。

这突如其来的光芒,照得他一下子流下泪来。

一场期待爱的游戏

在所有关系的背后，都隐藏着两个最深的需求：爱与被爱。如果在某一段关系中，这两个需求都得到了满足，我们就会在这段关系中感到深深的、无以言表的喜悦和满足。无论这段关系是我们与他人的关系、我们与世界的关系，还是我们与自己的关系。

我们来到这个世界上最初体验到的关系，就是与父母的关系，尤其是我们和母亲的关系。在我们生命的最初，那个弱小的我们所期待获得的爱，是一种无条件的爱、无条件的被爱。

"那么，你觉得……"我问琼敏，"在你与父母的关系——我们生命中最初的关系中，这种'无条件被爱'的需求被满足了吗？"

"我想……没有吧……可能会有人被满足吗？好像不太可能吧。"琼敏自问自答。

"确实很难。我们处在一个相对性的世界中，'条件'是一种存在基础，能'超越条件'的人极少。"我说，"在外在世界里，仿佛你只能凭借'条件'，才能感受到爱。"

在我们与父母的关系——我们生命最初的关系里，我们极少可以体验到"无条件的被爱"。我们的父母，他们几乎也没体验过。甚至在过去很多只能艰难活下来的时期，很多家庭里的成员感受到普通的爱都是奢求。大多数父母并不太知道如何给予爱，更何况是给予"无条件的爱"。人们不能给予自己觉得并不拥有的东西。

于是，在此后的所有关系模式中，我们总是会带着一种期待——期待在这些关系中，对方可以满足我们爱与被爱的需求。我们会以这种期待是否被满足，来衡量我们的各种关系。

我们的父母也是如此。他们也在关系里寻找爱与被爱——包括在和我们的关系里。在这个意义上，我们都处于同一个期待爱的游戏之中，我们都以相同的起点——一种对爱感到匮乏的起点，走向或迎来生命中的各种关系。

第 1 节

你与财富的关系和你与父母的关系

在金钱背后,有什么是我们真正想要的?

成年人的世界里,金钱和财富是绕不开的话题。我们总是想要更多财富,或者会害怕没钱,害怕失去钱,却很少有机会想一想:我们和金钱、财富是什么关系呢?我们和工作、事业是什么关系呢?大多数人都觉得自己的钱远远不够多,可是在想要金钱的背后,我们真正想要的是什么呢?

在一次关于创业和投资的聚会上,我认识了冰迪,她是一位成功的创业者,是创业浪潮中令人瞩目的创业明星。那天,她的分享很精彩,掌声一片,很多走上创业道路的新手都希望未来的成就像她的一样。

一个月后,冰迪放下她充满号召力的笑容,坐在我面前。她微微皱着眉,说:"最近工作上不是那么顺,别看公关稿件都写得那么漂亮。"她新的创业项目进展不如预期,烧钱速度太快,账上的钱恐怕撑不到下一次融资进来。

"不过,"她说,"这个不是最重要的,每个项目都会有起伏,困难总会有,我想这次也会过去的。我觉得我遇到的最大的问题是——我发现我其

第 2 章
与父母的关系是所有关系的起点

实……我其实并不享受我的工作。我总觉得还不够、还不够。我把项目越做越大,但还是觉得不够。我不知道为什么。越搞越大不一定是我真想要的,但好像没办法,我觉得我可能随时都要撑不下去了。"

"你很棒啊,你给很多创业者带来很大信心,鼓励他们实现梦想而不是安于现状。我看过你的演讲,我在观众席,能感受到周围的掌声是真心的、由衷的——你知道,在别的场合,很多掌声不是真的。大家都很受你的鼓舞,想马上去创造一些新的什么,去实现一些什么。"

"对,但……那并不意味着我享受我的工作。也许这是我成为一个所谓'连续创业者'的原因吧,当然,别的连续创业者不一定和我一样。"冰迪停了一下,继续说,"我总觉得缺了些什么,但我不知道是什么,所以我就埋头继续工作。就算是到了行业第一,我还是觉得我需要做些更有颠覆性的。我没结婚,没家,没男朋友。我挺优秀的,大家都这么说,我也这么觉得。不过我有时候总觉得心里很虚,有时候空得发慌。谈恋爱、结婚什么的,好像对我都不是'对'的事,我每天只是觉得工作上做得还不够,说其他的都还没到时候。"

我点点头。她混杂着迷茫、焦急、负疚与困惑的神情,与她在台上表现出的坚定和从容截然不同。我熟悉这些神情,它们看似矛盾却相依而生。有时候,我们在焦虑中品尝绝望,在黑夜里抱头痛哭,却在白天、在人前什么都明白,"我没问题""我不需要关心""我真的无所谓"。我们都有这样的复杂性,它们一体两面地组成了我们所经历的某种完整。

"我喜欢你的演讲。我看到每个人都很振奋。你听到那些掌声,感到大家对你的认可和赞赏,感觉怎么样?"我问。

"我……怎么说呢,我喜欢这种感觉,一开始还得意了一阵子,但那个感觉过去得很快,很快我就觉得还不够,好像还缺了什么。"

"你会觉得好像那些掌声对你不重要了?"

"是的。不是说我不尊重这些掌声,或者傲慢,而是说,我自己好像心里有一个洞,即便这所有的掌声加在一起,好像在我心里也逐渐变成了空洞的回声。"她解释道。

我请她闭上眼睛,深呼吸,慢慢地放松下来。慢慢地,我请她感受一下,感觉她此刻正站在台上,所有人掌声雷动,庆贺她的成就,并为她感到骄傲。而她此刻正看着这些欣赏她的人们。

"你看着他们,你感受一下,此刻在人群里,你最想看到谁的眼睛,听到谁的掌声?"我轻轻问,"让那个面容浮现出来。"

我看到她闭着眼睛的面容渐渐放松了,舒展了开来,脸上逐渐展露出一丝纯真、喜悦的神情。夕阳朦胧的光,从侧面洒在她脸上,柔和了她所有的棱角。

"你看到了。他/她是……?"我轻轻问。

"我爸爸。"她说。

"他……去过现场吗?"

"没有。"她摇头,"他……去世了。"

纯真而喜悦的神情从她脸上消失了,然后,她睁开眼睛,望向窗外,目光注视着落日。

冰迪的父母学历都很高，在研究所工作。冰迪八岁时，她妈妈就离开了冰迪和冰迪爸爸，然后出国，很少和他们父女联系。离婚后，爸爸转而从商，想让孩子过上更富裕、更体面的生活。但他低估了经商的难度，虽然做过很多生意，却一件接一件地失败。一度他还借了很多钱，虽然最后都还上了，但他仍然没有实现自己的抱负。

冰迪小时候，父母对她的要求一向都很高。他们不算特别严厉，只是对她几乎没有什么夸奖和肯定。在他们眼里，她取得的任何成绩都还差得远呢。

在女儿看来，爸爸很不容易，也很难接近，他们尽管"相依为命"，互相之间却似乎隔着遥远的距离。

冰迪不太能消化这种复杂的关系，上大学后她就自己独立生活，和爸爸的联络也很少。

那天，我们聊了很久，之后又聊过几次。冰迪意识到，父亲的"模式"，以及自己和父亲的关系，其实一直在无意识地影响着她，影响着她的一个个选择。她一直在寻求成功，不是因为自己喜欢，而是希望得到父亲的认可。在得到这个认可之前，她永远都感觉还"不够"。

在事业的道路上，她也在局部复制着爸爸的模式。"成功不可能那么容易""没经过挫折和失败，那不叫有出息"。他总是这么说。当小冰迪拿回好成绩给他看时，他会说："还得加油，时刻保持紧张，才会有动力。"

冰迪的职业之路大起大落，所以她才有那么多戏剧性的故事，让其他创业者听着入迷。只是她自己其实并不享受，那些掌声对她来说也并不真正重要，她所有的努力只是希望得到爸爸的赞许，有机会听爸爸说："你真棒，我为你骄傲。"甚至有机会听妈妈说："孩子，我爱你。"

金钱和财富流动着爱的能量

每个人都想获得成功，拥有财富，但我们在这条路上并不一定顺畅，不一定得偿所愿。有时候看别人似乎怎么干都行，自己却总是遇见各种意外；有时候好不容易赚来钱，那钱却总是莫名其妙因为各种原因离你而去；有时候前面一帆风顺，但每次眼看成功就要到手，却总是倒在成功前最后一米。

父母对待金钱、事业的方式，以及我们和父母的关系模式，会对我们与金钱的关系、与事业的关系产生关键性的影响。

比如我们与成功的关系——为什么我们想要成功、渴望成功呢？

对于冰迪来说，她逐渐意识到，她只是想要被父母认可，想感到父母的爱，想向父母证明自己——我是值得被认可的，我是值得被爱的；同时，她发现她也继承了爸爸对于成功的潜在信念，比如成功是艰难的；她还以自己不断跌倒和爬起的方式，向父亲的生命模式保持忠诚，虽然她头脑中抗拒着他的一切。每次她在取得成绩的时候，快乐总是一闪而过，马上会有一个比快乐更大的声音在心里对自己说："你还不够好。"而接下来她就会遇到挫折，会跌倒，似乎她的遭遇就在印证着"自己不够好"的潜在信念。

有的朋友赚了钱后,很快就以各种方式花掉了,甚至是丢失或被骗,也许他只是在重复着"我不配得"的模式。有的朋友一直过得潦倒,想赚钱可是行动上却总是退缩,也许他只是报复父母,比如以一种"你们的孩子受苦"的方式报复他们,让他们后悔。有的朋友总是不如意,也许他只是用另一种方式希望得到重视,得到关注,并把自己不如意的责任推到他人或者境遇上,让自己逃离愧疚。有的朋友做出了父母希望但自己内心却不那么情愿的选择,他总是用无意识的失败向父母证明:你看,这就是听你们话的下场……

我们都希望不因生计受苦,希望生活富裕,可以给予自己所爱的人们以帮助,希望成功和幸福,但那些被称为"命运"的奇怪东西却总把我们引向意识上并不想去的目的地。我们和金钱相爱相杀,这种矛盾关系,揭示了我们内在的冲突。我们的生活——那些并不以我们意识为转移的生活——似乎只是拉开了一块幕布,放映着我们内在冲突的模式,提醒我们有一些尚未解决而不自知的问题,还深埋心底。

如果视金钱和财富是一种流动的能量,那么拨开表面的欲求、野心,本质上,它代表的是爱的能量。如果你的爱的能量流动受阻,你的金钱能量流动也会受阻。表现出来的,可能是囤积金钱却担惊受怕并不享受,可能是过着拆东墙补西墙、入不敷出的日子,等等。

当你的爱的流动顺畅时,金钱也会顺畅地流动,它的流动体现着你的爱,而非你的恐惧或者匮乏。

如果缺乏安全感,即使钱来了,你也会充满焦虑和担忧,这种担忧会驱使金钱离开。如果内在匮乏,就容易体现出贪婪、索求,容易见利忘义,陷入被骗或投机的陷阱。如果内在有一个"我不配得"的信念，你可能会拒绝到手的成功机会。如果有类似"有钱会变坏""钱不干净""挣钱庸俗"的内在信念，你也许就不允许自己有钱，有钱就紧张，觉得失去了自我身份。

而我们这些安全感、匮乏感以及内在信念，往往都与我们的原生家庭经历、与我们和父母的关系有关。梳理与父母的关系，和解内在冲突，会对拥有金钱财富以及事业发展带来巨大的帮助。

如果一个人内心安定丰盛，具有安全感，充满了爱，不陷入内在信念引起的自我批判，那么他就不会担心失去钱，也不会恐惧有钱，他不为钱发愁，他的富足即是宇宙的富足。这样的人自然会在生命中呈现出健康的金钱流动，这样的人花钱也是为爱付出，他们的金钱为爱而到来。

如果你的状态由匮乏转变为信任，你的动机由恐惧转变为爱，你的行动由控制转变为放手，你的生命的质量自然就会有大幅的提升。

第 2 节

亲密关系和与父母的关系

亲密关系中体现的沿袭和抗拒

亲密关系的模式，也和我们与父母的关系有关。我们寻找一个什么样的爱人，我们希望拥有什么样的亲密关系，天然会受到父母亲密关系模式的影响，也会受到我们对父母爱与被爱的需求是否被满足的影响。

比如有的朋友会倾向于找一个让父母感到满意的伴侣，有的朋友会倾向于找一个"不像自己父母"的伴侣；有的朋友会不自觉地塑造伴侣，让他们变得拥有自己父母的某种特质，或让他们与自己发生类似父母与自己发生过的冲突；而有的朋友则逃避亲密关系，因为他在父母之间的关系中看到了太多的伤害。

我们的亲密关系中某些模式背后的动力，深深印着原生家庭的影子。当我们没有意识到这些动力所在的时候，我们的亲密关系就会隐秘地沿袭着某个轨道发展，而我们自己在亲密关系中也无法获得自由。

举一个稍微极端一些的例子，我记得在某个情感心理电视节目里，看到过一个关于家庭暴力的故事。我简略描述一下。

馨洁小时候，她父亲酒醉后，常常对她妈妈家暴。馨洁母女总是生活在担心害怕之中。

很小的时候，她问妈妈："爸爸为什么总是打你？"妈妈说："别怕，男人就这样，过去了就好了。"

慢慢地，馨洁长大了，有能力反抗父亲了，她会站在妈妈身前，阻挡酒醉的爸爸。但在扭打中，妈妈反而总是说她多管闲事，让她别管。

这是一个不幸福的童年，爸爸充满暴力，又被妈妈斥责，馨洁成年后一有机会就逃离了她所在的小城，再也没有向别人提起过自己的父母。

在节目里说起这些事时，馨洁的表情像凝固已久的岩浆，不知道这表情下多深的地方还有熔岩奔涌。但熔岩肯定还在，因为偶尔，她的眼神里还闪动着火光。

馨洁的朋友们并不知道她的这些往事，他们很多人之所以觉得馨洁特别命苦，是因为她曾经的两任男友和两任老公都对她家暴。她为此和他们一个个分手或离婚，但她却一直没有摆脱掉这个模式。

在这个故事里，从父亲到这些前任，每个施以暴力的人都该被谴责。参与的嘉宾和观众一方面表达了他们对暴力的愤怒，另一方面也同情馨洁的遭遇。也有一些观众则"哀其不幸，怒其不争"——她怎么总掉到一个坑里，不接受教训。

接下来，节目播放了一段对馨洁刚分开的男友的采访。

他一开始不愿意谈什么，主持人一直追问他为什么动手，最后他说：

"我对不起她,我控制不住自己。那天我们吵架,吵得很凶。她就说,你是不是想打我,你打啊,有本事你打我啊。她还举着我的手放在她脸上,说'我就知道你就想打我,你打啊,不打你就不是男人,你也像个男人一回'。我在气头上……就没忍住动了手。我不知道她以前碰到的是怎么回事,但我真不是有意的……是我不对。"

馨洁当时是不是这么说的,无从考证,因为她说她当时完全在愤怒失控的情绪里,不记得说了什么。也许,这个男友在试图减轻自己的责任,但显然即便他有这些"理由",也不代表他可以这么做,更不代表另外几个前任也有动手的理由。

如果过程的确如此,我们可以看到当馨洁情绪失控时,有某种她意识不到的动力推动她,使这个关系的情况变成某个她认为"就是这样"的状态。如果没有意识到,这种"就是这样"的状态就可能形成不断重复的模式。

我们每个人,在生活中即使经历同一件事,各自感受也并不相同。而各自的感受,即是各自的真实。在这个故事里,无论怎么追溯缘由,无论谁对谁错,对每个当事人来说,都不是一段快乐幸福的经历。而作为观众,我们所激起的情绪和感受,也是我们的真实,是我们内在探索的抓手和道路。

这是一个剧情相对比较激烈的例子,对于大多数人来说,亲密关系中没有那么多暴力相向,但情绪对抗常有,有人冷战,有人摔东西,有人担忧猜忌,有人习惯于关怀、原谅和宽容,也有人神经大条、扭头就忘。

我把这个故事讲给琼敏听,她一开始挺气愤,等情绪慢慢散去,她也回忆起她的亲密关系。

她说:"我讨厌我妈强势,现在觉得我在关系里也挺强势的。虽然一开始也小鸟依人,依着依着就变了,必须得我做主才行。但当时完全不觉得自己有这种控制欲,好像就该这样。分开是因为我觉得他太尿,而他觉得自己委屈没地位。但我和他一开始时不是这样。"

"那……他妈妈会不会也强势呢?"

"嗯,真的是!他妈妈事无巨细地管他。他和他妈妈也总吵,吵的时候跟小孩儿似的。"琼敏笑着说,似乎一下子看到所谓"命运"真是个有意思的东西,"我变得强势……有我妈的影子,也有他的配合……而我是不是也在配合他找到一个强势的伴侣呢?"

我们对亲密关系的认识,最初就是从父母的亲密关系中得来的,这种认识不是一个逻辑性的认知,而是一个夹杂着体验、直觉、观点、情绪等的综合感受。波斯诗人鲁米说:"我听到我的第一个爱情故事之后,我就开始寻找你,并不知道这有多盲目。恋人们并不最终在某处相遇,而是一直在彼此心中。"而在我们还未识字、还未听懂语言之时,父母的生活,以及父母和我们的互动,就是我们收到的第一个"爱情故事"。

如果在你与父母的关系里有一些你抗拒的部分,那你在未来的关系里自然就会逃避这些部分。但是,如果你在逃避某些东西,似乎也暗示着这些东西正在寻找你——如果你抗拒一些东西,也暗示着你和你抗拒的这些东西间存在着一些引力,存在一些相互吸引的动力。

我们可以观察到,在表面的叛逆之下,很多孩子的婚姻价值观会与父母的趋于一致,很多人的婚姻模式会倾向于父母的模式,很多人对亲密关系的期待来自自己对父母的期待。我们无论对父母有什么看法,都会用某种方式表达对父母的忠诚和爱，而这种方式我们自己往往意识不到。

"所以有人说，我们找的另一半，找来找去，总是会像父母，"琼敏说，"即便可能我们并不想找像他们的。"

"还有更不易察觉的。有时候当我们恨某个人——比如恨曾经的父亲或母亲，我们会把此刻我们身边的人，刻画成我们恨的人。而不知不觉地，我们也变成了自己恨的人的样子。"

"唉，'苦海泛起爱恨，在世间难逃避命运'。恨也变成了一种习惯。"琼敏感叹道。

亲密关系中的期待与匮乏

如果我们在与父母的关系中，有一些期待未被满足，我们往往会从伴侣那里寻求满足。比如，如果我们在父母那里感受不到足够的安全感，我们会期待从伴侣那里得到安全感；如果在原生家庭里感到恐惧，我们可能会对伴侣的力量有所依赖；如果我们觉得从父母那里得到的接纳和认可不够，得到的爱不够，我们就会向伴侣索取认可和赞美，索取爱。我们期待从伴侣那里得到没有从父母那里得到满足的部分，这是我们的"需要"。

一开始，我们的期待在伴侣那里是比较容易被满足的。这是因为，如果你拥有的只是"0"，得到"1"你就会觉得很满意。但是你内在的匮乏感，并没有因为在外在得到"1"而解决，所以得到"1"之后如果再次得到"1"，你仍会觉得不够，你需要得到"10"才感到满足，接下来你会要求"20""30"……最初得到"1"时，你感到惊喜，而后来得到"20""30"，你只会觉得这是件普通的事情，并不会让你满足。

在我们的内在匮乏感得到解决之前，伴侣很难一直百分之百地满足我们的期待。但我们可能不这么认为。我们通常认为"你既然是我的伴侣，你既然爱我，你就应该满足我的期待，并且你一定'能够'满足我的期待"。

这就像我们与父母的关系。我们最初来到这个世界上，父母即是我们的全部，我们自然会要求父母给予我们需要的一切——至于他们给予这一切的难度，是我们长大后才能共情的。而在最初，如果有一刻，我们认为父母拥有我们需要的东西，又没给我们，我们对他们的感情就变得复杂，在那一刻，我们心里的爱退居幕后。

同样，如果有一刻，我们认为伴侣拥有我们需要和期待的东西，又没给我们，那一刻，我们心里对伴侣的爱就变得暗淡。

渴望未被满足，匮乏感就会继续滋长、蔓延，而"你必须满足我"的观点会让匮乏感变得更强烈而长远，因为"你必须满足我"的这个渴望，不会永远得到满足。

"你必须满足我"意味着你内在有一个信念——"我是匮乏的，我是不能自给自足的"。在生活中，我们总是不经意地去印证我们的内在信念"是对的"，所以，尽管我们挣扎着摆脱某种匮乏状态，但生活中所呈现的，却总是在验证"我是匮乏的"。想挣扎，却验证，再挣扎，再验证。当我们被这些信念占据的时候，就失去了内在的安宁和力量，和父母以及伴侣的关系也就不再和谐。

"好绕啊，转不过来了。"琼敏说。

"是啊，好多事情我们觉得天然就是这样的，就像我们运行在底层操作系统上，从没'想'过它是怎么运行的。因为我们的运行就基于它，我们的'想'也基于它。如果用一个'点'的思维去思考一个'面'的规律，肯定特别费劲。"我说，"但如果我们了解了这些信念、这些动力——我们把自己从'点'变成'面'，我们无论在关系中做什么选择，都是清晰的，而不是自动化地执行着、重复着某种模式。我们和伴侣的关系也会呈现出它的原貌。我们会留意到，关系里有多少是爱，有多少是需要。"

这些信念、动力非常隐蔽，如果觉察不到，我们就会无意识地重复这所谓"命运"。当我们觉察到这些沿袭和抗拒带来的影响，并治愈了自己内在的冲突和矛盾时，我们就会从这个模式中解脱出来——如果我们希望的话。

如果我们梳理了与父母的关系，那就意味着我们也梳理了我们的内在成人与内在小孩之间的关系，我们不会把从原生家庭中沉淀下来的情绪放在亲密关系里，成为亲密关系发展的障碍，如此一来，亲密关系就会变得轻松很多。

我们也会更清晰地看到，之所以选择这个伴侣，有多少是因为我们未被满足的需求，有多少是因为爱；看到亲密关系中的很多障碍并不真正来自关系本身，而是来自我们内在的匮乏和障碍。

亲密关系可以当作一面镜子，让我们能看到内在的模式、内在的情绪能量以及内在的冲突与对抗。看到之后，如果我们在原生家庭遗留的动力和信念上做功课的话，那么自然也会影响和转化我们与伴侣的关系。当内在的对抗解除了，你会发现外在的对抗也逐渐消失了。

第 3 节

亲子关系和与父母的关系

看见转化的机遇

我们置身于生生不息的生命之流，每个人都有自己的父亲和母亲，每一位父亲和母亲也有他们的父亲和母亲，而我们也会成为自己孩子的父亲或母亲。任何一位父亲或母亲，在这个流动中，都会成为承上启下的存在。

显然，我们如何"承上"，会影响我们如何"启下"，这二者深深连接在一起。如果在与父母的关系中，我们没有处理好一些卡点，我们与孩子之间往往也会存在着一些相关的卡点。或者说，我们在自己原生家庭关系中形成的内在冲突，会在我们与孩子的关系中表现出来。就像有某些无形的干扰性能量，从上到下经由你在家族中流动。关系中的问题，或是孩子表现出的一些"问题"，只是这些能量的外在显现。

如果我们没能化解掉这些内在冲突或干扰能量，也许未来，我们的孩子也会面临他自己原生家庭的议题。如果他没能化解这个议题，也许他的孩子会继续面对相似的干扰、冲突和痛苦。

很多朋友是在与孩子相处时意识到原生家庭对自己的影响的。比如琼敏，还有下面讲到的小玟，她们都惊讶于自己经常对孩子说出自己极为厌恶的话——那些她们父母曾对自己说的话。

小玟的孩子过了这个学期就要"小升初"了，别的孩子周末都奔波于各种课外班，而她选择了给孩子多一些自己玩儿的时间。可是她并不心安，甚至晚上会焦虑得睡不着。她纠结孩子的择校问题，担心孩子未来在班里的排名，担心如果成绩太差孩子会受不了——她也会受不了。仿佛脑海里总有两个声音，一个说孩子的快乐是最重要的，要让孩子享受无忧无虑的时光，而另一个声音却把她拽入焦虑，担忧孩子未来竞争不过别人，担忧孩子将来抱怨"当时你怎么不对我严一点"，也担忧自己在和其他妈妈们聊天时，会尴尬于自己孩子的"不争气"。

小玟想起自己小时候，每当妈妈说起"人家谁谁谁……"时，自己感受到的强烈抵触。这种抵触和反感的反应，很多朋友都深有体会，包括我自己，我后面也会讲到。

尽管她抵触妈妈这么说，可是她发现自己也会不自觉地说——"你看人家菲菲自己吃饭吃得多好""你看人家笑笑每天去跑步"……小玟觉察到这一点，她相信孩子也会像她小时候一样不喜欢这样的话，所以她一直想办法修正自己的表达，可是一着急，脱口而出的还是"人家孩子"。

她无法阻止自己对孩子的一种期待——比别的孩子"强"的期待，或者不输于别的孩子的期待。这个期待来自哪里呢？正是来自自己父母对自己的期待。

看一看婴儿望向母亲的眼睛——在内心深处，每个孩子都充满了对父母无私的爱，每个孩子都愿意尽力满足父母的期待。这在孩子具备逻辑分析和评判能力之前，就已深埋在心里。

我们期待自己可以满足父母的期待，这同样也是我们对自己的期待。

但在此之后，我们体验到的是，我们很难满足这些期待，无论是父母的期待还是自己的期待。于是，我们又会期待他人——比如伴侣、孩子——替我们满足父母的期待，同时也满足我们对自己的期待。**大多数期待孩子比"别人家孩子"强的父母，只是隐隐想通过孩子，向自己父母证明自己仍背负着他们的期待，证明自己也并不比别人差。**

在这个故事中，我们可以看到某些内在信念是如何自上而下流动着的。

你"够好"吗？每个人都在上一代的期待中显得"我不够好"，而每个人都想"证明自己够好"，并把这个"证明自己够好"的期待留给下一代，同时，也潜移默化地将"我不够好"的信念植入了下一代。

我们内在存在着两个冲突的声音——潜意识中的"我不够好"和理性意识中的"我其实挺好的"，这两者结合，微妙地产生了"我要向你证明我够好"的行为，而这个行为恰恰显示着潜意识中强大的"我还不够好"。潜意识的力量往往比意识的力量强大很多。当我们潜意识中也觉得够好，就不需要证明什么。如果这个内在冲突形成的干扰能量没有被充分化解，就会以承袭或抗拒的方式，或多或少地延续到下一代。

我们有着各种各样需要处理的内在冲突，它们成为我们体验治愈的"游乐场"。就像我们之前所说，**在这条自上而下的能量流动中，谁治愈了自己的内在冲突，完成了和解与转化，谁就扭转了这个家族的命运。**

第 2 章
与父母的关系是所有关系的起点

你并非对抗父母,你只是对抗他们所携带的某些能量

有的朋友会问:"这是我爸妈一手造成的,凭什么要我去化解这些冲突和干扰呢?"

就凭你对自己的爱,以及对孩子、对孩子的孩子的爱。

如果你可以意识到,幸福是自己的责任而不是别人的,只有自己可以为自己的幸福负责,那么你的注意力会从习惯性的"归因",转移到此刻你需要为自己的幸福做些什么。

在这个过程中,**直面自己对自己的责任,也就跳出了"原生家庭受害者"的角色。世事无常,让自己从痛苦中解脱,是你来到生命之流中要做的功课。这个转变也直接意味着,你和孩子的幸福是可能的,是可以自己创造的。**

归因、溯源,有助于我们了解并理解一件事的来龙去脉,更多的了解有助于产生进一步的同理心和同情心。但是,如果归因和溯源是为了推脱自己的责任,让我们的怨恨、痛苦以及悲惨合理化,那么我们其实是依附于某种对抗而存在的。我们会以"继续生活在怨恨、痛苦以及悲催中"的方式,证明自己的不幸是不可避免的。这只是躲避自责和愧疚的小把戏,却无意中让我们付出了惨痛的代价。

当我们与内在的某种能量对抗时,我们会留住它,而不是释放它。即使我们多么不喜欢它,多么想战胜它、消灭它,但只要我们在与它对抗,

它就仍然会保留在我们的内在。

而我们带着这些与父母关系中未被释放的能量与孩子相处时，我们会无意识地使孩子们感染到它们。它们可能是我们积累的委屈、愧疚、愤怒、怨恨等情绪，也可能是过去教育模式中的价值观，无论我们是不是喜欢它们、赞同它们、愿意传达它们，它们都会向下流动。

有时候，你并不是对抗你的父母，你只是对抗他们所携带的某种能量。

你也可以这么理解，对于你的父母来说，他们也是由上到下无意识延续了某些能量，并无意间传递给了你。

尽管很多父母压抑了自己与上一代之间的痛苦，尽量不让你知道，但压抑并不能让能量消失，只是把它推到了更加隐秘的角落。

如果你的父母疗愈了他们与自己父母之间的一些议题，他们也不会带着自己的内在冲突和你相处，你现在也许不会感染一些原生家庭带来的局限性模式以及情绪能量，并带着它们与孩子相处；你的孩子在未来也不太会受困于原生家庭带来的痛苦。

好消息是，如果你希望在这传承的河流里，对"家族命运"进行一些转变，那么你随时可以调整自己，随时可以做出改变。你会发现，你在当下所做的改变影响着未来。就像你在湖面上投下了一枚石子，涟漪荡漾开来，推动你的未来产生变化的波纹。

如果你真正释放和转化了你的内在冲突，你会发现，你对孩子的态度、你对孩子的期待和要求都会发生变化，而孩子也会更从容而自信地成为他自己。

爱是内在的不匮乏

有很多我们对孩子的期待，来自我们自己未被满足的需求。最常见的未被满足的需求，是对被认可、被爱的需求，以及对安全感的需求。

我们因为感到"缺"才会不断地"要"。我们因为匮乏而索求，因为索求而期待，因为期待而害怕失望，因为害怕失望而执着于掌控，又因为世事无常，我们终究无法掌控，而再次感到"缺"，感到脆弱和匮乏。我们在这个循环里不断徘徊。

当孩子不能满足我们的期待——不能填补我们的脆弱和匮乏时，孩子也会愧疚于自己的脆弱和匮乏，并因此产生自己内在的需求以及期待。这个循环在向下延伸。

同样，有很多我们对孩子的期待，也来自父母对我们的期待。父母觉得自己缺乏什么，自然也会希望我们能去实现什么，而我们也会继承到这样的方式，影响我们的下一代。

也许曾经你被要求名列前茅，才可以换得父母的肯定、认可，换得被认为"你够好"，或是才可以感到父母的爱。那么很可能，你的父母有一些潜在的观点：一个人必须有出人头地的条件，才有资格获得认可和爱。他们之所以有这个观点，是因为他们也曾被如此要求。他们也曾想努力在竞争中取胜，以赢得他们父母的认可和爱。但是，这些"奖赏"都是短暂的。他们必须不停奔跑，以期外在的认可不断填补内在爱的匮乏。而你，也是他们竞争砝码中的一部分。你的孩子则是你竞争砝码的一部分。

你自然继承了相似的匮乏。如果你没有从这个链条中醒来，你也会无意识地同样要求你的孩子，以填补你自己的匮乏。你不自觉地让他们通过某个条件，换取你的肯定、认可，让他们感到你的爱是一种奖赏，让他们成为你自己感到被自己认可的砝码。你会觉得"社会就是这样的"，这是"为他好"，但实际上，这只是在填补你自己对被认可以及被爱的匮乏。

这些正是亲子关系中的重要障碍，而它们的存在让你和孩子之间产生了冲突。这些冲突也是你曾经作为孩子经历过的。

给予你自己爱，也就给予了孩子"做自己"的空间

当你对孩子有所期待，就意味着你对孩子有着很多的"不允许"。在人与人的"期待"之中隐藏着微妙的控制，甚至隐藏着微妙的威胁和暴力。这种控制让你和孩子的关系充满了紧张和压力。

如果孩子没有满足你的期待，作为一个懂事的孩子，他有可能感到愧疚。有的父母利用这种愧疚推动孩子满足自己自私的期待，以填补自己的欲望。对于这些孩子来说，长大后"做自己"，变成一件说起来容易做起来难的事。

而"不能做自己"，本身就是一个巨大的内在冲突、一个无法言表的伤痛。有的人会一辈子隐忍，有的人会爆发，并将痛苦归因为原生家庭。简单归因并不能解决问题，因为这已不只是外在的冲突，而是内在的冲突。

我们长大后会感到与之冲突的父母并不在外面，而在我们的内在。

疗愈我们与父母的关系，意味着疗愈我们自己内在的冲突。当我们疗愈内在冲突，我们在处理与孩子的关系时，就会有更多的觉察，有更多的接纳和允许，孩子也会感到更多的爱。

这些孩子所感到的爱，并不是你给予孩子的，而是你给予你自己的。

虽然你可能没有满足你父母的期待，但你用你自己内在的爱，去填补了曾经的匮乏，你给予了自己更多的接纳和允许。所有内在的匮乏，依靠外在填补永远填补不完。内在匮乏将通过内在成长而被释放，它只是促成内在成长的布景和道具。

爱与被爱的关系，如同成长的坐标

从某个角度来说，爱与被爱的关系，如同生命之流中的一个个坐标系。我们通过爱与被爱的关系作为参照点，定位着自己生命旅程中的位置。

我们都在寻找着自己的坐标。我们的父母、孩子以及我们自己——我们通过相互凝望的眼睛，寻找着各自的位置和方向。

如果找到了这些爱的坐标，我们也许就知道了自己是"谁"。如果找不到，我们每个人就都像大海中漂浮的浪花，在命运的风暴中被无端涌起，又莫名跌落，旋转起伏，交汇分离，完全不知道我们本就是一片海洋。

第 3 章

在与父母关系中
成长的四个阶段

第 3 章
在与父母关系中成长的四个阶段

瓢虫不不遇到一只蜗牛，蜗牛爬得很慢，从一片叶子移到另一片叶子要花很长时间。

瓢虫不不问："你爬得这么慢，你自己不着急吗？"

"着急，"蜗牛说，"以前，我和我的蜗牛兄弟们在一起时，不觉得自己爬得慢。后来，我遇到更多的朋友——就像你——他们总是嗖地掠过我。有时还笑话我。而我怎么努力也爬不了那么快。我想，这是因为我背着重重的壳。"

蜗牛继续说："我曾经很苦恼，试图甩开它。但你知道，我办不到。后来，我接受了它，我曾经焦急于我爬不快，如今我解决了这个问题。并不是说现在我能爬得更快，而是我不再为此焦急。——我可以随时回到我的家，那不仅是看得见的蜗牛的家，也是我心里'看不见的家'。从此，那不再是一个负担，而是我的礼物。"

回家之路

有很长时间，冰迪都停留在静默中，似乎一直想着这个蜗牛的故事。

自从她开始意识到自己的模式和自己"与父母的关系"有关，她就找来大量原生家庭相关的书籍和文章阅读。她发现，似乎每件事都是这个原生家庭在捣乱，比如她对某些批评的敏感，她看不惯别人时所关注的点，她对自己下意识的不满意，她被触动的情绪，甚至她评价食物、评价穿衣品位的第一反应……对，就是这个原生家庭，这就是她不能自由的原因。她积累的委屈、不平甚至愤恨，似乎有了有理论依据的目标指向，这些明确的不满的感觉，淹没了她曾经对父母的感觉——曾经的感觉，仿佛只是模糊的对爱的渴望和呼唤，如盼望妈妈回家的小女孩心不在焉地打扮着自己的玩具熊，而现在，在那些难以入睡的深夜，小女孩似乎变成了想要讨回公道、想要报仇的战士。

然而，做个"战士"并不那么舒服。作为这个"战士"的武器——情绪、批判和指责就像不好掌握的回旋镖，看似扔向你想批判的对象，但最后的杀伤力全都回到了自己身上。

冰迪觉得自己不像以前那么容易控制情绪了，即使在她驾轻就熟的某些工作上，她有时也会突然发火，或者突然坠入绝望。她爸爸已经去世，妈妈远在异国，久未联络，无论是想向他们倾诉自己的感受，还是想和他们理论一下是非对错，或是想找到他们和解，谋求关系改善，她都找不到对象。她意识到伤口，却又无法疗伤。

这么过了一段时间，她又过来找我，想聊一聊最近的这些困惑。在听了蜗牛的故事后，她坐了很久都没有说话，似乎在稳定思绪，又似乎心里在进行着某个旅程。

茶在她手上，杯子上飘浮着氤氲的烟。

慢慢地，她开口说："我以前感觉爸爸妈妈离我很远很远，当然，妈妈的确很远，我似乎都对她没印象了，如果做梦梦见她，醒来时那种感受说不清楚，想念或者怨恨……那种想依赖又担忧的感觉；爸爸，现在更远了……即使以前在一起的时候，好像心离得也很远。他奋斗，很拼命。他一直是。最后也没实现理想。我在遇到很大挫折的时候，会想起他们……我爸……我妈……多半是埋怨。我知道他们给我种下了很多……需要消化的东西，尽管别人看不出来，我以前也不曾看见。"

我听，她说。她沉浸在自己内在的历程中，表达轻声而缓慢，声音因语调低沉变得沙沙的，充满质感。

"我一度很想摆脱他们，逃离他们，或者说逃离他们给我的限制、给我的压力，后来我发现逃不掉，他们的某些东西一直影响着我。我曾经很想甩掉那些包袱，就像那个想甩掉壳的蜗牛，但这个念头让我更疼……就像那个蜗牛，如果扯掉壳，一定很疼。"

的确，我们也像那个蜗牛一样，每个人都背负着什么，像一些沉重的背囊。那是我们的过去、历史，或者某种深不见底的集体意识；那是我们的期待、关切，或者某种责任和命运。当我们感到被它们像山一样压着的时候，就体会到想甩也甩不掉的痛苦。但也有时，我们感到，它们将我们托起来，让我们感到力量、勇气和爱，或者某些取之不尽的资源。它复杂地存在着，在某一刻，它是什么，取决于这一刻我们的目光，和目光深处的心。

无论它是什么，当我们拼命想挣脱它、逃离它、对抗它，它就似乎变得更大，更无法摆脱，也更让人痛苦。自由并不来自逃离过去，自由来自对过去的接纳和允许。

这同样适用于我们与原生家庭的关系，适用于我们与所处生命之流的关系。一个在与父母关系上经历创伤并谋求治愈的人，一般都会走过下面这四个阶段：

- 无意识阶段

- 归因阶段

- 改善阶段

- 觉醒阶段

当然，并不是每个人都一定会在这一次生死之间走完这一旅程的每个阶段，这个旅程就像一趟修行之旅，帮助我们从无意识的自动化反应，走向认知和了解，走向尝试改变，再从尝试改变走向真正的成长，最终了悟这一切从哪里来，又将去往何方。

第1节

第一阶段：无意识阶段

儿童急走追黄蝶，飞入菜花无处寻。

——杨万里

自动驾驶的人生

在无意识阶段，我们通常不太真正清晰自己做某件事的深层动力——或许有一些理由，但这些往往只是基于思维逻辑，而没有意识到内在深藏的意图和动力。

这一阶段，我们关注外在目的和表现，关注自己想达到的目的是否符合某些"标准"，关注什么会被追捧、羡慕，关注别人比自己更"好"或更"不如自己"的地方，而对于关注这些符合我们哪些深层需要，为什么每天依此行动和反应，我们并不足够清晰。我们能意识到的动机，往往是想满足某些欲望、愿望，达成成就，实现梦想、野心，我们想离苦得乐，想显得独特，想掌控和操纵，想赢怕输，害怕不安全，害怕被落下，或者我们的动机仅仅是"大家不都这样吗？"。我们不太清楚这些欲望、梦想、需求、恐惧背后的深层动力。

在无意识阶段，我们通常以外在目的来解释行为和选择。为了达到一些公认的成功目的，我们认为自己的选择和行为应该是"有用"的。即使一时"无用"，也需要在这个框架下是"合理"的、可被解释的。就算我们痛苦，也得是"合理"的、可被解释的。如果总是做出使自己痛苦的选择，如果总遇到让自己痛苦的事，而且解释不了，那一定是自己运气不好。我们也会分析自己的性格、特点，甚至血型、星座等，但我们的分析往往停留于表面，仅供对"我们为什么运气好或不好"自圆其说，或者解释一些惯常的行为和选择。

我们惯常的行为和选择，就像某种自动化反应，让我们经常处于一种如车辆"自动驾驶"的状态。到了某个情景，它就自动转弯、自动掉头，或者自动选择栽进沟里。而且，自动驾驶的目的地，并不总是我们有意识设定的，我们总是自动地就去了某个"并不想去"的地方。

我们如大海上的小舟，追逐着愿望的灯塔。那些灯塔，有的时隐时现，有的似乎也在漂移并不固定，有的在我们到达时，发现只是海市蜃楼。我们觉得自己一直追随着自己设定的梦想和目标，但在生命的某个节点回首过往，却发现大部分过往的时光只是在海面上随波逐流，甚至只是在一直挣扎着避免被风浪淹没而已。

小时候，我们自动地寻求和妈妈时刻黏在一起，寻求各种好玩的、好吃的，寻求让自己不无聊的游戏或玩伴；在学校，我们追求好成绩、好名次，或者追求尽量别补考、别被请家长；条件宽松时，我们会追寻某些兴趣点，也许是一些新的玩具、新的动漫人物，我们享受它们带来的乐趣，享受愿望的短暂满足以及周围伙伴的认可。而如果得不到这些东西，我们可能会有些失望、失落，甚至莫名其妙地担心和害怕。

总的来说，对于衣食住行、物质生活，得到总是比失去令我们快乐和满足；让自己趋近于社会标准或父母要求——即趋近于"好的""对的"，会让我们感到安全，会让我们容易换取自己需要的赞美、认可和尊重，避免被孤立、被放弃；拥有别人想有但没有的能力，容易让我们感到自己的独特性，让我们找到自己的存在感和价值感。如果没有上面这些，我们往往不舒服、不自在，感到担心、忧郁、不安和害怕，而逃离、避免和防止这些不舒服的感受，也是我们的自动反应，如条件反射一般。

期待通过外在目标的实现而免于痛苦

慢慢地，我们长大了，从家庭走向社会，从依恋走向分离，从被照顾走向自立和独立。我们也渐渐感到"人生不如意事十之八九"，无论在工作中还是在关系中，我们在不同情景所追求和期待的外在目标，并不能一一实现。世事无常，很难尽在我们的掌握之中。我们试图通过改变他人达成自己的目标，也往往以失败而告终。

你也会看到有些人仿佛"一直很顺利"，总能从一个成功走向另一个成功，顶着光环，满载赞美，在社交网络或媒体公关上展示你想得而不可得的东西。但你也许并不真正了解他们——了解这些人在构建这一切背后试图躲避的痛苦。他们自己也不一定了解自己的痛苦。对你来说，这个外在的表象并不一定是真实的，而他们的出现，如果让你有了某种舒服或不舒服的感受，这个感受对你却是真实的。

除了少数彻底的觉悟者之外，我们每个人无论外在看起来是什么样子，都会有各种各样的痛苦。往往越有成就的人，内外反差还会越大——当然，并不是所有人，只是绝大部分人。绝大部分人都依靠外在目标支撑着自己的生活。但仅靠外在目标构建的驱动力，总会消失，仅靠财富、身份、权力支撑起来的存在感也会消失，每个人都将面临选择，如何走向下一人生阶段才是真正遵从了自己内心的声音。

我们每个人都承受着某些内在的痛苦，无论是否意识到，无论是否会面对。尤其是在追求外在目标却不可得的时候，这些内在痛苦就会变得凸显。而在无意识阶段，我们只会感到痛苦、忍受痛苦，我们仍然认为一旦那个外在目标实现了，我们就能不再痛苦。

自动去往一个自己不想去的方向

浩凡是一位通信产品销售员，负责企业客户，他一直都希望可以和部门里的销售冠军一样，成为销售战场上的风云人物。他和客户总是聊得来，无论是电影、文学，还是最前沿的科技，他都有兴趣，他相信艺术和科技会推动世界进步。客户也都很喜欢他。但他在见企业客户订单的关键决策人物时，总是变得退缩，患得患失。甚至越是自己认为特别重要的会面，他越会迟到——他自己并不想迟到，但他总是遇到各种突发的原因，让他不能准时到达。

羽婷是个漂亮姑娘，每个人见到她都会"哇"地发出一声赞叹。可是她有个困惑,她总是遇见"渣男"。她说,她有好感的男人,似乎都对她缺乏主动,而锲而不舍最终赢得她芳心的人,却总是在相处一段时间——在她放下一切开始全情投入之后,离她而去。对她来说,曾经被锲而不舍追求的时刻,就像"爱"递给她的唯一一根救命稻草,而当她决心抓住这根稻草时,稻草却不堪一击,留下的仍旧还是伤痕累累的自己。

朋伟在一个培训公司做培训师,同事们都喜欢用他的课件,他也帮很多培训师写课程文稿。那些培训师用他的稿子和课件,获得了很多赞誉和掌声,成为光芒四射的明星导师。但朋伟自己上台却没那么出彩,不放松,不流畅,不生动。他特别希望自己能自信地站在台上侃侃而谈,可他却害怕走上台。于是,他成为团队里最为沉默的一员,把大场面的上台机会都留给了同事们,自己除了帮别人写课件和文本,只做一些小团体的沟通和培训。

哲雁可以算是一个"富二代",但她非常期待自己可以独立成就一番事业,一番"改变世界"的事业。她尽量远离家庭对她的影响,但她仍然无法摆脱别人评价她的价值时,与她的家族财富挂钩。她把自己"独立做一番大事"看作对自己生命意义的肯定。而在成功之前,她总是焦躁不安,只要自己待着,就会不停地走来走去,如火暴易怒的困兽。她摆脱烦躁的方式就是必须不停找人谈事、和人接触,要不展示自己生活的丰富和华丽,要不谈一个接一个可以改变世界的"大事"。

看看我们身边,看看我们自己,我们每个人都有着各种各样的追求和困惑。有的人年初定下了高远的目标和计划,但却总是输给自己的不自律;有的人在各种关系中总是被伤害,总是因为在关系中遇到强权、遇到不公平,而深感愤怒和委屈;有的人只要临近成功——比如成交、比如结婚，就会出点意外，导致不得不放弃；有的人使劲闭着眼都能看到事情不如意的一面，在一万个优点中总能蹦出一个半个让自己如坐针毡的缺点；有的人明知事情有一万种美好的可能性，却寝食难安于某个万一可能发生的不利，而这个可能却在寝食难安中真的发生了；有的人无论怎么管理情绪，都不能避免情绪莫名其妙地爆发，让所有计划被打乱，让人际关系受影响……当然，不管发生什么样的故事和情节，最后那个痛苦的人，仍然还是我们自己。

而这一切，似乎都是"自动的"。

在无意识阶段，尽管我们遇到各种各样的问题，但我们仍会继续向外寻找答案。我们认为所有的痛苦都可以被外在的某种成功所战胜。为此，我们压抑痛苦，回避或抗拒所谓缺点，我们希望克服困难，打败我们认为的心魔，最终得到我们所希望的成功——财富、权力、成就、掌声，或是一个令我们余生幸福的爱人、一个人见人夸的孩子、一面终生无瑕疵的锦旗……我们觉得如果得到这些，那些经历的痛苦就"值"了、就不值一提了，或者，就不再有痛苦了。

直到有一天，我们发现即使万分努力也还是得不到想要的，即使得到了想要的也还是痛苦，我们一边继续执行着这个自动化的程序，一边开始疑惑于这反反复复的痛苦究竟是为了什么。这时，我们接触到了一些关于原生家庭的概念，于是联想起我们小时候的经历，回想起和父母之间的爱恨情仇……

第 2 节

第二阶段：归因阶段

昔时人已没，今日水犹寒。

——骆宾王

从随波逐流到找到"原因"

当我们开始把原生家庭的影响与生命模式中的"自动化反应"关联起来时，我们发现："哇，原来我所经历的痛苦都是有原因的！"——几乎一切痛苦都可以从原生家庭找到成因，如果我们愿意找的话。

我缺乏自信，我缺乏安全感，我缺乏勇气，我缺乏爱……我所缺乏的一切，以及从小所经历过的创伤、品尝到的心碎、遭遇过的分离、感受到的脆弱……这些过往的故事，形成了现在的"我"——这个"我"想结婚却恐惧婚姻，想成功却抗拒成功，想发财但总是身陷匮乏，想掌控但总是受困于执着，每天患得患失于想得却不可得，每天摇摆于压抑与崩溃的两极，每天要么是幻想要么是无力，每天的动力要么是斗争要么是逃避……这个"我"充满了痛苦，而现在，我终于知道，这一切的痛苦都来自一个叫"原生家庭"的东西。

于是，你来到了第二阶段，归因阶段。

在第二阶段，通过研究原生家庭的议题，结合过往的惨痛经历，我们很容易找到"人生失败"的原因，顺便也能找到别人成功幸福的原因，找到"自己不如别人"的原因。

的确，在原生家庭的经历中，我们塑造了自己内在的一些核心信念。这些信念可能包括"我不安全""我不够好""我不值得""我缺乏资源"等等。作为普通人，几乎每个人都有着这样的一些核心信念，只是程度不同、影响不同而已。

但就来到这一阶段的朋友来说，找到"归因"，是某种对自己生命的了解，可以使那些模糊的、自动化的命运看起来有根有据。而副作用是，那些与父母关系维持于平常情理之中的朋友，也因此多出一些对父母的埋怨，或者多些自怨自艾、暗自叹息；那些本就与父母关系处于疏离、抵抗、对峙、僵持状态的朋友，则可以有机会"合理"地控诉、指责和批判父母，批判他们的所作所为。

寻求源于缺失

想做销售冠军的浩凡，很喜欢和人打交道，但每当决定订单的那一刻，他总变得犹豫不决。他回忆起他强势又不那么讲理的妈妈，妈妈总是说他"你怎么那么笨，没见过你这么笨的"，他要是解释，妈妈会怒骂"你还敢顶嘴！"。而记忆里的爸爸，在他童年时总是缺席，即使爸爸在场，面对妈妈"就数你没本事"的指责也显得软弱和无力。浩凡在面对机会时，脑子里无数次都会响起类似"你那么笨，肯定让人笑话"的声音。他总是希望以某种被认同的身份——比如成为销售冠军——而在一个团体里拥有归属感，但他却总觉得自己永远只能徘徊在边缘。

羽婷的爸爸很忙，是个成功的生意人，但他早早就和羽婷妈妈离了婚，并又再娶。而自从离婚后，羽婷妈妈一蹶不振，每天只是出去打牌。羽婷在妈妈那里可以得到衣食、学费，钱是爸爸给的。但她的童年并不开心。虽然有饭吃、有学上，但爸爸妈妈只提供了物质基础，羽婷觉得无法从他们那里感受到任何爱。偶尔，妈妈会和她聊几句心里话。她记起小时候，有一次妈妈说："你姥姥说女孩子不能主动，我那时就没听进去……你看你妈，主动后就是这个下场。咱哪能跟别人比。"她甚至记起那是在家里的阳台上，妈妈边抽烟边洗衣服，暮色渐沉，阳台上密密麻麻的防盗栏杆分割了天空，阳台外的小城笼罩着沉闷和阴郁。

长大后，羽婷遇到自己心仪的男生，也只是默默等待。而很多男生看到羽婷这么漂亮的女孩，也有点望而却步——他们或许也陷于自己"不配得"的信念，或者怕自己"不够好"，不能为她的幸福负责。羽婷一旦遇到有人主动对自己好一点，就如飞蛾扑火一般奋不顾身，因为她太渴望爱，太缺乏爱了。

培训师朋伟的父母在一个单位工作。印象中，他小时候，父母总在争吵，吵些什么他也不懂，大约是单位里人际关系、评级晋升、派系斗争之类的话题。单位很大，关系复杂，父母经常因为路线不同、观点不一致上纲上线，吵得朋伟如同生活在高压锅中。家里房子很小，躲都没地方躲。

记得有一次吃晚饭，有朋伟盼了很久的蒜苗炒肉丝，但爸爸妈妈刚坐下来就吵了起来，大概是爸爸在单位开会时说了些妈妈不赞同的话。吵到激烈处，妈妈直接把桌子掀翻了，饭菜撒了一地，那装着蒜苗炒肉丝的盘子碎了，扣在地上。朋伟的心似乎也跟着碎了。

妈妈有时候会很激动，吵完后会哭着对朋伟说："跟你爸怎么说他也不明白，不能乱说话。你姥爷就是说了不该说的话，后来才出了事。言多必失，说不准就会出事，你是乖孩子，听话，少说话没坏处，多说话不安全。"

妈妈总是充满了担心，朋伟小时候如果有一天睡觉晚了，妈妈会一直念叨好几年，觉得那一天没早睡，未来一定会得什么病，而朋伟则一直跟着为此愧疚而又愤怒，有时觉得自己对不起妈妈，有时又觉得自己委屈。

朋伟意识到"多说话不安全"这个潜在的信念一直在影响着他，让他在每个团队里都选择成为一个沉默的人，尽管他不希望如此——他希望自己可以在大舞台上展露才华，而且他有这样的能力。但纠结良久之后，潜意识中那个更有力量的声音总是在最后时刻帮他做出一个决定：别出错，别出事。

哲雁五岁的时候有了个弟弟。弟弟乖巧懂事，讨人喜欢，哲雁也特别喜欢这个弟弟。但父母处理姐弟关系的方式，渐渐让她感到不舒服。合影时，弟弟占了中间——那是她本来的位置；姐弟俩抢零食，父母要求她让着弟弟；一起看电视时，弟弟嚷着要看的节目也会得到父母的支持；如果有一个待在父母身边的机会，那只能留给弟弟。尽管父母否认，但她觉得爸爸妈妈一定重男轻女，她本应得到的爱被夺走了，原因仅仅是，他是弟弟。哲雁的父母并没有重视她的感受，反而觉得她总是无事生非，于是留给乖巧弟弟的时间精力就更多了。

哲雁越来越觉得妈妈只爱弟弟，弟弟万事皆好，成了住在眼前的"别人家的孩子"。自己如果不能让着弟弟、不能满足一些让他们骄傲的条件，似乎就会被扫地出门。以至于小时候她一度被同学们取笑：你弟弟才是亲生的，你一定是捡来的，别看你们家有钱。

她记得有一次和妈妈争吵后，妈妈说："你知足吧，有吃有穿，少你什么了？除了靠我们，你哪样拿得出手？以后嫁个老实人我就知足了！你要是真能有出息，我就真为你骄傲。但你能干什么事？干事还是靠男人，女人不行，这方面，男人就是比女人强，你看女人干事业下场都不好。"妈妈后来否认自己这么说过，而哲雁却把这些话连同委屈、愤怒以及对得到爱的渴望，深深埋在心里。也许，这为她以后总想做成什么大事——为满足被肯定被认可的条件、为填补爱的匮乏——埋下了伏笔。

这几个故事的线索这样提取出来，显得有些简单、脸谱化。在现实生活中，因为在原生家庭中受到创伤而被命运大潮痛苦席卷的故事，远比上述这些曲折、复杂、激烈、荒诞得多。

在无意识阶段，我们处于自动驾驶状态，我们没有意识到有个"自动驾驶系统"存在，更意识不到这个驾驶系统的目的地。而在归因阶段，我们发现这个系统无外乎是在自动化地寻求安全，寻求被爱和被认可，寻求掌控、改变或寻求不被改变，寻求独特性或完整性。我们寻求，是因为我们缺失。我们缺失，是因为在过往的经历中，我们觉得自己失去了根基，也失去了爱。

找到原因的痛苦仍是痛苦

伴随着脆弱、分离与心碎的经历，童年时遗留下来的情绪，直到我们成年依然困扰着我们。

每一句轻描淡写的"与父母关系不好"，背后都埋藏着对往昔情绪的回避和压抑，每一次对创伤经历的抱怨、指责和控诉，都夹杂着往昔情绪的宣泄和崩溃。对有些人来说，这些未被完全处理的情绪，也许一生都无法彻底释放。而那些血泪交织的印记，会随着生命之流继续流淌。

我们身边的大多数人，几乎都曾遇到创伤性的经历，无论他们是否清晰地记得。可以说，我们都有着某些共同的创痛。对于原生家庭的控诉，也会引起很多遭遇相似的人的集体共鸣。归因，让指责和控诉变得合理，人们很容易举着拳头呼喊，蜂拥着要把暴君送上断头台。

这时，我们被某种强烈的情绪所裹挟，这是一种夹杂着批判、创伤感受以及身体反应的巨大的情绪能量。我们完全被这个情绪能量所掌控，不能做出理性、客观的判断。或许，同样的情绪能量也曾裹挟我们的父母……但对被裹挟的我们来说，不管怎么样，正是他们把这个"武器"传到了我们手上，我们要以此来还击。

在这个阶段，有的人反应激烈，有的人独自心伤，有的人挥舞拳头，有的人默然承受。

对于情绪对抗没那么强烈的朋友，如果不想过多纠缠于控诉、指责和抱怨，很多人与父母的关系会渐渐走向淡漠和疏离，逢年过节问个好，平常报喜不报忧。只是区别于无意识阶段，他们知道自己心里有些创伤还未解决，有一些说不出的苦不愿被碰触。

对于那些具有激烈情绪反应的朋友，渐渐也会发现，自己的愤怒与抑郁、宣泄与控诉并不能让自己免于受苦。即使他合理地找到了罪魁祸首，即使他认为自己的不幸要由罪魁祸首负责（凭什么让无辜的自己负责），即使在控诉下有些父母会反省、认错、道歉，甚至愿意考虑如何为曾经的错误负责，但他最终还是会发现，没有人可以真正为他负责。他也许会陷入深深的自我矛盾之中。

在生命的河流中，过去的创伤如沿途流经的码头、驿站，已是过去的故事，但创伤留下的未被完全处理的能量，就像从驿站掷入水中的有毒漂流瓶，被河流携带，顺生命之流而下，使每个"此刻"看上去仍然在为过去受苦。但即使回去拆了驿站、砸了码头，也只是解一时之恨，并不能阻止这个漂流瓶继续顺流而下，继续使人受苦。

痛苦仍旧是痛苦，找到原因的痛苦也是痛苦。

过去早已过去，而纠缠于过去的人们仍受困于过去。

第 3 节

第三阶段：改善阶段

竹影扫阶尘不动，月穿潭底水无痕。

——释志璇

有助于当下的，只在当下

假如某天早上起来，你发现自己感冒了，也许你会立即反思"这是怎么搞的"，比如昨晚着凉了，或者被谁传染了，等等。但仅仅了解、猜测到感冒的成因，并不能让感冒好转，于是，也许你会吃点药、多穿些衣服，或者决定请个假好好休息一下。

停留在归因阶段，并不能让我们不痛苦。而找到事情的原因、解释自己为什么有这样那样的所作所为，是我们头脑的习惯动作。

这个习惯动作背后，有时意味着我们想根据成因缩小解决方案范围，找到答案；有时候也意味着头脑意图找到"谁该为此状况负责"，我们倾向于寻找一些理由来支持"这不怪我""这不是我的责任"。

如果我们认为自己的痛苦全是由别人造成的，我们对自己的谴责会少一些，罪咎感会减轻些；如果我们认为自己本来不该如此，全因他人一手造成了我们的痛苦，我们就会把注意力转移到我们认为有责任的人或事上，或者转移到悲伤、愤怒等情绪上，让自己从现状中短暂脱离。这也是一种习惯性的防御策略。

我们能拥有的只有每个当下——此时、此刻、此地，内在正在发生的——唯有此时此刻，我们的存在才是"真实"的，我们的感受才是"真实"的，而评判和情绪会将我们带离这个当下。

情绪和感受的区别在于，感受是你感官系统对内部、外部的直接感觉，而情绪则在感受上混合、叠加了想法——包括观点、评判、好恶在内的想法、看法，以及同时因此引发的身体反应或行为——比如哭泣、发冷、心跳加快、身体紧缩、颤抖握拳等。

那些苦痛纠缠，那些欢喜悲愁，那些"命运"所带来的感受，正在我们身上一刻一刻真实地发生着。无论我们认为谁该为此负责，真实发生的是，只有我们自己在承担着自己的命运，品尝着自己的感受，也只有我们自己才能为自己的人生负责。

打不过，还是跑吧

慢慢地，一些朋友发现，归因虽然让自己的痛苦理所当然，但并不能让自己从痛苦中走出来，不能改变困扰自己的自动化反应，不能帮助自己过上想要的、更有质量的生活，也不能让事业更加成功，不能让亲密关系、亲子关系更愉悦，让幸福感更笃定、更真实。很多人在抱怨和控诉中度过了很多年，但在拥有自己想要的生活方面，依然没有什么进展。

于是有些朋友迈出了下一步，决定自己做出改变，希望"伤害到我为止"。

大多数经历过童年创伤或者与父母冲突严重的朋友，都会在具备独立能力、具备独立条件的时候，尽力逃离父母。

有的人早早开始自己赚钱，争取具备自给自足的经济能力，有的人跑到远远的地方读书、工作，有的人通过尽早结婚成家以离开原来的家……似乎让自己具备独立能力的主要动力，就是逃离父母、逃离原生家庭，并且希望逃离之后，用新的生活覆盖原有的伤痛记忆，比如在新的城市开始新的事业，比如组建新的家庭。

逃离之后，有些朋友已经很久没有与父母正面接触了，有些朋友只是和父母维持着不冷不热的适度的距离，报喜不报忧，节假日礼节性地问候一下，送个礼物吃顿饭，小心翼翼地聊几句，在被不安笼罩之前迅速逃离，回到自己的角落，或舔舔伤口，或将翻出的痛楚再次用力埋在心里。

但旧日的痛楚，就如遥远的过去不断写给我们、寄给我们的一封又一封信，我们逃到哪里都能收到它。我们将它撕碎、埋葬，在上面堆上泥土，种上花朵，也并不意味着它就消失了，再也收不到它了。它又好像我们陈年的某种病痛，一旦周围的温度、湿度、声音、粉尘颗粒和它恰好匹配，它就跳出来折磨我们。我们越是选择不去看它，它对我们的影响就越隐蔽，也越有杀伤力。

我们前面简单说过，对抗不能彻底解决问题。逃离可以视为抗拒的另一种形式，逃离和对抗都不能彻底解决问题。我们越逃离，越不敢回头看，怕我们逃离的还在后面追赶我们；我们越抗拒，越发觉对手强大，而且还会随着我们用力抗拒变得更强大。

谋求改变的尝试

每个孩子总是会以自己的方式爱着这个家，牵挂着这个家。甚至，有时他是以牺牲自己来成全一些什么，有时他是以恨来维系一些什么，而他自己常常并不知情。

大多数孩子都希望可以缓和家庭关系，像一只和平鸽，为家庭的和谐衔去橄榄枝。大多数父母也愿意修复他们和孩子们的关系，愿意找机会聚在一起。但是，由于父母和孩子各自的创伤并没有真正得到修复，所以往往过不了多久，大家就再次逃离。就像每年春节，人们一开始盼着回家，但紧接着又盼着假期赶紧结束，回去上班了事。

在这个过程中，往往会发生很多情绪冲突。无论是孩子还是父母，各自在儿时遗留下的情绪，因为现实问题被再次点燃，一次又一次。双方反复陷入不满和抵触、愤怒和委屈、指责和解释、失控和逃离。

在一次销售培训上，想做销售冠军的浩凡听培训老师说："与父亲的关系会影响一个人的金钱能量。如果你想多挣钱，如果你觉得钱不够，你就得和父亲搞好关系。"怎么搞好关系呢？老师建议，你要臣服于父亲，孝顺父亲，你每周回去给父亲洗一次脚，坚持下去，必有所成。

浩凡觉得有点尴尬，他和父亲的关系有些微妙，他从来不觉得父亲和自己亲近，似乎就是见面点个头的关系，有时候提起他，似乎还挺没面子——他心里好像有个声音说"千万不能跟你爸一样"。好几次他想把这个想法付诸行动时，都在最后时刻退缩了。每次为了回避自责，他就回去找个电影看，把自己埋头在那些影像的故事里。

但最终他还是渴望改变，为了事业的发展，他决定咬牙也要试试。

那天，他提出要给爸爸洗脚，爸妈都惊掉了。为了说服他们，他说你必须让我洗，这样我的事业才能成功，老师说的。他父亲于是也配合了起来。就这样洗了几次，逐渐大家就不再提这件事了。

浩凡的业绩也没有因此提升，他觉得给他爸洗脚似乎没什么用——当然他也接着说："也许这不是洗脚的问题，是自己什么地方没搞对。"

当我们抱有其他目的性去修复某一段关系时，在这个过程中，我们往往感受不到爱。驱动我们的是对"实现目的"的期待，是对"目的不能实现"的焦虑和恐惧。因为要解决某个其他问题，而去梳理与父母的关系，那么我们的关注点就并不在父母和关系上，而是在要解决的问题上。在这个关注点上，我们无法与对方建立真正的能量交流。

你的注意力决定你能量的落点，如果你的注意力"不在这里"，你就转变不了"在这里"的能量流动问题。当你的注意力被爱驱动时，你容易存在于当下；当你的注意力被恐惧驱动时，你容易离开当下。

但无论如何，浩凡开始和父亲建立起一种前所未有的互动，这为他进一步疗愈关系打下了基础。

理解是走向治愈的一步，但不是全部

遇到主动对自己好一点的男生就容易"飞蛾扑火"的羽婷，有一段时间把自己深深埋藏在自己的世界里，下了班她就回到住处，看看书刷刷手机，不大与人交流。到了假期，她就出去背包旅行。经历了几段情感创伤后，她变得谨慎而沉默，即使在最容易引发恋情的旅途上，她也保持着警惕。她小心躲着自己没愈合的伤口，也小心避免着再受伤害的可能。然而，总有些风吹草动，让她陷入伤痛，陷入混杂着愤怒、悲伤和内疚的情绪中。

有一段时间，她看了一些关于原生家庭的文章，有很深的触动。她"缺爱"，于是她很容易在别人的示好中奋不顾身。

她再度回想她的母亲——她仿佛早已忘记了自己有一个母亲。她和母亲并没有激烈地争吵过、对抗过，她感觉母亲离自己非常非常遥远，中间隔着厚厚的、看似透明却无法通过的巨大冰块。在巨大冰块的那一边，"母亲"只是一个她不断凝视着的影像，没有声音，没有温度，甚至没有颜色。

"缺爱"，这俩字如同写在了诊断书上，为她的"病情"确诊了原因，定性了现状，但却没开出处方。自从她仿佛重新认识到、感受到了这两个字，这两个字就如同贴在她脑门上的纸条，每次照镜子她都能看到。然后，

她对着镜中的自己，在心里说：羽婷，对，你就是缺爱，你就是一个缺爱的人！

有一个阶段，她决定改变，决定融化那个巨大的冰块，与自己的父母、与自己的过往和解。她试着理解父母当初为什么那么做。

她理解母亲主动追求父亲，并为他、为了这段关系生下了她。父亲本身只想一心追求事业，但有了家庭后，却感觉家庭的牵绊越发让自己分心，甚至把自己事业的挫折归咎在了需要应付家庭上。于是父亲和母亲分开，留下她们母女俩过着虽然经济上还好但却不温暖不和睦的生活。

她理解母亲，母亲年轻时一直反抗家庭的压力，勇敢追求自己想要的，也努力证明自己的选择是对的；她也理解父亲，父亲的价值观就是事业高于一切，事业提供他全部的价值感和存在感。她理解这一切，也同情母亲和父亲各自的遭遇。

然而她的理解并不能改变她所认识到的事实：父母对各自利益的追求，造成了自己痛苦的遭遇。是的，是他们，是他们的自私让自己陷入难以自拔的处境。一想起这一点，她就感到愤怒、委屈和压抑，感到不公平，她全身发冷，感觉自己就像回到了小时候——她渴望得到父母的爱，而父母却都已离她远去，只剩下自己的孤独、渴望和绝望。

尽管我们可以理解父母的所作所为有着各种原因，情有可原，值得同情，尽管我们理解父母已经尽他们所知所能，做到最好，但是，一旦我们认为自己的痛苦和创伤的确是父母当时造成的，即使他们这么做有许多合理的理由，我们依然又会回到那个受困的、受害的、受苦的角色里。

"讲道理"可以帮我们在处于理性时理解某个人、某件事，但不能彻底帮我们从情绪中解脱出来。对于父母曾经的所作所为，当我们处于完全理性时，可以平静地接受这些"合理的"因果关系，但当我们被情绪席卷时，理性的力量就显得微不足道。

情绪并不是一个我们需要解决的问题，情绪更像是一种经过我们并被我们保留的能量，它在某些角度也许曾经帮助过我们，而如今它也在某些角度限制了我们。情绪能量只是一个普通存在——仿佛婴儿时我们挂在脖子上的围嘴，它让我们困扰只是因为如今我们还挂着它。

希望以退为进，带来外在的改变

想做一番大事业的哲雁，和父母一直若即若离，逢年过节打个电话，发个消息，简单说说近况，最近有成绩就多说几句，有麻烦则轻描淡写。

她有时也能意识到，自己做事总想"求大"，同时又总是"给自己挖坑"，这似乎来自一些潜藏的信念：做出有出息的事才能"回家"、才能在家里有和弟弟一样的地位，然而，她又受困于"女人做事业就会出事"的限制性观点，总是跌倒在对"出事"的担忧中。

也许她父母在理性层面并不真正持有这样的观点，也许她只是从母女之间的无数情绪化对抗中，拣选了某些对自己刺激最深的话放在心里，而妈妈早忘了自己那么说过。

于是，哲雁试着更频繁地回家看看，甚至假期在家里小住几天，希望自己能缓和和父母之间的关系，也修正自己潜在的限制性信念。

不过这样的尝试总是受挫，她感觉妈妈总能一针见血地找出她不想谈及的部分。有一次，她在股市上赚了一笔钱，得意地展示一下，想求个认可，妈妈说："还不是你爸给你的本金。"还有一次，她得到了一个在资本市场很抢手的企业投资机会，妈妈说："他们那都是看你爸的面子。"有一次，她打算自己创业，她说很多人看好她做的事，对她的眼光表示认可，妈妈冷不丁说："那你自己的公司有多少人了？快上市了吗？"她说她下一步的计划是开启一个大市场、一个新赛道，做好了就是这个领域全国第一品牌，妈妈忽然问："你怎么还没男朋友呢？"妈妈的"导弹"总是那么精准而致命。

有一次，哲雁终于爆发了，和妈妈聊着聊着，她突然暴跳如雷，把心中的积怨一股脑倾泻而出，当然也少不了指责和控诉。她全身抑制不住地颤抖，情绪能量如铁锤砸着胸口，压抑多年的泪水汹涌而出。

然后，她看到妈妈混杂着震惊、不解、诧异与心疼的眼光，她忍住自己的情绪，用袖子抹了抹眼泪，拿起包夺门而逃。

后来，她除了回复母亲自己没事，很长一段时间里，她越来越躲着回家这件事，把自己埋在工作之中。

外在改变不一定带来内在改变

培训师朋伟试着接爸爸妈妈来和自己一起住,他父母也很乐意。有一次,他和爸爸提起,小时候父母吵架,对他影响很大。

出人意料的是,爸爸说:"我和你妈有时候聊天,也觉得以前那么总吵挺不好的。那时候压力也大。不过不管怎么样,那时候都让你受苦了,爸爸妈妈也很抱歉。"

朋伟的眼睛一下子就红了,忙转过身去。

朋伟夫妇平时工作都挺忙,和父母住在一起,下班回家就有饭吃,还能相互照应,感觉生活变得温暖了起来。

当然,朋伟并没有放下自己站在更大舞台上的梦想,他仍然可以感受到心中似乎有难以逾越的障碍,让他无法克服当众讲话的压力和恐惧。以前他把这一切归咎于父母对他的压抑,但他们也不是有意的,他们也有不得已的地方,也有需要成长的地方,而且他们也认识到了。

好吧,朋伟依然对自己不满。但此时,想对过往挥刀,也如"抽刀断水",无处发力,无从下手,不知要到何处解开自己的心结。

当他陷在这个内心挣扎中时,有时也会因为某些小事和父母发脾气,有时也会向爱人抱怨自己曾经的遭遇。不过朋伟总能尽快控制自己的情绪,尽量让自己回到理性中，只是情绪还会再来，并未随着他的控制和表面的理性而消失。

再向前一步

当我们有意愿改善关系时，我们会尽量放下或压制心中的不满和对抗，主动谋求关系改变。在这个阶段，我们付出了努力，付出了情感，也做出了妥协，进行了争取。只是不知道为何，并未达到预想效果。我们真正的深层的关系并没有被修复。

在这一阶段往往发生这样几种情况：

· 改善关系是为了达到某个其他目的。我们关注的目标是达到其他目的，而非改善关系本身。这时我们试图改善关系的动力，通常是被"不能达成某个其他目的"的恐惧所驱动的，这也意味着我们的驱动力是"非爱"的。

· 我们希望他人能够反省和改变，或者希望外部环境有所改变，从而达到关系的改善，达到命运的转变。即使我们有意识地做出妥协和让步，也是为了达成让他人改变而采取的迂回策略，我们并没有真正妥协和让步。或者说，"让我们做出改变"是"有条件的"。

· 我们会重新了解和认知他人的行为，尽量理解对方，在理性状态时，我们可以成熟通达，但在感性占上风时，我们却容易陷入"那谁能理解我的感受""这不公平"等情绪中。

- 我们会从伦理和道德的角度，要求自己想"该想"的、做"该做"的，完成必须完成的义务，无论是要做给别人看，还是要给自己一个交代。而在关注"应该"的同时，我们往往没有照顾好自己的感受和情绪，习惯于对情绪的逃避和压抑。

- 我们想把"谁对谁错"辩论清楚，想证明"我没有错"，想找出"谁该替我的痛苦命运负责"。我们容易陷入"受害者/迫害者/拯救者"的戏剧三角模型，这个模型以后我们会谈到。

我们遇到问题，往往是道理都知道，甚至还能给别人讲得头头是道，但依然还是过不好自己这一生。

在这一阶段，我们仍然寄望于他人或外境的转变带给我们改变，寄望于用逻辑上的是非对错来解决非逻辑的问题，寄望于有什么更神秘的力量能拯救我们，而非认为自己的生命体验由自己创造。在这一阶段，我们解决问题的手段仍然是基于二元对立的。

当我们无法超越问题，仅仅站在与问题相同的层面时，我们往往成了另一个问题，或者成了问题的一部分。

但经历的这一阶段，是我们的宝贵财富，它会帮助我们迈向更进一步的体验。当然，在任何体验里，最重要的是对自己有效的体验，在任何真相里，你所体验的真相才是你的真相。除此之外，我所说的一切只是参考，只是空泛的文字，而并非"你的"体验和真相。

了解我们所处的位置以及改变的路径，将为我们迈入与父母关系的第四阶段服务。我们在与父母关系中得到的体验，在原生家庭中受到的限制性体验，甚至创伤性体验，似乎如一所有着不同学科的、看不见的隐蔽学校——在这个学校里，我们那些被对立性观点所束缚的体验，是为了获得超越以及自由的体验而打下的基础。

第4节

第四阶段：觉醒阶段

本来无一物，何处惹尘埃。

——六祖惠能

乞丐的故事

有个乞丐每天在同一个街角行乞，从小到大已经好几十年了。

这一天，一位陌生人经过，乞丐下意识地举起旧帽子，喃喃地说："谢谢好心人，帮帮忙吧。"

陌生人却问他："你坐着的——那是什么？"

"一个旧箱子。"乞丐说。

"里面有什么？"陌生人问。

"什么也没有，从我小时候它就在这儿。"乞丐说。

"你打开过吗？"陌生人又问。

"没有,就一个破箱子,打开有什么用。"乞丐回答。

"你打开看一看吧。"陌生人坚持道。

乞丐并不太愿意,迟疑许久,他才勉强试着打开箱子。

这时,意想不到的事情发生了——箱子里满是金银财宝。乞丐吃惊地张大了嘴,脸上写满了震惊和狂喜。

这是心灵作家埃克哈特·托利(Eckhart Tolle)讲过的一个故事。人们常常希望他人能给予自己一些东西,可以现实有用地改变生活,改变命运,但那个什么也没给你,却让你打开自己箱子的人,却是你真正的"贵人"。

也许你会说:"可是,我没有箱子啊!就算有,我的箱子里也确实什么都没有啊。"

你没有"箱子"吗?你确定"箱子"里什么都没有吗?抑或是几十年来,你从不曾真正注意过你设想之外的东西——通常,我们只能看到局限于自己设想中的东西。

原生家庭不是一个问题,而是一所"学校"

正如你在第一阶段所感受到的、在第二阶段所了解到的,在个人成长的路上,我们发现很多问题或困扰的成因,来自原生家庭引发的创伤事件,以及来自受到原生家庭相处方式、教育方式等影响,而形成的自动化应对模式。这些创伤、自动应对模式，给我们带来了大量限制、束缚和挑战。这也是我们想从原生家庭着手解决问题的一个重要动力。

但当着手解决问题时——正如我们在第三阶段所做的——却发现，我们做了很多努力和尝试，但问题并没有发生实质性改变。对很多人来说，所谓与父母关系改善，只是浮于表面，如一张表面和谐的照片，背后那些纠缠、对抗的能量，却仍剪不断、理还乱。

尽管很多现实问题可以追溯到原生家庭的影响，但当我们把原生家庭视作"问题"时，我们往往走向分裂——不仅与原生家庭、童年经历分裂，更加深了自己的内在分裂、内在冲突。

人们试图着手解决原生家庭"问题"，却总是旧伤未愈又添新伤，自己和父母的伤痛越翻越深。不但过去的伤口没愈合，还多了新的矛盾和痛苦。我们试图解决问题时，如果站在了与问题相同的层面，我们自己仿佛也变成了另一个问题。

在第三阶段，我们会促进外在关系的局部改善，但应对世界、应对关系的模式仍然是基于二元对立的。就像世界上只有锤子和钉子，锤子眼里都是钉子，钉子眼里都是锤子。

如果我们把问题视作资源——不仅是"应该"视作资源，而是真正感受到了资源——我们将会转化关注焦点，从对抗和分裂走向深入的能量连接，为我们真正意义上的成长带来滋养。

在第四阶段，你不再把原生家庭看作一个需要解决的问题，而是看作一所"与生俱来的隐秘学校"。在成长岁月里，你从没意识到这所学校的存在，但它却埋下了一条看不见的线索，助力你在这次生命的旅行中获得你需要获得的成长。

如果完成了第四阶段的转化，你会基于一个完整的生命视角看待世界、看待关系、看待生命。在第四阶段，你从改变，走向觉醒。

与父母的关系，不是外在关系，而是内在关系

在第四阶段，我们也不再把与父母的关系看作一种外在的关系，而把它看作我们内在的关系；不再把与父母的冲突看作外在的冲突，而把它看作我们内在的冲突。我们内在的冲突会影响到我们所有的关系。我们透过疗愈与父母的关系，疗愈我们内在的冲突，进而帮助我们改善外在所有的关系。

在生命最初的岁月，几乎每个人都会品尝到不同程度的分离感、脆弱感、匮乏感。这些不可避免的创伤感受，是这个世界给我们喝下的第一杯苦酒。在这些感受的基础上，通过幼年、童年与原生家庭的互动，我们累积了更多影响幸福感的观点、信念，以及所谓的"负面情绪"。比如我们是不够好的、不配得的、不安全的，比如我们感到不被认可、不被爱、不被尊重、不被信任，比如委屈、愤怒、悲伤、恐惧等情绪。

通过疗愈与父母的关系，我们转化了内在限制性的信念，穿越和释放了负面情绪。而通过转化这些内在干扰，我们得以自由发展自己的天赋，自由地成为我们自己。

我们并不缺乏爱，我们只需要清理与爱之间的障碍。如果用抗拒、恐惧、操控等"非爱"的方式清理，我们只会制造更多的障碍。我们所寻找的爱并不在别处，就在我们的内在，我们需要清理和释放的，也是内在的障碍。

在"现实有用"的层面，超越原生家庭问题，会让我们达成内在冲突的和解、限制信念和负面情绪的转化，进而真正成为一个自由的自己，真正爱自己，从而作为一个内在和平的存在，影响和转化更多的外在关系，影响生活的方方面面。

而在更加形而上的层面，你也可以将原生家庭的羁绊与和解，看作是一条路，一条体验你内在爱的道路。

就像你不能凭空体验勇气，你只有经由险境才能体验勇气；就像你无法凭空体验宽恕，你只能经由伤害才能体验宽恕；就像你不能凭空体验光的意义，你只有经由黑暗才能体验光之深意。我们只能经由那些我们所"不是"的，体验我们真正所"是"的，体验我们真正是"谁"。

在这个视角上，我们曾经以为的"问题"，只是我们在这条路上所需要的宝藏。

讲道理，更要亲身体验和练习

在这一阶段，如果仅靠讲道理、靠逻辑性的分析和理解，并不容易使我们治愈内在的冲突和伤痛，我们需要身体力行地练习和转化。道理总是说起来容易，做起来难——尤其是长期做起来，需要我们有坚定的爱的意图。很多练习和实践并不困难，只是我们习惯止于"我知道了"这个阶段，然后，再次回到熟悉的自动化模式里。

别人吃过饭了，并不意味着你也饱了。唯有你的体验才会铺就你的智慧之路。该撞上的绕不开，该经历的逃不掉，只有穿越其中，你才能体验勇气、慈悲、允许和宽恕。"体验"你是谁，而非"知道"你是谁，才是你来这个星球的目的。

如果想让所有的道理变成自己生活中的一部分，并以此存在和行动，如果想让生活或所谓命运发生改变，让生命之流在你这里发生积极的转弯，仅仅在意识层面上"知道"是远远不够的，还需要将其内化在我们的潜意识中。因为，我们有95%到99%的行动指令和决策是由潜意识下达的。在潜意识中转变限制性信念，形成时刻觉察的习惯，是在生活中显现改变的必要因素。

在这本书里，我们安排了一些练习，包括一些引导式冥想练习。

现代引导式冥想是觉察与转化的有效工具，包含了声音疗愈、脑波技术、催眠等现代心理学和脑科学技术，直接在潜意识层面帮助我们觉察、接纳和转化。让关系的改善，从理论和逻辑层面，深化到感受和存在的层面。你可以自己录制一些练习作为自我引导，也可以找到我录制的音频。这些引导将与你的潜意识一起工作，为你带来由内向外的深刻转变。

人们之所以喜欢现代引导式冥想练习音频，是它们很容易练习，你可以在生活中方便地使用它们。我的很多朋友说，他们每天听着那些音频睡觉就发生了潜在的变化，说"躺着就疗愈了""一睡解千愁"。因为即使你睡着了，在特定的脑波状态下，你的潜意识依然在和转化音频一起工作。

但有一点比任何技术都重要，那就是你基于爱的决定。没有爱，所有技术、技巧、理论、方法对你的帮助都是短暂的，只有触碰到爱，你才能获得长久的内在和平，才能体验你所追寻的人生答案。

那只蜗牛

"就像那只蜗牛，重新看待它背的壳。"冰迪若有所思地说，"接受所谓的'如其所是'，是一个漫长的过程。"

"是的，但穿越这个过程后，那个你已经变了，你体验了成长和智慧。与最初出发时的你相比，一个你还睡着，另一个你已经醒来。"

第 5 节

与生俱来的隐蔽学校

最快的捷径

冰迪的眼里同时闪着期望和怀疑。

期望是因为她感到了某种突破的可能,而怀疑,是一个经过逻辑训练的专业人士的必备素质。

"那这四个阶段走完,要花多长时间?"她问。

"这真不一定。"我说,"这四个阶段只是为了大家方便理解,是来自对大多数人成长的观察,而对于每个个体,他们经历的可能各有不同。有的人很快会进入第四阶段的内在探索,而有的人一生徘徊在前几个阶段。这些阶段的界限,有时也是模糊的。"

我继续说:"在第四阶段,我们把关注焦点拉回到自己的内在,而不仅仅是向外寻找答案;我们把注意力放在当下——此时此地,而不是被过去的故事带走思绪。这样的思维方式和关注焦点,与周围普遍的解读方式和标准不同,也不是我们曾经熟悉的。所以,在普遍标准组成的生存环境下,人们不一定能够一直坚定在第四阶段的状态，摇摇摆摆是很正常的。成长的过程会伴随我们一生，即使某些有'开悟'体验的人，一直停留在觉悟状态里也不容易，因为我们仍然置身于'现实'这场游戏中。"

"没有结果定论，没有时间期限，这么说可让人有点沮丧，这么说也不符合市场营销规律呀。"冰迪说着，自己也笑了，"得有结果、有证言、有背书、有时间点、有量化指标。"

"是啊，的确不符合。"我也笑了，"但是，如果我说，这会让你走在一条持续探索和成长的路上，信任自己内心的感受，信任自己可以改变自己，信任自己在每一年生日回头看时都可以对自己说，这一年我生活中的喜悦更多了一些，这一年我对我自己、对世界、对生命的爱又更深了一些，这一年我又放下了一些以前执着的、放不下的包袱——你觉得这对你是不是一条正确的路？如果走在这样一条路上，你愿不愿意？"

"我当然愿意。但是，怎么能证明这是一条正确的、有结果的路呢？是不是还有其他更快捷的路呢？"

"只有你自己才能证明。你觉得在过去几十年，你试图走的路，试图抄的捷径，让你幸福还是常常原地打转？你的快乐是一时满足带来的稍纵即逝的快乐，还是发自内心长久的真正喜悦？"

"没有，抄捷径不快乐，不幸福，要不我也不会坐在这儿了。"

"是啊，我们都想抄一抄捷径，快速达成一些结果使自己与众不同、出类拔萃，成为一个所谓'有出息的人'。快速实现一些结果让自己感到被自己肯定，感到有价值，或者有更多控制感，避免失控的恐惧，让自己有一种感到确定的安全感……当你期待的结果达成，你会因欲望被满足而快乐。但这么多年来，你也发现，这样得到的快乐总是很短暂，为了再次得到快乐，你会再次走向证明自己有价值，希望更安全、更有面子，希望得到更大认可、更大控制权的路上。我以前也这样。而另一条路——在内在成长的路上，放下找到捷径的想法，也许才是最快捷的捷径。而且，当你走上这条路，你再回头看时，曾经摔的跟头，也都是必经之路。"

"哎，是啊，想起有人说，人的结果反正都是死，想抄捷径难道是想死得快点……"

"哈哈，我们之所以总是看不到完美，总是奔波于满足与不满足之间，往往是因为我们把视野局限于眼前的结果、局限于'我''我的'这样的限制里。'超越'常常来自我们有比问题更大、更远的视野。当你把视野放得更大一些、更远一些，就会发现曾经追求的一些'结果'并不是生命的目的——就像'死'并不是生命的目的。你在生命之路上究竟体验了什么样的成长，才是你这趟生命旅程的财富。人的毕生努力，归根结底是追求能量的提升与升级。"

"所以……第四阶段也别管多久了，走就是了，是吧？"冰迪好像看到话题越来越大，赶紧往回收一收，"那'过程即结果'——结果有了，'证言'呢？刚才你说你也有类似的经历，能讲一讲吗？"她笑着问。

"好啊。"我说。

第 3 章
在与父母关系中成长的四个阶段

爱是认出没有平白无故的体验

就像许多普通孩子一样，总的来讲，我的生活是一条表面顺遂、底层暗涌的激流，有惊无险，奔流向前。这条激流在干涸时淋过及时雨，在泛滥时被筑过防波堤。这条激流不舍昼夜，却也曾暗地与多舛的河床摩擦纠缠，不经意地在没有方向的漩涡中被滞留，但最终还是不可阻挡地沿着时间向前奔涌。

在这本书中，我也会陆续聊到其中的一些故事。故事也许并不激烈曲折，但故事带给我个人的感受和影响确是深刻的。就如你的故事之于你一样。

很多往事，仿佛是我开始内在旅途之后又重新回到记忆里的。在此之前，我会觉得世事本就如此，要么不堪回首，要么不值一提。有那么多新东西要去追寻，在自己"配"去回忆之前，很多事就被忽略和"遗忘"了。我想你也会有一些自己的故事，因为说出来好像显得矫情，或终于过去了再也不愿想起，而被选择忘记。可故事曾经所带来的感受和情绪，却又在深夜里，或面临选择时，反复敲打着你。

在我眼里，我爸妈都特别优秀，所谓德智体全面发展，对我来说，无论哪方面他们都优秀得难以超越。很小的时候我就可以感觉到他们对我的期待——当然伴随其中的是，我也能感受到他们对我的失望。

记忆里我从小学三年级起，就开始特别地叛逆，用各种方式，有时是明里的对抗，有时是暗地的不服从，反正随着自己能力渐长，叛逆和对抗就不断地升级。我一直都是老师的眼中钉，从小学到大学，无论成绩好坏，他们都觉得我是一个令人头疼的学生，更有老师严肃地对我说，你以后长大是不会有出息的。

我不记得幼儿园时老师对我怎么样——那是单位内部的幼儿园，我在那里只待了一个月。幼儿园生涯的终点，是一个灌满开水的竹编真空暖瓶砸在我头上，爆炸了。那时我三岁，我已完全不记得当时的感受。我妈见到我时，我被包扎得只剩两个眼睛，至今我脖子上还留着疤。没有人对此负责。后来，我就说什么也不去幼儿园了。爸妈要上班，我就被锁在筒子楼的小屋里，锁了三年，直到上小学。

父母对我们每个孩子的要求都是严格的、高标准的，当然我们不一定做得到，就像刚才说的，从小我就认为他们优秀得难以超越，而不能超越就"有什么了不起的"。父母单位是个知识分子聚集的研究所，家属大院里住着的都是"人家谁谁谁"以及"人家谁谁家孩子"，每个成绩之外都有好多"人家"比你强。这点有些像前面说到的小玟，也许也有点像正在阅读的你。

现在我偶尔听到"人家"两个字，还会条件反射地提高警惕、准备防御——每次观察到这个内在反应，我就禁不住微微发笑，就像台上有魔术师演得像真的一样，而我窥视到了他背后隐藏的小伎俩。

在工作之前，我所记得的唯一一次父母对我的夸奖，是在小学时，有一次家里来了客人，爸爸把我介绍给客人说："这是老三，他还算懂事儿。"我一直珍藏着这句话。前些年，有一天，我和我爸妈聊天时说起这件事，他们满是惊愕——或许是因为他们从来没意识到孩子对认可的渴望；或许是因为他们觉得自己心里是肯定孩子的，而孩子竟不知道；或许是他们觉得自己曾说过很多赞美、夸奖的话，孩子竟没收到；也或许是因为他们觉得，"这句客套话，这么多年了这小子居然还当真"（开个玩笑）。不过我很赞叹他们，因为我爸随后说："的确，你们小时候没怎么夸过你们，得多夸。"而在这次沟通之后，每次我略带得意地问他们"怎么样？"时，他们都会迟疑一下表示："还行。"我就很知足。

回想我年少、年轻时的叛逆，除了因为青春期，这些叛逆更多的是与未知、恐惧斗智斗勇的一系列过程，挑战那些别人或自己所惧怕的。而这个过程的背后动力，并不一定是"勇敢""有个性"这些美好的词汇。也许是为了可以"没有恐惧地做自己"，也许是为了能逃离控制和压力；也许只是有一些"被认可/被肯定"的需求没被满足，就用特立独行的方式证明自己值得"被认可/被肯定"，并且，因为明确了与他人的区隔而建立了自己的独特性，让自己感觉到自己的完整；又或许，只是希望这些独特性吸引到关注，即使这些关注不一定是正面的。

很多父母都会趋向于控制，除了在孩子幼儿时期留下的"管理惯性"之外，父母的控制，往往意味着有一些属于他们自己的期待、恐惧和不允许。而每一个孩子，在心里都不希望让父母失望。父母和孩子都以自己的方式爱着对方。

只是在孩子的心里，有着自己的翅膀，翅膀渐渐长大，落地还是飞翔，也许是年少时最初的迷茫。

我想也许你也和我一样，有着一直摇摆但努力保持平衡的青春。年少时不希望让他人失望、满足他人期待，长大后又想在各方面证明自己——以我的方式我也能行。而在内心深处，隐隐埋藏着另一个期待，期待这么努力可以让自己满足某个条件——某个可以赢得父母爱和赞赏的条件。小时候，我们通过"懂事听话"获得安全、获得肯定，长大后，多么希望：尽管我"做自己"，我也能得到安全、认可和爱。

在折腾过一些杂七杂八的事情后，我在二十五岁时正式开始创业生涯。幸运的是，从零开始，我第一次创业就取得了一定的成功。之后，父母退休，我把他们老两口接过来和我们小两口一起住。我们觉得，这是应该做的。那时候我还没有接触到个人成长和心理学领域的各种理念和观点。

现在看来，这也许意味着一些不同层面的意义。在某个层面，可能我觉得有了一些成功，可以证明自己"还行"，于是可以不带愧疚地面对父母了，而在更深的层面，生命的成长需要我经由一个具体的环境，得到更深的体验，去触动、看到并治愈那些需要治愈和清理的部分，而不是避开它们。而我的确在这些具体体验中收获很多。

我们夫妇一直和我父母一起住，到现在有二十年了。我们有了孩子之后，孩子们也都很享受和爷爷奶奶在一起的日子。每年我们都一起去旅行，这些一起相处、一起处理问题并且承担责任、相互关爱的时光，也给孩子们留下了美好的记忆。

也是在这二十年里，我走过了我提到过的那四个阶段。

生命中，每个人都会受伤，受伤的经历推动我们必须学会如何向伤痛打开，如何勇敢地从自己的防御层，穿过伤痛层，抵达内在的真我层。在那里，真正天然的爱不会受伤害。每一段经历都有生命成长的目的。青春不悔，真爱永不老去。

与父母住在一起，是我的福气

在生活的变迁、事业的发展中，我们都会遇到许多难关。难关之所以被称为难关，是因为对你个人来说，它是瓶颈，是天花板，是总也过不去的卡点。这些难关只是对你个人来说的，对于另一个人可能这都不是事儿，而他过不去的难关，也许对你来说也不是事儿。

我总会想尽方法绕过我的难关，而不选择改变自己，因为对我来说，改变自己其实是最大的难关。这里所说的"改变自己"并非改变自己的人生观、价值观，而是改变自己应对事情的自动反应、习惯性的观点看法，改变自己的处事习惯和行为模式，摆脱自己一些莫名的恐惧和紧张，放下自己抓住不放的执着、对"自我"身份的认识。而这些模式、观点、恐惧、执着等，让我在面对难关时裹足不前。

举一些例子：比如我喜欢待在一个认可我的圈子里，如果进入新的陌生圈子，我会谨慎、紧张；比如我非常小心和在意自己的公开表达，尽量避免可能会带来的误解、冲突或冲击；比如我害怕"失控"，害怕让自己陷入某些无法掌控自己、无能为力只能听天由命的情境里；比如我惧怕别人发现我脆弱与不堪的一面，内心封闭，恐惧打开自己……所有这些干扰，都会让我在事业的拓展，甚至做平常想做的事情上，遇到内耗和阻力。

就像一些进入第二阶段的朋友们一样，慢慢地，我发现，一些自己的天花板、瓶颈和卡点的根源，也许源于童年的某些经历，比如感觉被打压、被忽视、被遗弃，也许继承了父母或家族传承下来的担忧、限制和恐惧。一开始发现这些时，我会产生有理有据的愤怒、悲伤和委屈——你看，都是你们的错，我一直是个受害者——多年来受的苦好像终于冤有头债有主了。

我三十多岁的时候，已经不像青春期时那么反应激烈了。但青春期是一种所谓"无因的反抗"，而在第二阶段，我似乎找到了科学根据。尽管我努力让自己保持宽容和平静的状态，但还是会在情绪上爆发，通常爆发在遭遇与小时候类似的控制和对抗时——和父母一起住嘛，总免不了的，他们依然把你当成那个小孩子。这一阶段和过去愣头愣脑的叛逆期比起来，更多了些据理力争和控诉的味道，从前像朋克摇滚，现在像写论文。

有些朋友不一定会直接面对父母表达，他们会转向朋友甚至公众，表达自己的不满；也有些朋友变得不愿提及自己的过往经历、不愿直视父母及家族，抗拒那些不堪回首的经历，试图把自己从童年经历的控制中，抽离出来。

这个阶段，我们会受很多苦，那些苦水原本沉淀在瓶底，现在被摇晃着，弥漫开来，让我们变得好像什么都明白，却又看不清楚。我们并没有真正解决问题，而是在痛苦中循环，同时又制造出一些新的痛苦。

随着学习和成长，我们认识到这并不是父母的错或者家族的错。在某个时空环境下，父母已经尽了他们当时的全力，用他们认为最好的方式养育了我们。

尽管我们还会被情绪、伤痛、脆弱，以及寻找拯救的期待所控，但从真正认识到这一点开始，我们逐渐承担起对自己的责任，走上一条感恩、宽恕与和解的道路。

我有幸从事的事业——心探索，一个始于 2007 年的身心探索事业，给了我巨大的帮助。我封闭的外壳在触底处破碎，种子得以展露它的新芽。敞开并信任某种全新的未知，才能体验到无限的可能性为你绽放的花朵。其实，这花朵如看不见的电波，早已弥漫在你的身旁，只要你把频率调整到它的频道，就可以亲历它的芬芳与光芒。而那个频率也早已在你心里，你要做的，只是清理与它之间的障碍。

我所体验到的，同样走在通向内心和平之路上的你，也逐渐会体验到。我们以人类的生命形式来到这里，所经历的一切，就像一次次破茧成蝶的过程。层层阻碍，就像包裹着我们的层层的茧，呼唤我们穿越。而这些阻碍也是我们得以成长、得以到达生命领悟所必须要体验的部分。没有作茧自缚，就没有破茧成蝶，没有这些阻碍，就无法完成生命中关于爱的功课，无法达到真正的内心和平。慈悲是认出每一个人均是如此。

我至今仍和我的父母住在一起，这是我的福气。爱在没有内在干扰的寻常生活中闪光。成长并不发生在真空里。在寻常生活中，我们可以更深入地看到自己——在同样情境下是否有了不同觉察、不同反应，是否还有残余的内在阻碍需要清理，是否可以看到命运表象的背后，闪耀着永恒不灭的光芒。

我们生命的质量，只与我们爱的质量有关

我们每个人都有父母，无论他们现在在哪里，无论你对他们有着什么样的观点或看法，他们都存在；也许有的朋友经历了与父母别离，甚至阴阳两隔，但我相信你的父母依然存在于你的内心深处，无论以什么样的方式，就像是你内心的一部分。

从小到大，父母给予了我们很多很多：衣食、温饱，及时的抚慰、温暖的怀抱。我们也从父母那里学到很多东西：从牙牙学语、蹒跚行走，到之后让我们有机会不断接受教育，让我们学习为人处世，学习生活之道。而最重要的是，我们是经由我们的父母，来到这个世界上的。

当然，父母也在不同时期给予了我们不少挑战，让我们感到受挫、感到压力、感到不被爱，让我们体会到伤痛甚至心碎。而这些也正是这个二元世界的一部分。

面对困境，一般我们会有两种应对方式。

一种方式是把责任推给过去，推给曾经经历的苦难、创伤，推给我们所怨恨的人，推给我们期待可以为我们负责的人。这样的话，实际上我们依附于这种苦难——它让我们觉得我们是没有责任的。

而另一种方式，则是选择为自己负责，接纳过去的一切，学习宽恕自己也宽恕他人，让所有的发生成为给予我们营养、帮助我们成长的土壤。

在前一种方式中，我们会无意识地为自己的行囊装进更多的苦难，因为我们需要用这些苦难讲述我们的悲惨故事；而在后一种方式中，我们选择拿回自己的力量，从而走上一条独立而自由的道路。

所以，当我们以不同的眼光看待原生家庭、看待童年的经历时，我们会有不同的收获。无论你经历过什么，它都会对你的生命领悟有着推动性的作用。那些经历曾被我们回避、遗弃、抗拒，却仍旧在那里，就像一道道未被解答的习题、一篇篇未被完成的作业，等待有一天我们再次穿越其中，找到其中蕴含的生命礼物。

如果我们从这个视角回望过去，会发现，在我们与父母的关系中、在原生家庭中，一直隐藏着一所"学校"，一所为我们内在成长而定制的隐秘学校。通常在年少时，我们只能看到它表面所呈现的样子，只有向内探索、经历成长之后，才会慢慢领悟它的奥秘。但也有时候，有的人走过这一生，都未能发觉这所"学校"的存在。

我们就这样在生活里摸爬滚打，孤独对抗，有时叛逆有时迷茫，有时励志有时颓丧，懵懵懂懂地走在生命道路上；我们在寻找伴侣的旅途上、在事业发展的台阶上，总是遇到各种过不去的挑战、无形的限制，伤痕累累，精疲力尽；我们经历着纠缠痛苦的亲密关系、家庭关系；我们仿佛一直在寻找着什么，兜兜转转，有意无意，我们好像得到了什么，却又感到一无所获。我们一直未曾意识到，我们正在这么一所学校里完成我们的学习。

直到有一天，忽然有某种机缘，让我们从与以往不同的角度看待我们的成长，我们才意识到，好像这些磕磕绊绊、寻寻觅觅，都和这所"学校"有关。

我们一直在寻找什么呢?

我们所有的愿望背后、所有的期待背后，都藏着一些未被满足的、关于爱与被爱的需求。我们发展的、经历的每段关系的背后，也藏着未被满足的爱与被爱的需求。我们被所谓命运挟裹向前，或挣扎或奋斗，这背后都隐藏着某些潜在的动力——那些我们未被满足的去爱与被爱的需求，那些我们感受到的爱的缺失，需要被填补、被满足、被完成。

往往在我们的幼年，在我们与父母的互动中，这些有关爱与被爱的功课，就埋下了线索。所以，为了填补内心一直需要填补的缺失，让需求满足，我们需要回到当时埋下的成长线索中，最终看穿这些线索，不抗拒、不回避、不评判地放下一直纠缠我们的干扰能量。

疗愈原生家庭关系只是完成生命功课的一种手段。有关爱和需求的生命功课，需要我们在原生家庭关系的疗愈中，在童年伤痛的疗愈中，以及在真实生活的对境中，真正学习和体验到。我们将学习，爱的力量在生命中是如何运作的，并在疗愈的过程中找到自己内在无条件的爱，放下束缚，获得自由的人生。

这时候，以这个角度回望，我们才知道从这所隐秘学校中学到的，是生命中最重要的东西——关乎我们每时每刻的幸福感，关乎我们每时每刻的爱的质量。而我们生命的质量，只与我们每时每刻的爱的质量有关。

无论我们的父母是谁，无论他们的文化水平怎么样，无论他们在不在我们身边、是不是曾经在我们的生命里缺失，无论他们曾用什么样的方式对待我们，也无论他们在各自的生命里曾经历过怎样的痛苦与期望，无论他们是否意识到他们在这所隐秘学校里的作用，他们终将用他们的方式，教会我们什么是宽恕，什么是臣服，什么是感恩，什么是希望，什么是治愈，什么是成长，什么是真正的独立，什么是内心的平安与力量。

无论如何，我们的父母用他们的生命历程，为我们构建了一所隐秘的爱的学校。

你无法从别处索取到你真正想索取的

冰迪自己去倒了杯茶，回来坐下来。茶在桌上，冒着向上的热气。她的眼中似乎多了光亮，脸上的轮廓都柔和了起来。怀疑，让我们的身体处于紧张，而信任的增强，会让我们身心松弛。

"所有关系的背后，都有着爱与被爱的需求，以及满足这个需求的期待。"冰迪重复说，"是啊，看到自己的期待，也就看清楚为什么想在关系中索取什么了。但是，不索取什么，要关系干啥用呢？"

"关系的用处，是让你体验到，你无法从别处索取到你真正想索取的。"我笑着说，"哈，这么说不太严肃——原谅我有时把问题往不严肃那边发展。我以前也挺严肃的。我们总是入'戏'越深，就越严肃。"

"那也不错，这应该对我有好处——帮我把陷在问题中的视角，拉得远一些。"冰迪也笑了一下，又收回了笑容，"所以真正想索取的，就是爱与被爱？这么说太笼统了吧。"

"我们真正想索取的，往往是我们内在所缺乏的。想要找到我们缺乏什么、匮乏什么，可以从我们与这个世界的互动中观察——这些互动关系就像镜子，用痛苦、受困等方式，提醒我们还有需要疗愈的伤痛，还有没有完成的作业要补。而这些作业是什么时候就留下的呢？"

"小时候——在我们小时候，童年？幼儿、婴儿、胎儿？"冰迪把话题接下来，"反正后来我们因此和父母关系不佳，和这个世界的关系……也不太妙。"

"所以，这些提醒让我们回到过往的一些经历中，看看当时'学校'到底留了哪些作业——如果我们视过往经历如一所从前没意识到过的学校，那么我们可以从那里学到生命中关于爱的功课，迈向幸福的关系、和谐的生活、内在的和平。"

"好想回去看看啊，黑板上写了什么……"

"慢慢来，我们可以通过一个练习先热热身。"

练习 1
回溯生命源头

这是一个关于回溯生命源头的冥想练习，这个练习可以帮助我们觉察和体验我们的生命脉络。

你可以将以下内容用缓慢的语速录音，然后回放，用来引导自己，也可以找到我的音频进行引导。

找一个没人打扰的地方，找一张舒适的椅子坐下，并尽量保持一个背部直立的坐姿。在冥想的过程中，你也可以轻微地活动身体，保持身体的舒适。任何时候，如果你觉得有所不适，都可以通过一个深呼吸，暂停下来。

坐好之后，请你轻轻地闭上眼睛。

请把注意力集中在你的呼吸上，慢慢地吸气……呼气……

感受空气经过鼻腔，流经你的喉咙、胸部、腹部，再慢慢被呼出你的身体，让你的注意力关注空气在你身体中的流动。你的呼吸就像一个向导，带着你的意识，在身体中沉沉浮浮。

慢慢地，你的呼吸变得越来越慢，每一次呼吸也变得越来越深。

伴随着你深深的呼吸，现在我们进入一段旅程，进入不同的时空，回溯生命的旅程。

慢慢地，你仿佛进入一个时光的隧道，你在这个时光的隧道中，一年一年地回溯。

现在，回想你的五年前，此刻你想到了什么？……

现在，回想你的十年前，你想到了什么？……

现在，回想你的十五年前，你想到了什么？……

现在，回想你的二十年前，你想到了什么？……

现在，回想你十岁的时候，你想到了什么？……

现在，回想你五岁的时候，你想到了什么？……

现在，回想你一岁的时候，你想到了什么？……

现在，感觉自己回到了妈妈的子宫里。……

静静地感受，你在妈妈子宫里的感觉……

现在，你回到你生命的最初源头，回到精子卵子结合的那一刻。……

现在，你回到了爸爸妈妈相爱、相结合的那一刻。……

现在，请再次回到妈妈的子宫，感受你在妈妈子宫中慢慢地生长。

想象一下，在子宫里，一个月的时候，发生了什么，有什么感受？……

两个月的时候，发生了什么？有什么感受？……

如果，你感觉好像被卡住，你可以先暂停下来。

继续感受，现在你在子宫里九个月了，你要从妈妈的子宫里出来了。

你通过一条长长的路，你很努力、很使劲地要从里面出来，你被窄窄的通道挤压着，你努力伸展你的身体，忽然，眼前一片明亮，你的身体舒展了……你出生了。

现在，请想象你出生后的情景：

现在，请想象你一个月的时候的情景……

现在，请想象你一岁的时候的情景……

现在，请想象你三岁的时候的情景……

如果你感觉好像被卡住，你随时都可以先暂停下来。

你一点一点长大，你一点一点成长，你每一个感到开心的日子，你渡过的每一个难关，最终，你会到达此刻。

此刻，你深深地呼吸，继续你的呼吸。把注意力专注在你的呼吸上，不费力地呼吸，感觉此刻，你仍在呼吸着，仍在呼吸着……

现在，你可以慢慢地睁开眼睛，带着你内在的感受，静静地待一会儿。

当你感觉可以的时候，你可以结束这个冥想，也可以再坐一会儿，静静地，和你内在的感受同在。

第4章

超越原生家庭困境的七把钥匙

第 4 章
超越原生家庭困境的七把钥匙

夜上林梢,明月如刀。

瓢虫不不遇见一条蚯蚓。

蚯蚓说:"很久以后,你才会知道,你存在的意义不在于答案,而在于寻找。"

第 1 节

在关系中觉察内在的真正需求

透过一个对象看到更深入的自己

"关系的用处,是让你体验到,你无法从别处索取到你真正想索取的。"冰迪重复着我们在前面聊到的话题,然后说,"对这一点,我还是挺疑惑的。比如亲密关系,不是说,两人可相互滋养,抱团取暖,关系才能甜美长久吗?要是对方给不了你幸福感和安全感,在一起还有什么意义呢?"

"当你思考这个问题时,就已经向前走了一大步了。"我说,"在你的经验里,或者你对周围朋友的观察里,如果关系是基于一方不断给另一方安全感或者幸福感,那么这个关系会有持久的安全和幸福吗?"

"这么说的话,当然是很难,我是说'相互给予'——互通有无嘛。"

"如果基于相互的给予和索取,在一个契合的时间段,肯定是可以互通有无,但你看这个'供需关系',会不会一直能够同步呢?"

"这倒是,很难。"冰迪想想说,"人都是会变的,姑且不说物质需求变化、精神需要变化，就说年龄——年龄年年都变，但如果年轻成为自己的砝码，我们就会焦虑于自己变老。许多女生容易有年龄焦虑。"

"嗯，男生也担心自己不被需要。"我点头道。

"还有一点，"她停了一下，继续说，"从比较理想主义的爱情观的角度说，爱情的动机如果只是身心上的相互索取，那么就感觉这份爱情的质量比较低，变成一场交易，两人都将自己物化——俩'商品'谈恋爱，完全感觉不到幸福、自由、爱这些精神性的满足。不过，是不是也有不少感情，是建立在精神上的相互支持的呢？那些伟大不朽的爱情故事，之所以美好，一定是基于此的。"

"是的，会有一些关系是一直在相互赋能的。但是相互赋能是一个结果，成因是双方在关系里得到自我成长、生命成长，只有双方都不断自我成长，才会'相互赋能'。而自我成长是需要把自己的频道从'我能从关系中得到什么'，转换到'我能赋予这段关系什么''我能创造什么样的生活'。一个人做到这些的前提，是看到通过内在空间的扩展，自己可以给出这些——给出安全感、幸福感、爱。因为，我能给予的，一定是我拥有的。而我拥有这些，并不是我索取来的，而是我通过自我成长而重新找回来的——我天然就有的安全、完整和爱。"

"等下，慢点，太绕啦。"冰迪笑着说。

"是不太容易理解，对于这样的相互关系，当我们尝试用逻辑思考去'理解'，就挺烧脑的。就像我们坐在一团乱麻的线团中间，想要理清这个线团、这些线索，一定很吃力，除非智力超强。但如果你站到了混乱的线团之外，事情就变得简单，甚至一目了然。而你能站出来，并不一定依赖智力，你只需要练习时刻觉察，就能从线团的缝隙找到光，让自己一下子体验到置身线团之外的感受。"

"只缘身在此山中嘛。"冰迪说，"没事儿，我可以慢慢来。"

"嗯，"我点头，"你值得给自己机会和时间，为这件事慢慢来。我们每个人都值得。"

我们沉默了一会儿。我看冰迪垂着眼帘，望着手中的茶，像是在感受着自己内在的深潭，似乎在看水面上的泡沫，泡沫安静地滑动着，融合着，又无声地破了，沉入水中，回到无言的柔软的水底。过了一会儿，似乎湖面有雁飞过，带她再次回到外在空间。

冰迪说："在我过去的情感经验里，投入感情之后就会付出。有时候，付出后就会有不平衡的感觉，觉得没有得到期待的回报。这个感觉像个窟窿。以后一不平衡就回到这个窟窿里。在这个窟窿里很不舒服，我认为他就该给我我索求的。当然，我也能感觉到他对我的期待或者索求，那就拿他的什么来换呗。但时间长了，这种你来我往的期待和交换，就好像一种捆绑，一层层的捆绑，在一起觉得累，分开又觉得亏。感觉慢慢变成一种消耗。感情一开始，设想的肯定是共同成长、相互成就，但逐渐就感觉不到心与心的连接，感觉不到爱和幸福。"

"的确，没有了心的连接，就没有了高质量的能量互动。"我说。

她继续说："所以我也困惑于关系的意义，如果不能满足这些需求，那我们要这个关系干什么呢？"

"好问题。"我说，"关系的真正意义和价值，在于帮助甚至迫使我们成长。我们可以通过关系，或者关系中的对方，看到自己的期待，以及期待背后的需求，看到自己的防御，以及防御背后的伤痛。我们在关系中还必然体验到，自己的深层期待是无法从外面得到满足的，不直面和治愈伤痛，是无法敞开内在天然的爱的。当我们把关系看作我们内在的镜子，我们就可以通过这面镜子看到一个更深入的自己。"

我们是如何从需求、渴望到期待和痛苦的？

从不同角度和方向，让我们看一下，内在需求与外在关系是如何联动的。

在第二章，我们谈到了"与父母的关系是一切关系的起点"。如果想探索那些现有关系中的深层需求与期待——比如亲密关系、亲子关系中的需求与期待，我们可以先回到我们最初的关系——与父母的关系中，看看我们未被满足的需求到底是什么。这是一个向内探索的旅程。

我们来到这个世界的最初时期，在关于"自我"的认识出现之前，我们经历了从与母亲一体到分离的过程。这个过程有点像从一元到二元的过程。在"一元"中，没有"相对性的关系"，一切全都是整体的一部分。似乎我就是妈妈，妈妈就是我，我和整个世界是一体的，没有内外之分。

然后，我们经由一个"分离"的过程，来到这个具有"自我"和"非自我"的世界。对很多人来说，这个"分离"的过程并不舒服，伴随着身体痛苦的感受，甚至感到生存的艰难和压力，仿佛是一次已经记不起来的创伤记忆。美国情绪动力专家汤姆·斯通说："创伤的意义是我们不能完全处理或消化这种体验。"也就是说，创伤意味着我们有一些体验没有被完全处理或消化，而这些体验现在被我们称为创伤。

在生命的最初时期，我们感受到了分离带来的创伤，以及从创伤中感到的脆弱和无助。我们必须需要家人、环境在各个层面的帮助和支持，不然我们就无法生存，我们活不下来。

我们不再是"天然所是"的。我们从一个"一体"中，分离到一个充满相对性的世界。在这个世界上，我们需要身份、价值以及全新的故事，才可以从一系列"对方"眼中，看到自己。

我们的感受与接收到的评价或观点叠加，逐渐形成"自我"最初的核心信念。我们的核心信念认为我们是"不够"的、有所"缺乏"的，我们需要从某个"对方"那里得到补充——比如得到食物和温暖，以感到安全，得到认可和肯定，以感到爱，感到存在的价值。我们一方面向外寻找补充以感到完整；另一方面，为了感到完整，我们还要建立边界，彰显独特性，以感到自己可以自成整体，感到"自我"的价值，感到在关系中自己的重要性。

而这些需求——可以得到爱、可以获得安全感、可以证明自己的重要性和价值等——基本是在各种各样的关系中获得的，有时是靠操控索要获得的。

回到我们生命的最初。我们生命最初的环境，即是我们父母所创造的一切；我们生命最初的关系，即是我们与父母的关系；我们最初关系的对象，即是我们的父母。我们生命最初的需求需要在这个关系里得到满足。

妈妈不在？那太可怕了，我们会感觉自己就要活不下去了。我们如此依赖着父母，依赖着这个关系。而我们需要被父母满足的需求，仿佛是支持我们存在必需的部分，它们必须被满足，我们才会因此感到自己是完整、合理的存在。

但是事实是——就像你知道的，父母总是无法百分之百满足我们的需求。当父母不能百分之百满足我们需求的时候，生命最初的脆弱感、匮乏感，经由我们与父母的关系的土壤，被夯实，被定论，变得可以被印证。似乎有因有果，有感受有认知，更显得那些脆弱和匮乏是真实的。

那些需求反反复复地不被满足，变成了刻骨铭心的经验，变成了"自己不足够、不够好、不配得、不完整"的信念的证明。

伴随着内在需求的不满足，我们逐渐长大。因为"缺乏"，我们不断发展着自己的渴求。因为渴求，我们无意识地期待在外在关系中满足这些渴求，也期待可以发展满足渴求的外在关系。我们期待这些渴求的满足，可以让那些最深的缺乏感得到填补。这是我们发展外在关系的潜在动力之一。而这些潜在的动力也"操纵"着各种外在关系的发生和发展。

就像很多关于亲密关系的比喻中说，我们像一个不完整的圆，总想找到"另一半"以求让自己完整，同时，我们也害怕失去"另一半"，似乎我们又会因此变得不完整。痛苦，就在向外寻找确定性的完整和害怕不完整中反复产生。

内在匮乏产生的期待，会被外在条件长久满足吗？

找到"另一半"——某一个人或关系、某一种成功或成就，我们就会感到完整了吗？

我们遇到的问题是，历经世事，我们发现，通过外在实现而去满足内在需求、期待，最终总是会失望，即使一时满足了，我们也会生出进一步的期待，直至失望。

内在缺乏产生需求，需求产生渴望，渴望产生期待，期待让我们不断追寻满足，并在暂时的满足后，因为内在仍旧缺乏而产生进一步的期待。

比如，你的伴侣今天对你说"我爱你"，你感到被爱的满足。如果他/她每天都这么说，你会习以为常，觉得没什么了不起，你会期待他/她做些更多的，才能让你感到被爱的满足。也许，他/她会送你礼物，会为你付出时间甚至牺牲许多个人需求，但是慢慢地，你仍会不满足于同样的礼物，不满足于同样的付出，你会期待更多。而终有一天，你会失望。

如果你的内在有个匮乏的信念——比如"我是缺乏安全的""我是缺乏爱的""我是不完整的"，那么你会一直寻找一些证据、寻找一些体验，证明这个缺乏的信念是"对"的。你总会找到，因为你的注意力在"不足"上。当你的注意力在"不足"上，你总会看到外在对象让你失望，这个失望的体验，可以让你的内在信念得以印证：嗯，你看，果然我是缺乏的，果然我是不被爱的，果然他/她不够爱我。

当一段关系因为相互失望而结束，我们的匮乏和需求会带着我们创造下一段关系，我们希望下一段关系满足我们的期待，或者我们害怕下一段关系不能满足我们的期待。我们就在期待和失望、恐惧与依赖之间，不断循环着。

这个关系也许是亲密关系，也许是你和伙伴、朋友的关系，也许是你和工作、事业的关系。

这个过程就像一段不断振动、荡漾的长绳，长绳的一端，经由我们内在的需求和最初的关系合力抖动着，荡漾出源源不断的绳波——荡漾出我们各种各样的关系。

我们期待从外在世界索求内在缺乏的满足，让我们感到自己是完整的、不匮乏的。然而，无论我们从外在得到多少关注，得到多少金钱、成就、爱或任何东西，都不足以让我们感受到自己是完整而不匮乏的存在。

除非，我们看穿这背后的戏码，并且真正从内在感受到，我们原本即是完整而不匮乏的。

第 2 节

把握命运的长绳

小颖在广东一个小镇出生和长大。到二十六七岁时,她经历过几段恋情。与平常恋情不同的是,小颖经历的所有恋情,都是她介入到了别人的婚姻和家庭中,也就是说,对方都是已经成家的男性。

小颖的好友——我以前的一位同事,曾劝过她很多次,说这样的关系不健康,如果总重复这样的关系模式,很难找到长久的幸福。小颖自己也很同意这一点,每一次经历这样的恋情,她自己也非常痛苦。但是,在下一段恋情中,她仍然会不由自主地继续投入到这种处于第三者状态的亲密关系中。

小颖的每一任男友不但都是已婚,而且他们的婚姻在外人看起来,似乎也都挺完美的。而小颖每一段恋情,也都结束于双方的最终放弃,和平分手,小颖也从没打算破坏和颠覆对方的家庭。换句话说,小颖虽然很认真、很投入,但她没计划和对方形成婚姻关系,没想要一个结婚的结果。这在小颖的朋友们看来,更觉得不可理解。

第 4 章
超越原生家庭困境的七把钥匙

小颖的家庭是什么状况呢？她是在什么环境下长大的呢？

小颖的爸爸妈妈都是乡镇政府机关里的公务员。小颖是他们家的第二个女儿。不过，小颖是在计划生育时代出生的，在当时，她算是超生的孩子。父母作为公务员，感到非常为难：一方面，他们很爱孩子，也不想堕胎，希望把她生下来；另一方面，基于自己身份所产生的担忧，他们又不能把这第二个孩子公开。

所以，在小颖生下来后，父母就把她送到了乡下的一个亲戚家。小颖就在乡下亲戚家里长大。

小颖的父母并没有抛弃她不管，他们也很爱她。每到周末，小颖的父母就一定会来看她，当然，也会带着老大——小颖的姐姐一起来看她。

每到周末，小颖都会和爸爸妈妈待上一天，然后再目送着爸爸妈妈带着姐姐离开。

小颖的好友——我的同事，在逐渐了解了原生家庭对人的影响后，就经常和小颖探讨，她们各自的亲密关系状况和原生家庭状况之间，有着怎样的联系。在一次探讨中，小颖突然意识到，原来她从小就觉得，在自己家庭中，她一直是个"边缘人"。

爸爸、妈妈和姐姐，他们好像是一家三口，过着幸福的生活。在外人看来，他们就是一个完整家庭。而小颖，她的角色是在这个"完整家庭"边缘的一分子，她游离于家庭之外，却又仿佛在家庭之中。这就是她从小到大习惯的位置。

也许，这就是为什么小颖长大后，总会莫名其妙地被那些拥有"完美

113

家庭关系"的人所吸引。仿佛当她处在一种"边缘人"身份时,她会自然而然地感到,这才是她正常的、熟悉的位置。每当她在这个位置上时,虽然理智上不愿意,但心里却无法拒绝,这个位置仿佛有一种莫名的引力,让她感到坦然,感到合理。

当小颖觉察到这一点时,她开始把自己疗愈的方向从亲密关系,转到原生家庭的关系,重新梳理自己的关系模式,梳理自己的内在需求。

当小颖重返过去与父母的关系时,她能够体会到她情绪背后那些失落感、被遗弃感,感受到自己那些"不配得"的内在信念和感受,还有因为"有自己这样一个边缘人存在"而感到的负疚感。

与这些感受相连的,是她的需求——她对安全感的需求、对于价值感的需求、对于归属感的需求、对于被认可与欣赏的需求,这些与爱相关的需求在自己与父母的关系中一直未被满足。这些未被满足的需求,以及内在对自己、对关系的信念、观点,把她带到了现在不断重复的关系模式之中。

当她以一个全新的视角认识自己的过去时,她逐渐发现,在以往的视角之外,还存在很多新的信息。比如,父母一直在尽力表达对她的爱,尽管他们不能突破自己的限制,他们也有自己的无奈和愧疚,他们也需要被爱治愈。她发现,带她长大的亲戚一家,对她的关怀无微不至,她也一直拥有他们无私的爱,而自己以前仿佛未曾拥抱这份爱、未曾敞开接受这份爱。当她对他们的爱敞开和接受,她似乎感到自己心里的某些部分被点亮了一样,她意识到自己本来就有着爱的力量。

当小颖有了持续的觉察,并且逐渐接纳了过去的发生之后,她对关系有了新的认识。即使她偶尔不自觉地还是会被与曾经相似的关系模式吸引,她也会很快清晰觉察自己所处的状态——清晰觉察自己是否被需求和自动模式所驱动，从而做出选择。在曾经的自动驾驶模式之外，她看到自己还有更多的选择，四周充满了以前看不到的可能性。

随着小颖不断放下一个个干扰自己的情绪、内在评判以及限制自己的信念，她逐渐感到，自己曾经的"内在缺乏"并不需要向外去找寻填补，她逐渐体验到自己就能给予自己足够的爱。她自己的存在本身已是安全的、独立的、完整的、配得的，不需要向外找寻熟悉的模式，不需要向外找寻生命的完整和完美。

在这一点一滴的成长过程中，她可以有意识地做出主动选择，而不是被过往命运之流的自动化模式所控制，不是任由自动化模式为自己做决定，不是无意识地用自己的未来去填补过去遗留的匮乏感的空洞。她命运的长绳，不再由曾经的匮乏感所操控，不再沿着原生家庭留下的模式而舞动，她命运的长绳掌握在自己清晰的意识之中。

就像心灵作家尼尔·唐纳德·沃尔什所说："关系的目的，并不是有一个能令你完整的人，而是有一个你可以与他分享你的完整的人。"

关系是照见需求的镜子，是相互成长的工具

类似小颖的例子还有很多，有的没那么戏剧性，而有的则更加残酷。也许你身边的朋友，或者你自己的经历中就有类似的例子。我们无意识地

被某些深层的需求所驱动，希望通过关系满足这些需求，从而让自己变得完整。

完整意味着我们被允许展现我们的爱，同时我们可以仅因自己的存在而被爱。你体验到在你生命的某个时刻，爱与被爱都是无条件的。

当我们向外找寻完整时，我们潜在表达的是"我们是不完整的"，在这个动力驱动下，我们不断期待在外在关系中追寻和索求"完整"的体验和感受——这是我们认为关系的"有用"之处，我们会问：在关系中没有得到这些，我们要这段关系干什么呢？

有意思的是，如果我们在一段关系中看到，我们不能从关系里得到那些自己内在想要的，即是这段关系的重要价值。

关系像镜子一样，让我们从眼前的体验中，觉察自己内在的期待、需求和缺乏，并且体验到内在的期待无法从外面得到满足。我们无法从外在补上什么使我们完整。

那么，外在补不上，我们又怎么可以体验完整呢？这正是我们走向内在探索的起点。或者说，在生活和关系的碰撞和破碎中，我们不得不来到这一条向内之路上。在向内探索的路上，我们会得到彻底打开心灵解脱之门的钥匙，而我们拥有了这些钥匙之后，生活中的幸福之门也会逐一向我们敞开。

我们的一生，经历着各种各样的关系，我们也因这些关系让生命变得精彩、变得有戏剧性、变得充满各种不同的可能。回望过往的时光，也许你会察觉到，关系是陪伴我们成长的工具，外在的关系促使我们处理我们自己与自己的关系。

如果一段关系成就了关系中各方的心灵成长,那么这段关系就是一段良性的关系,不然我们就会逐渐从关系中脱离出来,寻找让自己持续成长的土壤。

当然,这种在关系中成长的路径,有可能是相互陪伴与鼓励的共同成长,也有可能是一个人扮演了另一个人生活中"恶人"的角色,无意中把他/她逼到生活死角,迫使他/她打开内心,看到不同的道路。现实生活中,我们可以观察到,前一种关系的出现,往往是在当事人穿越了后一种关系之后。是什么机缘迫使一个人开始走向向内觉察呢?往往是这个人经历了外在巨大的受挫、创伤、痛苦,甚至感到跌入谷底、体无完肤、粉身碎骨时。那么从这个角度看,痛苦,甚至粉身碎骨,也可以视为一种包装不那么喜人,却又意义深远的礼物。

所有关系的背后都隐藏着爱与被爱的需求

我们的第一段关系,就是我们与父母的关系。我们都是在与父母的关系中,最初体验到所谓"爱"是什么的。但父母能做到的,往往只是在这个相对性世界里借由某些有限条件传达爱。所以无论这个"爱"是什么滋味的,我们总会感到它有所欠缺、有所不足。

于是,我们就会在此后建立、经历的关系里,不自觉地尝试寻找、填补在最初关系里曾感到的不足和匮乏，躲避以往创伤带来的恐惧和痛苦。我们也可能不自觉地重复某种关系模式（比如，作为受害者的模式）——或许，我们以"让他们的孩子受苦"来报复、惩罚父母，或许我们以关系模式反复印证潜意识中的某些信念，比如"我一定不行""幸福一定和我没关系""乐极生悲，关系好了就会出事儿"等。

之所以说与父母的关系是所有关系的起点，不只是因为这是我们的第一段关系，也是因为我们在这段关系里，体验到了最初的爱的需求。

这些需求有哪些呢？这些需求包括我们对被认可、被欣赏、被保护的需求，包括我们对被理解、被安抚、被原谅的需求，包括我们对于安全感、归属感的需求，包括我们对价值感、能力感的需求，包括我们对自己特殊性、独特性的需求，等等。我们笼统地感觉到，这所有的需求，都是源于爱的需求。

这些爱的需求中，无论有哪一部分还未被满足，或者有哪一部分已被满足，都会在未来的关系模式里，体现出它的作用。

从此，我们踏上一条向外寻找爱的旅途，试图找到可以满足爱的需求的情境和关系。在这条旅途上，我们会渴望、期待、孤注一掷，也会失望、气馁甚至绝望。但这些向外寻找的经历，也会像镜子一样反射出不易察觉的光芒，指引我们发现，在这些模式、行为的背后，隐藏着需求、信念、治愈和超越的动力。

我们的一生，是一个觉察爱、体验爱的旅程。回望我们旅程的起点，我们多少都会有些遗憾，几乎没有父母可以给予儿女所谓"真正完美的爱"——甚至可以说，没有任何父母可以给予儿女绝对完美的爱。而感受从完整到缺失的过程，正是我们开始认识爱、体验爱的开始。我们在这个过程中，开始体验到自己对于爱与被爱的需求，体验到无限的爱在现实框架下的不圆满，体验到期待与失望，也体验到爱的对立面——比如恐惧。

每个人都从这里开始，向外四处寻觅、追逐、索求。这个寻觅、追逐、索求的过程，就像一个作茧的过程。最终——正如你我一样——人们最终将回到起点、回到内在去寻找答案，这是一个从作茧自缚到破茧成蝶的过程，这是一个修炼爱的过程。

我们在相对性世界的经验中，很难直接从外界体会到绝对性的爱，因此也就很难直接学习到绝对性的爱。而我们无法在相对性世界中学习到的绝对性的爱，最终会由我们自己的内在给出。这是一个超越相对性世界经验的过程，这个过程正是我们灵魂旅程的回家之路。

如今，你正站在这个路口，你已经经历了过往漫长的旅行，这里是你旅行途中的重要一站。这一站，也是一个新的起点。在这里，我们可以逐步重新梳理我们和父母的关系，并在梳理中，觉察我们内在的真正需要。在人生旅程中，我们最深的意愿是什么？我们会获得什么样的钥匙？在关系表层之下，我们想要满足的到底是什么？在与父母的关系中，我们想要的到底是什么？

练习 2
从父亲 / 母亲那里，你最想得到什么？

从父亲那里，你最想得到什么？

请你找一个安静、不被打扰的时间，坐在桌子前，准备好一张纸和一支笔。

然后闭上眼睛，做三次深深的呼吸，感觉内心一点一点地安静下来。然后慢慢转向自然平缓的呼吸。

现在想一想，你希望从你的父亲那里得到什么？

……

也许你会期待得到鼓励、接纳、认可；
也许你会期待得到亲情、爱、支持、力量；
也许你会期待得到财富、关注、勇气、保护，或者被温柔对待，等等。
无论有多少期待都是被允许的。

……

保持你的深呼吸。
想象此刻，你和父亲就在一起。
你在心里告诉他，你希望从他那里得到这些东西。

你在心里和他说，爸爸，我希望你可以给我……
然后说出上面你想到的你所希望得到的。

……

现在，请你慢慢睁开眼睛，在准备好的纸上写下你想和父亲要的一切，想到多少就写多少，越多越好，直到你再也想不出来为止。

然后，请你再次深呼吸，静下心来。
感受你内在所拥有的完整与圆满。

你在心里告诉父亲，此刻，你不再坚持父亲必须给你这些东西。
你在心里和父亲说：爸爸，我不再坚持你必须给我……（就是刚才你列出的项目）。

然后，请你再次做三次深呼吸，结束这个练习。

从母亲那里，你最想得到什么？

请你找一个安静、不被打扰的时间，坐在桌子前，准备好一张纸和一支笔。

然后闭上眼睛，做三次深深的呼吸，感觉内心一点一点地安静下来。
保持你的深呼吸。

现在想一想，你希望从你的母亲那里得到什么？

……

也许你会期待得到接纳、认可、滋养、鼓励；

也许你会期待得到同情、理解、欣赏；

也许你会期待得到爱、包容、赞美、支持、力量，等等。

无论有多少期待都是被允许的。

……

保持你的深呼吸。

想象此刻，你和母亲就在一起，

你在心里告诉她，你希望从她那里得到这些东西。

你在心里和她说，妈妈，我希望你可以给我……

然后说出上面你想到的你所希望得到的。

……

现在，请你慢慢睁开眼睛，在准备好的纸上写下你想和母亲要的一切，想到多少就写多少，越多越好，直到你再也想不出来为止。

……

然后，请你再次深呼吸，静下心来。

感受你内在所拥有的完整与圆满。

你在心里告诉母亲，此刻，你不再坚持母亲必须给你这些东西。

你在心里和母亲说：妈妈，我不再坚持你必须给我……（就是刚才你列出的项目）。

然后，请你再次做三次深呼吸，结束这个练习。

第 3 节

超越原生家庭困境的七把钥匙

你的意愿就像磁铁。当你真心希望在这所"与生俱来的隐秘学校"中，获得深刻的改变和成长，一条闪烁着点点光芒的道路，就在你脚下铺开、延伸。如果你放松你一贯紧张的注意力，你会注意到，那些星星点点的各色宝石，在这条看似幽暗的路上，闪烁着指引你的光芒。你的意愿，吸引着这些宝藏。

在这条路上，你会获得"七把钥匙"。你曾经受苦于原生家庭的层层限制，就像被囚禁在命运的牢笼中，而这七把钥匙不但能帮你打开层层限制的大门，帮你超越"与父母关系的困境"，还会通过获得钥匙的过程，帮你找回自己的力量。你的力量和智慧是在成长的过程中获得的。曾经，你的有限的视角局限了你的世界、束缚了你的命运、固化了你的生命之流，你得到的也是有限的，而现在，当你从无限和完整的视角出发，你得到的也是无限和完整的。

通过对事物不同以往的觉察，通过放下经验的限制，通过告别束缚的经历，通过不再受限于过往固化的认知，你会体验到自己不曾意识到的能力，这些能力让你获得自由、喜悦和平静。在这个过程中，你意愿的磁铁会将这些钥匙逐一吸引到你的手中。

"我有点儿迫不及待了。"冰迪笑着说，"这些钥匙真有那么大的魔力吗？"

"这些钥匙的名字，听起来只不过是一些空洞的大词儿，但当我们把它们放在与父母关系的场景中，放到我们自身面临的艰难困境中，就会变得具体而实际。只有通过体验，那些诸如开放、责任、爱这些词儿，才会变得生动。"我说。

"也就是说，"我继续说，"没有立足点的大词儿是空洞的，只有在生活里你真的体验到了它是'真的'，它对你才是'真的'，不然就只是一些概念、标签而已。你自己身上长出来的智慧，是真的智慧，你心灵的力量在这个过程中得到锻炼——这和身体力量的锻炼一样，光说得好听是没用的。就像一位心灵导师拉姆·达斯所说：'如果你认为自己开悟了，那就和父母待上一周吧。'"

"哈哈，看来这真是个大功课。"

"意愿的种子总会找到破土而出的途径。它会真正长出来。生命的收获就存在于这生长的过程之中。而父母、家庭就是最佳的土壤，有营养又不失坚硬，适合需要体验一些成长强度的种子们。"

"我可不想体验这种强度，我想没有种子真的愿意长在石头缝里。"

第 4 章
超越原生家庭困境的七把钥匙

"那是遇到困难时你头脑中的想法,你怎么知道你某些更高的意愿是怎么安排的呢?"

"嗯,"冰迪撇了撇嘴,"看来已经在跑道上了。既然逃不掉,那就跑起来吧。"

这七个"大词儿"分别是开放、接纳、非评判、肯定、界限、放手和爱。如果这些概念仅仅是印在纸上、显示在屏幕上,或者在宣导员的喇叭里喊出来,那么它们只是如同一些美丽的口号,如同空中飘荡的答案。但如果它们在你内在土地里扎根,并且生长出来,就会成为你的智慧,成为你用来扭转命运之门的钥匙。它们既是路径,也是成果。

本书后面的章节里,会提供一些练习和体验。虽然我们习惯在头脑中学习,但我们在原生家庭困扰中遇到的大多数挑战,并非出现在理智部分,而是出现在更深入的内在——那些内心深处的冲突、消耗、强迫性的自动反应,让我们不自觉地卷入痛苦之中。所以真正的改变并不来自理论层面,而需要根植于内在的感受。

就像人们都知道一些食物富有营养,但喜不喜欢吃是另外一回事。我们都不喜欢被"应该"教育,不喜欢空洞的说教。然而如果有些东西是我们真心感受到的,我们就会确信它真的存在。就像数千年来,虽然无数经典被翻烂,但真正体验过其中精妙的却不多。所以,本书提供的练习,会有助于和我们深深的内在沟通,带来内在的感受,有助于觉察内在浮现出来的画面、情感带来的启示,而不是止于头脑中争论的声音。

经由感受和体验内在转化所带来的智慧,远比通过知识和理论来得深刻。并非知识和理论不重要,而是没有体验和内化的知识就像借来的一本书，它不真正属于你。内在探索的旅程，也如同现实中的探险旅行，只看旅行宣传片得来的感受，远远不及我们真正走上过一条路途，踏上过一块土地，穿过不同以往的阳光、风雨、山峦和笑容。

"跑起来吧，这可是美妙绝伦的山地越野跑。"我笑着和冰迪说。

第5章

钥匙一：开放
重新认识父母和我们自己

第 5 章
钥匙一：开放
重新认识父母和我们自己

"我曾经羡慕像你这样，"一只蜘蛛对远道而来的瓢虫不不说，"当我守着一张网的时候，你已走了那么多路，看了那么多风景。"

"你也可以放下你的网，四处走呀。"不不说。

"是的，我尝试过。但后来，我明白了一个道理。蜘蛛是蜘蛛，蚱蜢是蚱蜢，瓢虫是瓢虫——那只穿越丛林的瓢虫，是他自己。我们有各自的使命。成为自己，比想成为别人快乐。那一天，我自由了。我才发现，蛛网上的每一颗露珠都和从前不同，反射着我从未见过的光彩。每个清晨，每颗露珠都倒映着神圣的美景和启示。到今天，没有一颗露珠是重复的。"

不不说："我苦闷行走时，也羡慕过你们，希望能守着一张网，或像别的瓢虫栖身于各自的天地。可也许'寻找'是我此时的使命。信任这一点后，我才留意到，路上原来有无数惊奇变幻的风景，我才愿意相信，曾经不可置信的一切。"

蜘蛛说："有一天，我的露珠告诉我：真正的成熟，是纯真；真正的纯真，是勇气；真正的勇气，是开放；真正的开放，是在万物中看到惊喜。"

第 1 节

经由了解感受爱

"前几天我带孩子去餐厅吃饭，等上菜的时候，看到一个妈妈也带着孩子进来，她问孩子，你想坐里面还是坐外面露天的地方？那孩子说坐外面。那个妈妈想了一下说，外面不好，太热，咱还是坐里面吧，里面有空调。孩子说，好吧，那就坐里面。妈妈说，你也觉得里面好吧？孩子表示同意。那个妈妈四处看了看，又说，里面人太多，里面不好，咱们还是坐外面吧。"琼敏说。

我笑着听她讲，这样的场景的确常见。

她继续说："我当时一下子想起，我刚刚问孩子，你想吃什么，今天你做主。孩子她说想吃红烧肉，我说，不行，太油腻不健康。她又说想吃西红柿炒蛋，我说，你昨天不是刚吃了西红柿炒蛋，换一换。这么一来二去，还是我做的主。我完全是无意识的。但是，我听到那位妈妈和孩子的对话，忽然意识到，自己好像要给孩子权力，培养孩子自己选择的能力，最后还是代替了她，让她觉得自己无论选什么也没有用，做不了主。我心里一阵紧张，赶紧让服务员把西红柿炒蛋加上了……"

我听着她说，似乎餐厅里的画面就在眼前。我说："不错，反应挺快。"

"我想起，小时候，我妈问我，长大想选什么专业。我说学地理——那时候我对地理感兴趣。我妈说不行，学地理太苦。我又说，我也喜欢历史。我妈说学历史以后工作不好找，你还是学理工吧，我看电气工程、机械工程都不错。我当时想，那你问我干什么。现在想起来这个过程我还生气。我想让孩子能做主、能自己做选择，可是点菜的这个事，让我发现自己还是无意识地喜欢控制孩子，按我的想法来，还在无意识地延续我和我妈那种类似的场景。"

"是啊。在以前那个时代，难免有这样的观点：找个长久有保障的工作比什么都重要。也就是说，尽管社会变迁，可能性变得非常多，但生存艰难带来的安全感缺失、危机感仍然会从这些细节延续下来，跨越世代。我小时候也受过这样的教育：学好数理化，走遍天下都不怕。但'生存很难，以至于要放弃快乐、放弃追求'，这样的观点对我们的影响比学什么专业更大，会让我们在面临机会、选择时，心里自动给自己设下一些限制。就像拉磨的驴，如果它的观点是离开了磨它就活不下去，那么你解开它的绳索它也会继续转磨。这些观点结合着一些自上而下的权力，被植入我们的头脑。而且，在巨大的权力压力的阴影下——无论其来自父母还是来自社会——我们会感觉自己是做不了主的，也习惯做不了主，除非自己变成权力的一部分。所以我们逐渐把自己模式化了，一有机会——比如面对孩子——就自动成为这种权力压力的一部分。曾经那个不能成为自己的人，也变得不允许他人成为他自己。不允许就会控制，而控制的背后是恐惧失控，或者恐惧失控带来的未知。"

"就是这种控制、比较在不自觉地延续,让我感到必须有所改变。尽管通过自己意识到自己的控制之后,我有些理解我妈当时的做法,但这不代表这种做法是正确的。"

"很多时候,做法扭曲了意图,或者说基于恐惧的做法扭曲了爱的意图。"我说。

"自从我意识到,父母对孩子的影响那么大,我对孩子就总是会感到愧疚。我觉得自己没做好。"琼敏说,"我父母对我影响那么大,孩子也一定受我影响。想着孩子的未来……她的原生家庭……她以后婚姻什么的——这么下去不行啊!一想我就着急。有时候想,我得赶紧给孩子打打预防针。但又担心这'着急'是不是也是'想控制'呀?就忍住不说了。哎呀!说还是不说呢?半夜醒了想起这事,更焦虑得睡不着。"

"旧伤未愈,又添了新焦虑。"我笑着说,"放松,放松。我猜,你有了前面的认知后,已经有不少和以前不太一样的地方。我想孩子也一定会感受得到。"

"在和孩子在一起的大部分时间——在那些我很留意自己态度的时间里,我觉得做得还不错,但着急上火的时候,还会回到老路上。着急起来,孩子如果没按我要求做,我也不依不饶的。只不过现在有一点和以前不一样,在着急上火一段时间后,现在,我还能意识到自己的处理方式有问题,但以前不觉得自己有问题——就算有什么问题,也必须得是别人逼的。"琼敏说着说着也笑了。

"这已经很棒啦,"我说,"能意识到自己的'自动反应',这是第一步。慢慢地,你会发现你觉察到'自动反应'的时间——也就是你受控于'自动反应'的时间——会越来越短，而你不被'自动反应'所控制的时间也会越来越长。"

"这种不想要的'自动反应'，会不会有一天不再出现了呢？"

"一直觉察和练习下去，这种让你不想要的'自动反应'出现的频次，会越来越少，是不是能不再出现我现在不能保证，但你的人生会有越来越多时间不受困于此，不为此痛苦。觉察是第一步，有些人可能一生都觉察不到，有些人可能事后一两天觉察到，有些人可能瞬间就能觉察。你可以留意一下你意识到自己受控于自动反应的时间，这也是一个很有意思的观察。"

"的确，走到'可以觉察'，似乎就是一条长长的路。我的确就是这样。"

"你被你的痛苦打开了。你觉得过去已经让你窒息，希望寻找到一个缝隙，透出光来。这个对你足够沉重的痛苦，让你觉得自己是不是得放下一些什么，是不是得找到新的途径，是不是会发现新的可能。但很多人不太能放下固有的经验，或者不太愿意放下固有的经验，执着于旧的观点，也就不能发现新的视角、新的可能。重复旧的经验，只能得到旧的结果。旧的结果就是重复痛苦，旧的经验就是认为我只能如此。沉浸在旧的经验中，对很多人来说，也意味着某种舒适和安全——虽然痛苦，但痛苦得那么熟悉，似乎有一种习惯性的舒适甚至麻木。"

"嗯，这样他们就没机会了解新的。我以前也抗拒改变，或者说，我害怕改变带来的未知的东西。现在嘛，这不也是不得已嘛——好像这种改变都是不得已的。"她做了个夸张的捂脸动作，手拿开后，脸上是笑容。

"当你不再抓着旧的观点不放,你就可能看到事物还有一些你未曾留意的部分,你的注意力不再锁定在旧的视角里,于是就带来了新的觉察,新的觉察就会带来新的了解和领悟。"

"可我还是会时不时回到旧的自动反应中。"

"但你已经可以意识到自己会陷在旧的反应中了,这就说明你可以经常从旧模式中跳出来,看到旧模式的存在。你已经踏出了特别重要的一步。你可能觉得自己还达不到自己的理想状态,但接下来,和我们以前擅长的'靠鞭策'的学习策略不同,你要试着放下对自己有时'做得不好'的批判。学会原谅自己,是一个很重要的转化。我们能原谅自己,也容易原谅他人。"

"我怎么觉得是反过来的?原谅自己好像比较容易吧?咱不都擅长'宽'以律己,'严'以待人吗?自己犯错可以得过且过,别人犯错必须逮住不放。"

"表面上看好像是这样的,但你仔细想一想,当我们不能原谅别人的同时,是不是我们内心也藏着某些自己不能原谅自己的部分?当我们抓住别人犯的错不放手的时候,是不是心里某个角落也在说,都是他的错,不怪我,我是可以被原谅的。我们的策略似乎是想通过不原谅他人而找到自己可以被原谅的证据。"

琼敏沉默了一会儿,想了想,说:"好像是这样,我有点能感受到了。因为有一些不原谅自己,所以用强调他人有错、不可原谅的方式,说服自己可以原谅自己。"

第 5 章
钥匙一：开放
重新认识父母和我们自己

"真正原谅自己也不意味着纵容自己，而是与自己和解。与自己和解是一条长长的路，也许以后我们会谈到原谅和宽恕，而现在我们可以试着先了解自己——也许我们并不是真正了解自己呢，了解自己有助于接纳自己、爱你自己。了解自己，也挺不容易的。"

"我记得有一首歌里面有一句歌词：'熟悉的面孔掩盖了最难了解的你自己'。"

"对，罗大佑的《我所不能了解的事》（作词：罗大佑）。里面还有一句：'拿一支铅笔画一个真理，那是个什么样的字，那是我所不能了解的事。'"我甚至轻轻唱起了这两句。

琼敏笑了起来。我也笑着说："我们迷茫痛苦，寻寻觅觅，无非是想探索人生表象背后的真理，探索一层又一层人生的真相、世界的真相。"

接着，我看着她的眼睛说："我眼前看到的，是一个正致力于内在成长的妈妈——尽管你觉得自己有很多不足，但每一阶段，你都用你能做到的最好方式，爱着你的孩子。所以，请你也了解你一直以来的尽力而为。孩子也是一面镜子，促使我们成长。未来，他也有他成长的轨迹。但在你和孩子的关系中，无论如何，你都可以照见自己需要成长的地方，寻找自己的转变。每一次你放下对过去的懊恼，轻松地面对自己，你也会轻松地面对孩子。孩子在这个轻松、放松的妈妈身边，自然也会感到更多的包容和爱。"

琼敏点了点头，好像暗暗舒了一口气。

"你要了解，作为一个妈妈，你正在尽你的能力照顾你的孩子。也许在能力、方法或者认知、视角上，你觉得自己还可以提升、转变，但是，爱孩子的心，一直都在。"我看着她，她的眼圈有些发红。

我继续说："那么，你也可以试着了解，你的妈妈、你的爸爸，他们也是如此。"

第 5 章
钥匙一：开放
重新认识父母和我们自己

第 2 节

从另一个角度认识父母

理想的父母

我们来重新认识一下我们和父母走过的历程。

在我们幼年时，比如刚出生时，爸爸妈妈几乎是我们的一切。尤其是妈妈更是如此。还是胎儿时，我们不但和妈妈有着直接的连接，更是"一体"的。出生后，虽然剪断了脐带，妈妈仍为我们的生存提供所需要的一切。我们没有这些的话，几乎活不下来，不能生存，无法长大。母亲，意味着温饱、安抚和爱，也意味着我们如何被这个陌生世界接纳。我们如此依赖着她。自然而然，我们感到，母亲、家，就是我们的天地和宇宙。

随着不断长大，我们的需求开始不止于生存，我们有越来越多的、不同层次的需求需要满足。我们自然而然地认为，父母——我们的"天地宇宙"是可以满足我们的需求的。

当然，现在，我们都会说"我知道这是不可能的"——但在"知道"这个理智层面之下，在内心情感的某个角落中，我们可能还会说："如果爸爸妈妈可以满足这些不同层次的需要，那该多好啊。"如果内心响起这个希望，我们胸中往往有某种能量涌出，而理智会立即压抑这种情感的能量，形成一种紧张感；如果内心深处有个"他们应该满足我"的观点，那么我们一想到这个观点，也会陷入某种情绪之中。

就像前面探讨的，在成长历程中，因为"需求无法被满足"产生的不完整感、匮乏感，以及衍生出来的不配得感、自我设限等，会留在我们的潜意识中。在未来生命的某时某刻，这些感受或信念就会冒出来，影响我们的生活质量、事业发展，直到我们着手去解决它、超越它，从而踏上一个又一个成长的台阶。

一般来说，在家庭中，父母理想的分工类似于：妈妈承担"自然属性"的责任，而爸爸承担"社会属性"的责任。

这意味着什么呢？这意味着承担"自然属性"的妈妈，要像大地一样，无条件地接纳我们，给予我们无条件的爱——就像我们常说的，像大地母亲一样，全无分别地接纳我们的一切。而承担"社会属性"的爸爸，则负责把我们介绍给这个充满逻辑和规则的二元世界，告诉我们什么是界限、准则、要求、标准，什么是价值的实现，并给予我们相应的支持和帮助。

有了理想的母亲，你知道自己无论什么样都是被爱的、被接纳的；有了理想的父亲，你知道自己无论到了哪都是有办法、有力量、可以适应社会要求的。

妈妈的自然属性，具备"无条件的爱""无条件的接纳"。什么是无条件的爱呢？无条件的爱是一种绝对的爱，而非相对性的爱，很难用约束性的语言定义。爱可以是一个动词，比如去爱，也可以是一个名词，比如给予爱或者接受爱。爱是行为，更是一种存在。无条件的爱也如此。而无条件的被

第 5 章
钥匙一：开放
重新认识父母和我们自己

爱，意味着你不需要以任何条件交换爱。你存在即是爱，存在即被爱。

作为孩子，你可以简单地将"被父母无条件地爱"理解为：我不需要做什么、达到什么要求、满足什么条件、符合什么标准，就只是以我本身的样子，我的父母就爱我。一旦某种爱需要条件，就不是纯粹的无条件的爱。但在相对性的世界，从外在感受到的只能是无限趋近于无条件的爱，因为外在主客存在的相对关系，就已是条件，但在你的内心，有感受到的机会。

无条件的爱所带来的感觉，也很难用语言描述，但如果你感受过，你会瞬间明白。这就像如果你没吃过巧克力，你很难向别人描述巧克力的口感、味道，即使你听过无数种巧克力的定义、成分和历史，也不如亲自尝一尝来得直接和真实。

当你没有体验和感受过无条件的爱，你就很难真正知道什么是无条件的爱，你也很难给予他人无条件的爱。我们难以给予别人我们没有的东西。我们的父母也是同样。

一位母亲是否能给予孩子无条件的爱，取决于她自己是否曾感受过无条件的爱。如果她感受过，那么会在什么情况下呢？也许是她在孩子时，感受过来自母亲或他人的无条件的爱；也许是从大自然中学习和领悟，从其他具备无私的爱的人及事迹中感受到这种爱；也许是随着她的成长、内求、顿悟和觉醒，感受到内在本自具足的无条件的爱。这都不是高概率的事。试想，这世界上有多少母亲，她们曾经感受过无条件的爱呢？这些母亲的母亲，她们是否感受过呢？母亲的母亲的母亲们，又有多大可能感受过呢？

一位理想中的父亲，对我们来说需要具备"社会属性"，他需要负责把我们介绍给这个二元世界，也把这个世界介绍给我们。他不但言传身教，告诉我们这个世界的规则、边界、原理和责任，还需要给我们支持，帮我们建立立足社会的能力、毅力、担当和勇气。在还没有踏入社会时，关于原则、奖惩、纪律、要求、责权等具有社会属性的教育，如果来自父亲，那么往往会比较恰当和平衡。

这个世界复杂多变，社会规则、秩序和所谓"成功标准"，甚至价值标准，都在飞速地变化着。就近一两百年来的中国来说，经历了社会变革、战乱、革命、建设、动荡、改革、市场化、经济高速发展、信息化等过程，社会的生存法则和成功通道都有翻天覆地的变化，价值体系也经过多次推倒、重建和整合。

我们试着想象一下，父亲们以及他们的父亲们，在他们年幼时，从他们父辈那里学到的社会规则、生存价值和成功通道，有多少是在自己成年时还完全适用的呢？同样，父亲年轻时历练的生存法则和成就标准，又有多少在今天完全适用呢？假如存在一些普世的、一贯的原则、价值和智慧，可以帮助人们在不同时代都能获得世俗意义的成功，有多少父亲有机会掌握呢？

所谓"理想父母分工"的不同方向和责任，对于如今的大多数父母来说，可能也是第一次听说，更何况那些父母的父母们、父母们的父母们。

在这样的情况下，大多父母要呈现出"理想父母"的角色，是一件非常困难的事——尽管我们"需要"他们成为，并在很多年之后也认为他们"应该"成为。

第 5 章
钥匙一：开放
重新认识父母和我们自己

从另一个角度认识父母

前面讲过，我小时候从三岁到上小学，大概有三年多的时间，一直是被锁在家里的。大部分时间，我独自一个人。回忆那个时候的情景，大多数已经记不起来了，脑海中呈现的意象大部分与孤独、恐惧和好奇有关。比如，我现在还记得桌面木头的纹路、床头板上装饰图案的重复规律，我似乎还与这些纹路和图案对话，给它们起名字，它们重复却又不同；我还记得我会试着敲击暖气水管，因为金属管发出的声音可以顺着管道传递到其他人家的房间，也许还会有别的孩子以敲击的方式奇妙地回应；我记得我会趴在筒子楼的窗台上，远远看着楼下的小朋友们玩耍、做游戏；我记得那时还经常做一个梦，梦见窗外楼下有一只凶猛的大老虎追咬着户外游戏的小朋友，而我吓得藏在窗台下，不敢探出头来。

每当我听到保罗·西蒙（Paul Simon）的那首歌 *I am Rock*，作词也是保罗·西蒙，我总会想起那个从窗口向外张望的小男孩。歌里唱道：我从窗户凝视下面的街道，新雪寂静飘落，我是一块岩石、一座孤岛。书本与诗歌是我的保护，我穿着盔甲躲在房间，安全得像在子宫里。我不接触别人，别人也别来接触我，我是一块岩石、一座孤岛。岩石不会痛苦，岛屿从不哭泣。

上学后、长大后，我也喜欢一个人待着，常常怯于和陌生人打交道。对我来说，向他人求助也是一件相当困难的事。这对于需要在工作、事业上开拓业务和人脉的我来说，是一个挑战。很长一段时间，我都喜欢做一个观察者，比如大家一起做游戏，我喜欢观望而非参与，这和小时候隔着窗户远远看别的小朋友游戏，似乎很像。工作时，一到需要冲进陌生人群中宣讲什么的时候，我都要做激烈的思想斗争，而最终往往还是裹足不前。

虽然我第一次创业获得一些成功，但我知道有一些内在障碍让我总是裹足不前，不够主动，不太善于交际，不能充分彰显领导力，这让我不能完全实现心中的一些理想和目标。如果一定要找个原因，一定要追溯一下，或者一定要找个他人抱怨、责怪和"背锅"，那么顺藤摸瓜，就只能怪我爸妈，怪他们竟然如此对待小时候的我。

可是，回过头去看看，当时我的父母为什么会做这样的选择呢？他们有两个主要的原因。

还记得前面讲过的我被烫伤砸伤的故事吧？三岁，我去幼儿园的第一个月，一个装满开水的暖水瓶不知什么原因砸到我头上，爆炸了。我住了一个多月医院，无菌病房，很长很长时间都见不到爸妈。出来之后我就说什么也不去幼儿园了。这是第一个原因。后来我才知道，他们一直都会来看我，但只能在窗口偷瞄，我看向窗口他们就赶紧藏起来，怕引起我哭闹。

第二个原因，在我小时候那个复杂的年代，幼儿园里经常有些不可理喻的争斗，父母担心引起麻烦，再加上我死活不去幼儿园，而他们又必须要上班，所以，为安全起见，只好把我锁在家里了。每天都能见到孩子，总比惹出什么事好。

这些是我长大以后才了解到的，小时候怎么懂得这么复杂的事情。现在静下来想一想，在那个复杂的年代，如果我们身处父母当时的情形，就能理解父母正在面对的艰难选择。就当时的情势和他们掌握的资源而言，

第 5 章
钥匙一：开放
重新认识父母和我们自己

那个选择就是最佳选择，换作我自己也许做得还没那么好呢。

同样，对父母来说，他们也不能选择自己出身的家庭，他们也不能选择他们的父母兄弟，不能选择自己的童年如何成长——那是一个更艰难的时代，他们也不能左右自己父辈的价值选择——那是一个更加动荡的时代。

在我小时候那个年代，父母有着巨大的无奈。现在他们回忆起来，总是叹口气说，那时候真是没办法了。我们一家五口人住在一间九平方米的小屋里，他们还得对我们隐藏着自己的压力、担忧和恐惧，让我们尽量单纯地成长，这是一件多么不容易的事。

想想看，父母在成为我们的依靠、我们的天地宇宙之前，他们也曾经是个孩子。而在他们的幼年时，他们那时候的依靠、他们的天地宇宙——他们的父母——我们的爷爷奶奶、姥姥姥爷，也曾经是孩子。

我们的父母，父母的父母，也有着自己的恐惧、自己无法处理的情绪，有着自己难以达成的渴望，有着自己的创痛和愧疚、自己的遗憾和无力。每一代人，他们也都经历过无法把握的伤痛和离别，经历过被否定、被忽略、被伤害、被遗弃，他们也都有未被满足的爱与被爱的需求和希冀。他们的不满足感和匮乏感，带着他们成长时代的烙印。而在当时的时代，对大多数人来说，他们所受的教育、所培养的信念，可能无法让他们像你我此刻一样，寻求尝试内在的转变。

这是他们真实的样子。

也许我们以前从未付出时间、精力，从未付出某种情感去了解我们的父母，从未以一种全新的眼光，去了解他们真实的样子。

让我们以"全新"的目光，像看一个新认识的人一样了解我们的父母，这也是一件不容易的事。这需要我们有觉察的能力，有从"旧目光"中抽离的能力，觉察到自己陷于过去的观点、情绪和习惯中，而不能对新的信息保持开放。

通常，我们更容易接收符合我们经验的信息，而忽略经验之外的信息，甚至我们会对不符合我们观点、不符合我们逻辑推论的事物视而不见，即使看见了也会表示抗拒，不愿意了解其背后的信息和意义。

开放的视角，意味着带着我们的好奇，带着新鲜感，放下自己过去的观点和印象，见我们所见，如初次相见一般。以这样的视角，我们可以收获更广泛、更深入的信息，也收获更多的可能性，而这些信息和可能性里，也许埋藏着治愈的礼物，蕴藏着恩典和奇迹。

也或者，我们并不能接受父母真实的样子——我的爸爸妈妈怎么可能是不完美的呢？我年幼时的天地宇宙怎么会有恐惧、脆弱和匮乏，怎么也会无能为力？这时候，**困扰我们的并不是父母的不完美，而是我们对完美父母的期待。**

还有可能，我们不能接受父母真实的样子——不能接受他们有他们的境遇、无奈和理由，也许因为这意味着我们无法承担自己的责任，意味着我们不能接受所谓"不完美"的真实的自己。

第 3 节

爱来自接受本来的样子

对于任何关系，改善关系的前提，意味着你要接受对方真实的样子。改善与父母关系的前提，就是你要理解并接受父母真实的样子。改善自己与自己的关系，也要如其所是地接受自己本来的样子。

父母曾经也是孩子，也曾经历童年的创伤和阴影，这些创伤可能来自他们的父母，他们同样也不完美，他们也曾是被伤害的孩子，这是一个事实。在这条家族的生命之流中，父母对我们的行为和态度，大概率会直接继承他们的父母——我们的爷爷奶奶、姥姥姥爷作为父母的行为和态度。我们的爷爷奶奶、姥姥姥爷，又会继承他们上一代对他们的行为和态度，继承这个家族的情绪和创伤。也许某种无意识的伤害在家族中一代代隐秘延续着。没有谁有意如此，每代人只是处于自动化的承接和延续中，每代人都带着伤痛和功课前行。

直到此刻的你，因此而坐在这里，看着这些文字，寻找一些新的视角，通过新的发现和反思而成长，通过自己的觉醒而改变。你有意识的成长和转变，意味着整个家族的成长和转变。改变一个家族的延续方式，从此刻的你开始。

当你意识到这一点，对于曾经造成过某些伤害的父母，就会少一些责备，就会多一些同理和慈悲。你会发现父母生命中有一些自己不曾认识到的部分，你开始接纳父母真实的样子——而当接纳来临，同情与慈悲就会来临，我们的内在就会体验到真正的爱。

当我们意识到这一点，我们会从把责任归因于父母、归因于他人，转向对于我们自己的疗愈、成长和改变。我们自己的疗愈、成长和改变，会使我们曾经受到的伤害、曾经得不到的满足、未被释放的情绪伤痛，不至于延续到下一代。这样，我们就会清晰地明白，我们才真正握有改变的钥匙，我们才是爱的种子。

我们没有从别人那里得到无条件的爱，这意味着我们需要自己成长，自己给予自己无条件的爱。

我们的父母不会做到所有的一切——父母不但不会给你一个完美的物质世界，一个完美的生活环境、完美的教育经历，父母也不会以你想要的方式，懂你、爱你，给你安抚，帮助你内在成长。

如果你觉得父母拥有一些你需要的东西，却又没有给你，你就很难真正爱他们。你会下意识地聚焦于他们没满足你的某些需要，而你不仅认为他们"应该"满足这些需要，更认为"他们可以满足但他们没有满足"。这些观点结合需求没被满足的感受，产生出很多对你影响至深的情绪，比如怨恨、委屈、悲伤、愤怒、抑郁等。当你被这些情绪席卷时，爱就退居幕

第 5 章
钥匙一：开放
重新认识父母和我们自己

后了。一旦你认为他们有你需要的东西——无论是物质支持、精神支持，还是认可、爱、放手——他们却不给你，你的注意力就来到了匮乏的未被填补上，接下来，你将匮乏未被填补的原因，归咎于父母，这一刻，你当然就很难真正爱他们。

父母真的拥有我们想要的东西吗——那些最重要的东西，爱、接纳、支持、放手或自由？在以往，我们很少审视这一点。在很长的时间里，我们天然认为他们拥有。

世界上不存在所谓完美的父母，我们要的这一切，他们几乎不会全部拥有。但是，这**不完美的父母，在我们的生命成长经历里，却又完美地存在着**——因为他们的这些不完美，最终促使我们学习到：**必须放下对父母的要求和期待，如其所是地认识和了解我们的父母，即使他们不完美，也依然可以爱他们；即使他们曾给我们挫折，甚至伤害，我们也依然可以宽恕这一切。这两句话同时也意味着：即使我们自己并不完美，我们也依然可以爱我们自己；即使我们的过去伤痕累累，甚至有过错误和愚蠢，我们也依然可以原谅我们自己。**

也许你会有新的觉察，你会发现，你怎么与父母相处，仿佛就是你怎么与自己相处。如果你无法原谅或宽恕他们，你也无法原谅或宽恕自己。如果你无法爱不完美的父母，你也很难爱不完美的自己。真正的爱自己，是重要的人生功课。

生命中的这些缺憾的部分，其实就是成长中不可或缺的组成部分。**如果你想从一个人身上得到你匮乏的东西，你就不会真正地、单纯地爱他，而如果你放下从他那里得到什么的期待，你内心的爱就会自然地充盈、自**

147

然地流露。

所以,疗愈与父母的关系是一条早已铺就的路径,让我们通过这条路径来学习爱。这条路径意味着你可以让所有的事情都得到改善,因为你自己因此会发生真正的蜕变。

第 5 章
钥匙一：开放
重新认识父母和我们自己

第 4 节

父母真正给予了我们什么？

开放意味着了知更多真相

距离我上一次见到琼敏已经过了三个月了，这一次，我感觉她容光焕发。

"气色不错呀！"我说。

"最近我女儿总是表扬我。"琼敏开心地说。

"哇！表扬你什么了？"我也开心地问。上次见面时，我教了琼敏一些正念呼吸冥想的方法，还告诉她如何正念倾听，我猜这段时间她一定在坚持练习。她女儿十二岁了，正处于朦朦胧胧想要展翅飞翔的阶段，妈妈的状态对孩子来说有很大影响。

"说我变了，不总是和她较劲了，变成'好妈妈'了。"

"你放心让她为自己做主啦？"我问。这在一个习惯强势管理的妈妈那里，可不是一件容易的事。

"一开始也有点惴惴的,我看她自己做主有点小心翼翼。但后来我决定一定要多多地给她空间,慢慢就发现,她自己做主也蛮好的。有的地方做得真的比我想象得还好,我担心的事也没发生过。"

"有时候是我们把事情想得太严肃了,结果其实不会差到哪儿去,但过程的快乐——如果我们不放心、放手,孩子可能就享受不到了。而且,他们未来面对的世界,往往不在我们的经验之内,就像我们的世界可能不在我们父母的经验内。我们抱怨父母限制了我们,而我们对孩子的不允许同样束缚了他们的可能性。父母只要打下真善美的基础,让孩子自己飞,允许孩子经历属于自己的风雨彩虹,结局往往会超出我们的预料。"

"是啊,我们对自己,也总是太严肃。"琼敏说,"还有一件让我高兴的事,就是最近这半个月,我一直在和我妈保持联系——我用了正念倾听的方式,发现我的确对她了解得更深了。"

"这可真是太棒了。"我衷心地为她点赞,为她高兴。

"如果没有这样的沟通,我会错过很多,也许我妈也会错过很多。"她说。

在她们最近的沟通中,也许是岁月磨平了棱角,也许是琼敏开放的倾听,使得琼敏妈妈和她聊到了一些自己从未讲过的故事。很多事情琼敏还是第一次知道。

琼敏妈妈的老家在一个偏远的小城,琼敏一家几乎没有回去探过亲,琼敏妈妈也极少提及。原来琼敏妈妈并不是在她亲生父母家庭中长大的,她的亲生父母在她四岁的时候,被单位派往外地,但在外地遇到车祸,一

第 5 章
钥匙一：开放
重新认识父母和我们自己

同去世了。外派之前，他们将琼敏妈妈暂时托付给自己的好朋友也是邻居一家，帮忙照看。出事后，邻居一家念着旧情，一直将琼敏妈妈抚养长大。

当然，在琼敏妈妈的描述中，这一家对她极好，在物质不丰富的年代，给她的甚至超过了自己亲生的孩子。但琼敏在自己开放的倾听中，也感受到了妈妈心里的不甘和要强。这一家对她越好，她越是对自己有着极高的要求，似乎想要证明自己是"配得"的，而不是要别人特殊关照的。她的骄傲里也可能隐藏着委屈和自卑，那是她自己的伤痛，是她不愿看向的地方。

琼敏说："我外祖母——现在我知道不是亲的外祖母，她其实对我妈很好，但我妈自己心里，好像住着一个强势的妈妈一样，她把自己管得很严，要强，对自己要求很高。她很爱比较，爱看到别人更强的地方。她自己说是要学习人家更好的地方，但这让自己一直不能放松，怕不如别人。我听我妈讲，一直忍着不发表意见，就是'嗯嗯''然后呢'，怕自己打断她，又回到老的沟通模式里。但听着心里其实特别伤心。"

她眼圈泛红，我递上纸巾。

"我想起我妈小时候总和我说，要争气、要争气。我想有什么可争气的。现在似乎理解她了。"

"是啊，我能感到这个流动正变得松动、顺畅、柔和。"

"面对我女儿，我也能感到自己变得放松一些了。好像以前有一种情绪的劲儿，总顶在我身体里，自己完全受这个'劲儿'的摆布，我女儿一有风吹草动我就扑过去，张牙舞爪的。现在这个劲儿没那么有力量了。它没力量了，我反倒感到自己真有力量了，一种更柔和的力量。以前那个情绪的力量像是虚张声势的假力量，自己的真力量反而出不来。"

"嗯，这样慢慢地，你也会放下心里那个'要争气'的催促的声音。"

在爱的坑洞中爬进爬出

琼敏可以对妈妈开放地倾听，来自她自己一段时间的练习。就像我们前面所讲的，因为我们的开放，我们可以收到一些预料之外的信息。父母面对开放的我们，往往也会变得放松、松弛，我们有机会以不同的视角了解父母，他们有自己辛酸苦辣的过去，有自己的挫折与成长，他们也曾经是个孩子。

道理虽然是这样，但做起来并不容易，尤其我们自己在生活中受挫，或陷入某些情绪中时——"凭什么啊！凭什么我要经历这些痛苦呢？你们是我的爸爸妈妈呀！"处于情绪中时，我们难以对过去的艰难释怀，也难以谅解我们的父母，不能和他们达成顺畅的连接。

如果，这个人不是我们的父亲或母亲，是另外一个关系普通的某人，可能并不会激起我们这么多的情绪和内在批判。但是，对于同一句话、同一件事，如果父母说出、做出，就很容易引起我们的愤怒、失落、委屈、抑郁、悲伤等痛苦情绪。

第 5 章
钥匙一：开放
重新认识父母和我们自己

我们这些情绪是从哪里来的呢？

在我们还是孩子时，对世界无能为力，我们感受到了最初的脆弱、匮乏以及分离带来的心碎。我们希望获得更多的安抚、支持、认可、鼓励，希望得到更多的爱。那时候，我们对父母的能力并没有理性的认识，理所当然地希望父母给予我们一切所需要的，但正如你现在知道的，几乎没有父母可以满足孩子所有的期待，甚至，还会给孩子带来更多的挫折和打击。

于是我们就感到被伤害、被忽略、被遗弃，我们没有能力消化的伤心感受，成为我们最初的创伤。当然，也有的孩子的确在不同程度上受到了精神、肉体上的暴力伤害。

我们有着身体感受——类似疼痛、饥饿，或者内在感受——类似难过、孤独，如果在这些感受上叠加了一些想法，比如"我不好""是他的错""生存艰难"等，我们就仿佛加剧了这个感受的浓烈程度，让我们有一些身体的表现或行为反应，比如心跳加快、发抖、呼吸急促、哭泣、缩成一团等。这些感受、想法、行为相叠加，就形成了某种存储在我们身体中的"情绪能量"。

在我们还是孩子时，期待从父母那里得到一种无条件的爱，但我们得到的爱，却是有条件的。甚至，尽管有些父母确实爱孩子，但孩子却无法在父母的言行中感受、体会到任何爱。

这些对于爱的匮乏，形成我们内心中一个个需求的坑洞。这些坑洞一直存在于我们的心里，一直到我们长大，一直到现在、此刻。成年后，我们反复向外找寻，想填补这些坑洞，这让我们经历更多的挫折、打击和痛苦。

一旦我们经过这些坑洞，一旦我们重温那句"应该……却又……"，我们就又回到了孩子时期受伤的自己，回到了那个充满委屈、愤怒、伤心的自己，那个感到不被认可、害怕被遗弃的自己。从"情绪能量"的角度来看，情绪以某种干扰能量的方式存在于我们身体里，我们一直没有完整地释放和清理它们，我们常用的处理情绪的方式——压抑、压制、回避、转移注意力、宣泄、强迫性表达——都未能有效地释放这些情绪能量。如果外界某些风吹草动再次刺激到身体里已有的情绪能量，它就以一种自动反应的方式表现出来，并且强烈得完全吸引了我们的注意力，于是我们就深陷于情绪之中。

虽然我们已经长大，但在情绪上，我们仍然还是孩子，我们依然保有孩子时形成的情绪能量。此刻这个处于情绪中的自己，和当年那个处在情绪中的孩子，表现没什么不同。在我们离开家的时候，如果在处理情绪上没有"成熟"起来，那么我们未来很多年也往往会处于"情绪不成熟"的状态，经历"情绪不成熟"的烦恼。很多人即使白发苍苍，当某些情绪被激起的时候，他们仍然会瞬间回到孩子一样的情绪状态。人们常说："他闹起情绪来就像个孩子。"

坑洞的填补意味着爱的成熟

需求的坑洞、爱的坑洞，对我们意味着什么呢？

是否意味着，我们要把父母找回来，填补这些坑洞呢？在很多情况下，

第 5 章
钥匙一：开放
重新认识父母和我们自己

当我们意识到这些坑洞的时候，可能已经找不回我们的父母了。而且，我们也了解了父母并非完美而全能的，即使他们在身边，也很难有能力填满这些坑洞。

那么，这就意味着，我们自己要把这些坑洞填满、解决。这个填满坑洞的过程，也是我们情绪"成熟"的过程，是我们找回自己力量的过程，是我们内在成长、找回自己的完整的过程。这也是过去所有那些不如意的经历，带给我们的价值和意义。

父母无法满足我们的一切愿望，我们必须以此为起点，去往我们的内在，寻找道路、资源和答案。

有些朋友说，我要是有个有钱的老爸，现在可能就不一样了。真是这样吗？我也认识一些所谓富二代朋友，他们遇到的挑战也不小。有些人一直生活在父辈影响下，他们希望通过自己的努力获得尊重，但却比普通人困难许多。他们所有奋斗的结果，都被外界归因于老爸有钱，他们痛苦于感受不到自我价值。有些人因此变得迷茫，放弃努力，甚至变得放纵、堕落。放纵只是逃避，没有真正快乐。还有些朋友在成长过程中会受到比常人更多的诱惑，他们身边的关系总是围绕着利益，在关系里他们总感到猜疑和恐惧。还有的人，因为父母事业忙碌，他们觉得根本就没有体验过父母的爱，他们经常说他们的生命里只有钱，没有爱。

也有些朋友说，我的父母要都是教育专家、心理专家就好了。是的，也许这样的父母会有"三观正确"的理论基础，但一般来说，从理论到内化于心，往往需要生活历练的过程。对于父母来说，与孩子的互动，是他们重要的实践来源；在养育中遇到的挑战，是他们得以历练的机会。很多

155

人恰好是在他们内在成长的主要年龄段做了父母。而同时，成为父母，又加快了他们的内在成长。如果他们没有在与你的互动中经历过挫折、教训、挣扎和反思，他们也不那么容易深入自己的内心；如果他们没有亲自体验过失败、罪咎、痛苦和焦灼，他们也不会疗愈过往的伤痛。你正是为他们制造这个破茧重生的环境的人。他们成长为内外合一的教育或心理专家的过程中，你作为一只"小白鼠"，想必也不会经历所谓梦想中的完美童年。也许成长型父母不会为你带来极为深刻的伤痛，但也不会是想象中的绝对完美。

无论我们遇到什么类型的父母，我们过往的经历都会为自己造就一些不同类型的挑战。这些挑战缠绕着我们，直到我们发现，超越挑战的答案不在父母那里，也不在别的什么地方，而在于我们内在的转化和觉醒。无论父母是什么样的人，无论他们给予我们什么样的条件，最终我们总是要独自面对内心那些爱的坑洞，我们总要去往内在寻找资源，满足自己的需求。

只要我们觉得，有一些我们没有但又必要的东西掌握在父母手中，我们和他们的关系就是不平等的，我们和父母之间就很难达到纯粹的爱。我们会因此产生依赖、产生期待。尤其是当他们"明明有我们必要的东西竟然不给我们"，我们就会失望甚至愤恨。依赖、期待、失望、委屈、愤恨……这些过程里，内在的干扰能量掩盖了真正的、纯粹的爱。

小时候，父母无条件的爱是我们最深的期待，我们理所应当地认为他们拥有这种爱、掌握这种爱，他们明明拥有我们最想要的东西却不给我们。长大之后，我们在生活和工作上吃尽了苦，很多坑洞源于，**我们既有对于爱的渴望，又有对于爱的误读，它们混合成我们对爱的无能为力。**

在青少年时期，我们可能表现出对父母控制的叛逆或无奈。成年后，

第 5 章
钥匙一：开放
重新认识父母和我们自己

我们在事业上感到无助、没有信心；在情感上迷茫、不如意；在天赋的发挥上，我们找不到热爱，习惯性地压抑创造力。这些外在冲突，本质上源于内在冲突。而内在冲突的来源，则多是最初在原生家庭中挖下的坑洞——那些爱与被爱的议题一直未被疗愈。

再次强调一下，一旦我们觉得，有些我们没有但我们又需要的东西掌握在父母的手上——比如我们需要的无条件的爱——我们和父母之间就很难产生一种纯粹的爱的关系。

一旦我们觉得，有一些我们需要而自己没有的东西掌控在某个人手上，而这个人"应该"给我们却不给我们，我们就很难和他建立纯粹的爱的关系。我们对他的关注点很难聚焦在爱上，那些他没给我们的东西以及他"没给我们"这件事，抓取了我们的注意力。与其说他人没给我们需要的东西，让我们感到受伤，不如说是我们的需求和想法让我们感到受伤，是我们认为自己不完整、需要从他人那里获得完整的信念，让我们感到受伤。

前面谈到过，同样的话，一个普通路人和你说，你可能无所谓，但你会对一个你觉得他"应该怎么样"的人，产生情绪。这个人可能是你的父母、家人，你的好友，你的同事，你的伴侣。你的情绪里一定有着某种想法或者观点，这些想法或观点里往往藏着某种需求——比如满足你对某些确定性的期待。你对这个人——你觉得"应该满足你某些确定性期待"的人——有某些需求，这些需求在深深地影响着你。而这个人不仅仅是别人，有时还是你自己。

我们必须看到，那个你以为他掌控着你没有的东西的人，他并没有你真正要的东西。我们必须看到，我们所渴望的无条件的爱，并不在父母手中，父母并不掌控着这种爱。当我们看到这一点，痛苦的根基就开始松动了。父母并不拥有我们真正想要的东西，我们必须接纳这一点，才能继续向前，找到自己的喜悦、天赋和爱。

这个觉察并且接纳的过程，将展现出一幅新的生命图景。就像一颗埋在硬土中的种子，我们曾经抱怨环境的恶劣，但奋力生长带给我们坚毅和强壮，当我们从土里探出头来，我们开始迎接一片光明的世界。

正如在第三章第五节中讲到的，在生命中体验并穿越原生家庭的议题，从而达成内在成长，这正是父母无意中给予我们的特殊礼物。无论他们是否意识到这一点，命运的洪流都安排了他们，将这个礼物，带给了我们。

父母真正给予的是什么呢？

我们要在这一生，怎样活出自己，又活出怎样的自己呢？

你生活在一个贫困家庭里，这也许意味着，你会活出一个通过个人奋斗而成功的人生历程；你生活在一个暴力家庭里，这也许意味着，你需要体验更多的接纳，修炼更多的宽恕；你生活在一个破碎缺憾的家庭里，这也许意味着，你通过向外寻找完整而找不到，看破外求的幻象，在内在找到自己的完整与和谐。如果，你想在这一生，活得像光一样明亮，那也许是因为你生长的环境并不是光明的——你生长在黑暗中，才能感受和体验到，光是如何存在的。

第 5 章
钥匙一：开放
重新认识父母和我们自己

父母真正给予我们的是什么呢？无论他们是否意识到，他们已用自己的方式，为我们搭建了一条成长的阶梯。我们拾级而上，沿着这条路，学习爱。穿越"非爱"，体验爱，是我们来此一生的重要目的。

小时候，绝大多数人没有从父母那里体验到自己需要的无条件的爱。我们无法释怀，直到我们重新认识父母，才发现他们并不拥有这种爱。在这段与父母的关系中，我们看到，我们无法从他人那里得到无条件的爱，我们无法从相对关系中索取绝对的爱。

那么，我们的需求如何满足呢？

我们需要经由自己向内的探索，从内在体验无条件的爱，从而成为爱，活出爱。这是一条修炼爱的道路，也是我们童年过往经历的意义，是父母给予我们的成长历程的意义。

在家族的序位中，父母优先于我们。未来，我们需要赡养父母，需要给予他们爱。而在给予爱之前，我们需要拥有爱。爱不仅可以给予父母，也可以给予孩子，给予我们身边的人，给予这个世界。

你每一步的经历，都可以被看作是自己搜集到的一枚金币。这些金币积累起来，成就了你内在的富足，这是你的宝藏和财富。觉察、接纳和转化，是一个新的视角，也是一条路，通向无尽的宝藏，通向无尽的爱。最终，你会填补所有爱的坑洞，你发现坑洞只是某种假象，发现缺乏和脆弱只是某种误读，你踏上这条路，感受圆满和完整，这是这所隐秘学校的意义。

练习 3
冥想练习：看向母亲代表的光芒，接受创造一切的力量

请你找个不被打扰的地方，你可以坐着也可以躺着。

你可以调整一下你的身体，让自己保持放松而自然的状态。

你可以慢慢闭上你的眼睛。

现在，请你静静地感受你的呼吸，吸气……呼气……感受气息划过你的鼻腔，感受气息带来的身体的起伏。慢慢地，随着你对呼吸的关注，你的呼吸变得越来越放松，你的身体也逐渐变得越来越放松。

现在，请你想象你回到小的时候，你正看着你的妈妈。

你感觉，你是那么依赖着她。

慢慢地，你一点点地长大了，你越来越独立，你不再处处都依赖着妈妈。

你看向妈妈的目光，好像从小时候的仰视，慢慢变成平视。

有时候，你也会对妈妈不满，也会抱怨或者责怪妈妈。这时候，你看向妈妈的目光好像变成自上而下的；这时候，你好像比妈妈更大，从上向下地去看她的缺点和过错。

你能感受到，你看向妈妈的目光，随着你的变化而变化着。

现在，想象你平视妈妈的眼睛。

你一直看着妈妈的眼睛。

慢慢地，你感到你在妈妈的眼里，仿佛看到她的另一个面向，你看到她背后传递的另一件事。

第 5 章
钥匙一：开放
重新认识父母和我们自己

你能感觉到，有一种力量，选择了她，让她成为你的妈妈。

这种力量是一种创造性的力量。

这种力量决定，让你的妈妈以她如其所是的样子，成为你的妈妈。

妈妈创造了生命，她是如此强大。她代表的永恒的创造性的力量，如此强大。

此刻，你谦卑地看着妈妈。你感觉到，对你来说，妈妈以创造生命的方式，展示着一种永恒力量的强大。你感觉到，这永恒的创造性的力量，也以妈妈如是的样子，呈现着自己。

你不禁伏下身子，从低向高地看着你的妈妈，不再平视。

你清楚地感受到，你所有的一切，包括你所需要的一切，都来自她那里。

你找寻的生活，找寻的生命的意义、对生命的爱，都来自她那里。

此刻，有一束明亮的光，照在妈妈身上，将妈妈笼罩在一片光芒之中。

你被这光芒吸引着，你看到妈妈也和你一起看向那片光芒。

光越来越大，也照在你的身上，你感受着周身的温暖。

你看着妈妈站在光之中，你感觉到一种生命成长的意义，那些过去妈妈带给你的画面、记忆，那些过去的日子，在这光中，似乎包含着不凡的意义。

光越来越亮，你被这光芒温暖地笼罩着，你感到安全、舒适。

你感到这光芒慢慢融进你的皮肤，融进你的细胞，给你温暖的力量。这股光的力量接纳你的一切，给你全然的支持，给你全然的爱。渐渐地，你的每一个细胞都融化在光里，都融化在爱里。

你已经和这光融为一体，你感觉你同样拥有创造一切的力量，你可以赋予一切爱的意义。

你有力量赋予你所有的生活经历更多的接纳，更多的爱。你有力量赋予你此刻所有的关系更多的接纳，更多的爱。

你知道，当你如此看向你的妈妈时，你随时都可以得到这样的力量。

……

慢慢地，回到你的呼吸，此刻感受你的呼吸，你的呼吸平静而自然。你不费力地呼吸着。在呼气时，你可以给自己一个微笑。你是如此地珍贵，你接受所有的爱，你拥有所有的力量。

现在，慢慢地回到你的身体，回到此时此刻，你可以慢慢睁开眼睛，也可以带着对自己的爱睡去，明天，你会在恰当的时候醒来，迎接全新的美妙的一天。

祝福你。

◆本冥想练习中部分内容改编自伯特·海灵格的练习

第 5 章
钥匙一：开放
重新认识父母和我们自己

第 5 节

开放，是转变的第一把钥匙

开放，意味着什么？

当你"开放"，你就有一颗"初学者的心"。对于初学者来说，这个世界每一刻都是崭新的，每一次都像第一次一样。你带着好奇心迎接这个世界的所有可能。

日本禅宗将"初学者的心"称为"初心"（Shoshin）。禅师铃木俊隆在《禅者的初心》中说："如果你的心是空的，它就会随时准备好要去接受，对一切抱持敞开的态度。初学者的心面向无限可能，老手的心却饱受羁绊，没有多少可能性。……初学者不会有'我已经达到了什么'的这种念头，所有自我中心的思想都会对我们广大的心形成限制。当我们的心很慈悲时，它就是无边无际的。"

开放的心很像一颗童心。我们很容易被天真的孩子感染，原因之一是他们身上散发着一种魔力，这种魔力叫"充满无限可能"。在一颗童心看来，这个世界是充满无限可能的，他容易发现很多我们视而不见的东西。

美国生物学家雷切尔·卡森曾在《惊奇之心》这本书中写道："孩子的

世界是新鲜的、新奇的、美丽的，充满了惊奇和兴奋。不幸的是，对于我们大多数人来说，那种清晰的洞察力，那种对美和令人敬畏的东西的感受力、真正本能，在我们成年之前就已黯淡，甚至消失了。如果我对仙女有影响力，我会恳求她赐予世界上每个孩子的礼物是一颗惊奇之心，而且这心终其一生都无法被摧毁，能够永远有效地对抗以后岁月中的倦怠和幻灭，摆脱一切虚伪的表象，不至于远离我们内心的力量源泉。"

我们曾经也拥有纯真的童心，但在传统的教育过程里，我们不断接收到一些评价、比较和偏见，一些固有观点和必须背诵的标准答案，当我们认同固有思维方式、符合这些标准时，我们会得到老师、社会环境以及父母的接纳和认可。于是，我们慢慢会依附于经验，依附于固有观点。我们以为自己熟知的一切就是这世界的一切，把视线的边界视为世界的边界。我们变成了一个"知道主义者"，一个饱受羁绊的"老手"。

经验总在左右我们的注意力。如果一件事如我们所知，我们就觉得"这个事情可以"；如果一件事在我们的经验范畴之外，我们就会抗拒。抗拒，让我们变得封闭。每时每刻，我们周围出现无数信息，我们往往只会看到符合经验的信息，只会相信符合已知逻辑的推论。然后，我们再以这些符合经验的信息、符合已知逻辑的结论，证明我们自己是"对"的。在这个循环中，我们自娱自乐，以至于完全不相信还存在经验之外的事。

当然，并不是说"经验""知道"是不好的，只是我们需要了解这个"自我"的小游戏。这个游戏只是头脑中一些习惯性观点、旧的经验在试图证明"自己"是对的。经验和观点，会对我们有很大的帮助，但是我们不能依赖于它、依附于它，以为它们即是一切。放下一些"已知"带来的限制，人类才会不断革新，才会有充满创造性的发明和发现。

第 5 章
钥匙一：开放
重新认识父母和我们自己

我们都有一些"灵光闪现"的时候。有时冥思苦想一个解决方案而不得，但在某个放松的瞬间——比如洗澡甚至上洗手间的时候，忽然灵光闪现，看到了解决问题的不同途径，或者一下子接收到问题的答案。所谓"办法总比问题多"，但当深陷于问题中时，我们眼里只有有限的空间，而当我们允许自己从问题中抽离时，我们开始向更多的可能性开放。

那些更多的可能性和答案，在我们未曾注意到它们的时候，它们不存在吗？并不是，只是我们封闭的心没有打开而已。我们就像被密闭的乌云遮住了所有的视野和注意力，看不到乌云的缝隙里还透出宽广的天空。

开放的心，意味着透过任何云层都可以看到更多东西。即使被一些事物干扰、遮蔽——无论是被你喜欢的事物还是不喜欢的——你都知道那并非完整的真相。当内在之眼允许有更多不符合经验的事物存在，外在的眼睛才会看到更多。

当我们带着情绪，在爱的坑洞爬进爬出的时候，我们很难对父母保有开放的初心——我们封闭在过去的经验中。几乎没人记得最初认识父母时，自己带着什么样的视角，在我们的经验里，似乎他们从来就不曾以"第一次"的情形出现。我们所有的经验告诉我们，父母一直就是"那个样子"的，所以我们的注意力也只会留意到"那个样子"的父母。于是，修炼我们"开放的心"的最佳环境，也许就是面对父母。

当我们像孩子一样，带着开放的心的时候，我们看眼前的人、事、物都是新鲜的、新奇的，充满可能性，这时我们的心往往是带着爱的——带着对一切新鲜事物的敞开和爱。这时，我们被爱驱动。我们能被爱驱动，也印证着我们内在存在天然的爱——我们拥有天然的爱。爱带来开放，开放也意味着爱。

训练我们重返开放的心,会帮助我们重返内在爱的力量。如果我们不只看到存在于我们固有经验内的父母,还能看到、感受到父母内心深处那些我们未曾留意到的部分——甚至他们都未曾留意到的部分——如果我们能拥抱这些未知的部分,我们一定是带着爱的。同时,我们也能超越内在的"乌云",意识到自己的力量——天然就有的、爱的力量。

如何训练内在的开放?

冥想会帮助我们训练"初学者的心"。除了在上一章节提供的引导式冥想,持续的"正念呼吸冥想"练习也是非常有效的训练方式。

在正念呼吸练习中,你把所有的注意力都集中在对自己呼吸的感受上,感受你每一次的一呼一吸。

关注每一次呼吸,意味着回到当下,而不限于过去和未来的虚幻中。每一次的呼吸都是新的,每一次的呼吸都和上一次的呼吸不一样,只是我们习以为常,不会去关注它们。

我们还在呼吸,意味着生命还在延续。也许我们只会在呼吸困难、留意到自己的呼吸时,才会意识到,如果失去了呼吸,就失去了生命。同样地,**我们的生命正是由每个"当下"组成,如果失去了"当下",也意味着我们无法安享生命。**

在正念冥想练习中,我们也会训练自己觉察的能力,觉察自己是否陷入过去的经验模式，是否自动跟随自己的念头、情绪做出反应，是否回到自己那颗开放的、安享当下生命的心中。这个训练会帮助我们在日常生活中觉察自己的反应模式，保持清晰的洞察力和感受力，发现生活中的快乐的、激动人心的元素，以及隐藏在习惯背后的秘密与答案。

在正念冥想的基础上，我们在平常生活的沟通里，可以尝试"正念倾听"的沟通方式。

简单来说，正念倾听包含四个要素：第一，为倾听的过程设立一个意图，这个意图不是沟通结果，而是在这次沟通中，自己可以开放地、充满好奇地倾听对方；第二，让自己处在当下——我们的心不在对未来的期待中，不在对过去的纠缠中，也不在别的地方，只在此刻、此地；第三，在倾听对方的同时，也倾听自己内心的想法、念头、情绪等，保持对对方和自己的双向觉察；第四，不仅站在自我的视角，不仅以自我经验的角度看人、看事，而且试着站在更广阔的视角——至少，是站在自己和对方合并的视角，这样我们会对自己和对方都保有同理心和同情心。

我还有一位学员，在持续学习、练习了一段时间冥想后，开始有勇气给她妈妈打电话。她对我说：

"在以前，我遇到问题时，不愿意为自己负责——我准是在想，都是我妈妈让我成了现在的样子。我逃避母亲15年，从来不敢主动给她打电话，看到她的电话进来我都想逃。在练习了一个月之后，我心里好像有个声音唤醒了自己，我不想再逃了。我愿意为自己负起责任。我开始打开了自己，我开始尝试给她打电话。有一次，我突然问到了她小时候是怎么过的，记得她一直讲，一直哭。从那次以后，我开始知道她也是带着创伤生活了这么多年,我开始变得理解她了。这么多年来,她总是想把好吃的留下来给我,这就是她表达爱的方式。她已经把能给的都给了。从那以后,我给她打电话的次数越来越多了,从开始的害怕,到现在越来越自然。现在,每隔两天,我会给她打一次电话,我能感受到接到电话她挺开心的,我的内心也慢慢有了力量和勇气。有时候做完练习,再回到我所看到的事情上,我发现我头脑里的'戏'没有了,就只是看到了事情本质的存在。这种感受真的太美妙了,哇!这次的旅程疗愈了我自己,疗愈了我和我母亲的关系,让我了解了我的过往和当下自己的位置,以及未来要去到的方向。"

开放的力量不仅帮助我们了解父母更多的信息,帮助我们接受真实的自己,也帮助我们重新拿起一把钥匙,一把打开全新世界的钥匙,一把可以看到无限可能性的钥匙。

第 6 章
钥匙二：接纳
与父母的冲突不是外在冲突，
而是内在冲突

第 6 章
钥匙二：接纳
与父母的冲突不是外在冲突，而是内在冲突

瓢虫不不攀上一条粗大的老藤。老藤从石缝之间钻出来，蜿蜒向上生机勃勃，似乎要爬上蓝天。

不不想：它曾经是颗种子，被鸟儿带到这里，它没机会选择在哪儿发芽，河谷、石缝，只能认了。它能做的就是对此点头，然后尽力生长。而我，一只瓢虫，生来就走不快、飞不远，却要去寻找那些星星，跟随着不知哪里来的使命。如果我也对此点头，说"好的，收到"，我也可以立即开始行动，思考现在怎么办，处理眼下的问题。

想到这儿，不不已经忘记了时常萦绕脑海的抱怨，顾不上曾困扰他的焦虑。

第 1 节

与父母的冲突不是外在冲突，而是内在冲突

拔剑四顾心茫然

对于自己"小升初"这件事，小玟的女儿完全没什么感觉。班上其他的小朋友周末还要四处赶场上课，但妈妈却仍旧带着她四处玩。她并没有注意到妈妈的焦虑，因为妈妈的激烈思想斗争一般都发生在女儿睡着之后。一方面，小玟对孩子还是有很高的要求的；另一方面，她又觉得把孩子严格控制在一个轨道上是有问题的。然而周遭的家长们都已提前一年多就开始为升学布局、准备，她也不能装作看不见。要是孩子真没考好，她不甘心。历届前辈家长们也是语重心长："都说高考重要，但高考取决于孩子的学校，所以你现在必须做准备，孩子的一辈子就在这一年了，别让自己更后悔！"

女儿睡着后，小玟就开始跟孩子爸爸念叨她的纠结和焦虑，觉得自己让孩子顺其自然，就像一个人对抗全世界一样。小玟的先生倒是想得开，总安慰她："没事，天塌不下来，你这么做是对的。不开心才后悔一辈子。"要不是有先生打气，小玟估计扛不了那么久，早就对孩子施压了。但这依然不能阻挡她的焦虑和担忧："有时候会想，孩子总得比我们出色吧。"

第 6 章
钥匙二：接纳
与父母的冲突不是外在冲突，而是内在冲突

按她的说法，她就是被严格要求出来的，成长中处处充满了痛苦、反抗和无奈，现在仍然对自己非常挑剔，觉得处处都有不足。但在外人看来，她算是成功的——工作上，身份光鲜亮丽；生活里，小家庭也和谐温馨。"当然，羡慕我的人都是觉得不如我的，哪知道我的苦，我羡慕的人更多，人家比我强太多了。"她补上一句。

"你看我就是不快乐。"她接着说，"我从小就是被我妈严格管理出来的，我妈一直说我这不行那不行，怎么都不行，所以我觉得不开心。可我不想让孩子也不开心。但是，我不能确定的是，如果孩子没有像我一样经历充满痛苦的过程，会是一个什么结果呢？孩子能吃得了苦吗？会出人头地吗？我对这个毫无经验，完全没有把握。要是她以后还不如我呢？以后她会不会埋怨我当初不严格要求她？就算不埋怨，要是她真的还不如我，那不是一代不如一代了？有时候我觉得我都能听见未来她埋怨我的声音了。"

"那你脑海里，除了这些声音，是不是也有批评自己的声音？也许就像妈妈的声音？"我问。

"我明白你的意思。我脑子里有许多声音，基本都是各种批判。有一大堆是别人批判我，包括我妈、我爸、老公、孩子，还有上级，还有看不上的同事，等等，我一想到什么主意，或者我刚想干什么事，他们批判的声音就响起来了——最多的还是我妈；还有一大堆声音，是我批判别人，基本上别人做什么，我脑子里就有个'有什么了不起'的声音。如果事情是我自己搞砸了的，脑子里批判我的对象基本就两个，一个是我妈，一个是我老公。"小玟说。

她放下茶杯，接着说："但其实，我已经发现了，这些声音并不是他们真的在批判，应该是我想象出来的，或者就像是我觉得他们要是在场肯定会这么说。不管他们是不是肯定会批评我，反正这些声音让我更不舒服，很不舒服。"

"在你的想象中，也会立刻出现反击他们的声音吗？"

"是的，我发现我的注意力本来在处理麻烦事，脑子里的声音一响，我就会把注意力转向反击它们，转向那个批判我的人。但手里的事又要处理，那一刻就特别混乱，就容易失控，崩溃。但在理智的时候我知道，我对抗的那个批判我的人，或者我批判的人，他们的批评也不是真发生了，实际上他们当时并没批判我。这里最难分辨的是我妈，我总是确定她一定会'骂'我，那感觉太真实了——她就是'骂'了，可是她确实又不在场。一想到我在反击一个不在场的人，好像有点'拔剑四顾心茫然'。"

"特别好的觉察，你什么时候发现这一点的？"

"我以前一直躲着我妈，避免长时间相处，要不我们肯定会'打'起来。我印象中她总是能挑出我的不好的地方来，再完美的成绩、再好的表现，都不行。有时候就算她说你的优点，说着说着也会说到你的不好上，不依不饶地，最后不欢而散。她对我女儿也是，总是盯着我女儿某个不如她意的地方不放，别的优点都视而不见。你要是争辩，她就开始论证她是对的，论证你就是不行——她会从你小时候开始说起，论证当年你就不行，现在更是样样都不行。这就是我从小的感受，所以我就尽量躲着。"

"特别理解。"我不由得笑着点头。

"有一次，我家重新装修，刚装修完，我老公说接老人家过来住住，我

第 6 章
钥匙二：接纳
与父母的冲突不是外在冲突，而是内在冲突

觉得这也是应该的，就接我妈过来住。接之前我就估计到她会挑毛病，这里设计得不好，那里要是像别人家那样就好了。我都快背出她的台词了。我就想，她要是这么一说，我就赶紧溜，干别的去，省得引起冲突。这种冲突肯定最后偏离了装修，变成控诉，弄得大家都不舒服。后来我把她接来了，她看了房子，晚上我们就一起吃饭。她开始说觉得这个门厅弄得挺好的，我就一直等着她说'但是'，你知道她最后总会从优点说到不足的。她要是说'但是''可是''要是……就更……'这一类的，我就赶紧说我有个电话会议要开。但是——现在改我说'但是'了。"她说得乐了。

"但是怎么啦？"我也笑着问。

"她竟然没说！她就一直说优点来着！我的妈呀！我忽然发现，我脑补的话都没出现。后来我就想，是她变了吗？还是我一直有什么误会？这些年我脑子里好像时刻都会响彻她的不满、批评，我做得好的时候，就会听到她挑剔的声音，我做得不好的时候，就会听到她谴责的声音，但是，我其实没和她在一起。"

"你小时候，她也许确实批评、挑剔、谴责了，"我说，"只是她肯定没有'一直'这样——没机会'一直'这样。"

"所以我那些天就观察她来着，她也挑剔，但我意料中她会挑剔并且她确实挑剔的情况，也就占百分之三十，其他百分之七十我觉得她会批评、会说我的，她其实没有。"

"可是我们头脑中的声音，还会一直响。"

"是的，所以我从那时候开始发现，这些声音不是'真的'。但我阻止不了。"

"你已经平衡得很好了，"我说，"通常人们还会不断陷到这个游戏里，但你还可以让自己尽量理智地做选择，尤其对孩子的教育。"

"那为什么我脑子里还会响起这样的声音呢？怎么停止这些声音呢？它们太消耗精力了。"

"这是可以做到的。"我说。

我们抗拒的声音一直未曾离开

我们每个人都希望可以从父母那里获得关注、关心和肯定，但几乎每个人都觉得自己并没有得到足够的这些。

当然，我们的父母不一定这么认为，因为每位父母都会以他们能做到的最好方式，去关注、关心孩子——只不过，那个方式不一定是孩子喜欢接受的方式。比如，以前说"打是疼、骂是爱"，但作为孩子，我想没有哪个孩子在挨打时能感到疼爱，挨打完还忙不迭地"谢主隆恩"。作为孩子，感受到的更多是自己价值感的缺失，感受到不安定、不安全、被遗弃。但那时作为孩子根本没能力、没办法和父母沟通这个问题，于是我们会一再重复地感受到孤独、脆弱和分离。

对于小时候的我们来说，如果发生过一些伤害、一些痛苦，当时是没办法也没能力处理和消化的。如果有一些痛苦的体验，没有被完全处理或消化，这些体验就被我们视为创伤。我们没有能力处理和化解这些创伤，

第 6 章
钥匙二：接纳
与父母的冲突不是外在冲突，而是内在冲突

只能被动经历这些痛苦，可能本能地哭喊、躲避，也可能通过另一些方式——比如对他人的暴力伤害、对自己的暴力伤害，不自知地发泄愤怒。

我们也可能会选择逃避。比如逃避到游戏、网络中，逃避到各种各样的娱乐活动里；安静一些的孩子也可能逃避到阅读中，逃避到文艺作品中；还有一些学霸潜质的同学，可能逃避到各种知识学习、各种学术钻研中——这种方式通常最被父母和社会接受，他们觉得总算没白教训你，真管用。但那些伤痛并没有因逃避而消失，我们将它们隐藏、压抑在了心里某个隐蔽的角落。

随着我们长大，我们开始具备反抗的能力。我们会用能力所及的各种方式进行对抗——从"游击战"到"阵地战"，从偷偷干父母不允许的事情，到直接顶撞、争吵、翻脸、离家出走。

但无论我们进行哪种反抗，伤痛并没有发生本质的改变。长大以后，那些内在价值感的缺失，那些不安全、被遗弃的感觉，那些孤独、无奈的感受，依然还在。在内在某个地方，我们总在与伤痛抗争着，尽管我们似乎已经不记得那些创伤事件是什么，也常常意识不到曾经的伤痛仍在暗中作祟。

同样，我们也意识不到我们有许多潜在的动力，是为了在内在对抗中占据上风。这种动力听起来似乎可笑，却在一直左右着我们的选择。比如，我们希望证明自己可以以自己的方式成功，我们希望用被人认可、被人肯定、被人爱的成就，证明父母当年的贬低是错误的。有些人穷尽一生、耗尽健康，只为证明自己是"有出息"的，而不是像父母说的"你不可能有出息"；有的人飞蛾扑火般委身于不平等的亲密关系中，只是为了证明自己不是像父母说的"不可能有人看得上你"，自己是"有人要"的。然而这些话，父母甚至已经完全不记得自己曾经说过，也许他们只是无意识地复述他们父母曾说过的话。

我们会在各种关系中，与这些伤痛感受重逢。这时，我们往往处于较低频率的能量状态中。这些低频率的情绪感受包括羞愧、内疚、冷漠、悲伤、恐惧、愤怒、贪婪、嫉妒，等等。只要在这些情绪中，我们就如堕入生活的低谷。

这些时明时暗的感受，又让我们对外界产生更多的需要和期待。我们希望某些外在条件发生，将我们拉出低谷。我们期待吸引外界的关注和关心，在意他人的看法和评价，希望获得成功、获得认同，希望以此填补缺乏安全、充满焦虑的心。

无论在时间上，我们距离童年多远，无论在空间上，我们距离父母多远，那些未被治愈的伤痛、未被填补的匮乏，那些过去遗留下来的低频率的情绪感受，并不会随时间和空间的距离远离我们。在经历生活的伤痛时，我们依然感觉回到了过去。想想你最后一次徒劳的挣扎、反击是什么时候？你内心的哭喊是不是还像从前那个孩子一样？你是不是还会一个人躲在角落里默默等待风暴的过去？

即使父母已经离世，阴阳两隔，那些过去遗留下来的伤痛、遗留下来的争吵的声音，依然不会离去。那个"抗拒的事件"早已不在，而心里抗拒的声音却一直未曾离开。过往伤痛和冲突留下的感受和情绪，就像某种能量一般存在于你身体里的某处，让你感到堵塞、痛楚、揪心，甚至为你带来病痛。

我们的"父母"似乎已经不在我们的身体之外，他们就存在于我们的

第 6 章
钥匙二：接纳
与父母的冲突不是外在冲突，而是内在冲突

心里。我们与父母的冲突，已经不是外在冲突，而是我们内在的冲突。我们与父母的对抗，已经不是外在对抗，而是我们内在的对抗。

内在的冲突和对抗，也会吸引外在的冲突和对抗。我们在生命中，一直希望以一场外在的胜利，证明自己可以在内在对抗中获胜，但即使期待的胜利发生了，我们也会继续希望下一场胜利、再下一场胜利，直到最终碰壁。

我们反复经历外在对抗的碰壁，我们以"继续显化外在对抗"的方式，延续自己内在对抗的合理性。我们因为外在对抗的挫败，反复堕入低频率的情绪感受，我们以"总是失败、总是无价值、总是被遗弃"等类似的方式，反复印证自己"不配得、不够好、不完整"的内在信念。这一切自动化地发生着。我们以为这重复的模式，就是我们的"命运"。

对于一个成人来说，与父母的冲突已不是外在冲突而是内在冲突，这会是一个"好消息"吗？我认为是的。

从此，我们的改变可以不需要寄望于他人的改变，我们可以开始把注意力由外转向内，由自己做主，调整自己的能量频率，改变自己的内在斗争，让生命不再陷入无谓的消耗中。从此，解决这一冲突，与他人无关，与父母无关，与环境、年龄无关，可以只来自我们自己的决定。我们可以自己决定改变自己，改变生活，发展自己真正想要的关系模式和生活模式。

第 2 节

接纳再行动，是疗愈的重要一步

接纳是改变的前提

如果我们想解除内在冲突，想改善关系，首先要做什么呢？

在意识到原生家庭问题的最初阶段，很多朋友对此的第一反应是："得让我爸妈知道这些，得给他们上课，让他们知道他们的影响多恶劣，给我带来如此困难的人生，他们必须改变。"——我们能改变父母吗？现在我们知道，不能。而且，"改变父母"的意图，只会让我们陷入更深的冲突中。不仅有外在关系的冲突，更加深了内在的冲突。因为在这种情况下，我们依然认为父母会做到且必须做到我们期待的事情。对于成年人来说，这样的需要和期待，只会让我们在任何关系中受苦。

一旦我们认为关系中的对方必须做到我们所期待的事情，应该拥有满足我们需要的能力，达成我们执着的预期结果，我们就一定会在这个关系中受苦。让我们受苦的不是对方，也不是关系，而是我们的期待。

我们不能改变任何人，也不要寄望任何人改变。我们能改变的，只有我们自己。在疗愈与父母关系的过程中，我们可以改变自己看待父母的方

第 6 章
钥匙二：接纳
与父母的冲突不是外在冲突，而是内在冲突

式，改变看待童年经历的方式，改变看待已发生事情的方式——无论那些事情多不如意，给我们造成过多大伤害。我们需要学会对已发生的事说"是"——"是，我接受它发生了"。

生命中的许多痛苦，来自我们对已发生的事的抗拒，来自我们对现实的不接纳。这种抗拒、不接纳让我们离开了当下，进入一个不在当下的剧情中。我们陷入对过去的悲伤、羞愧，对未来的焦虑、恐惧，对不在场的人、事、物的愤怒、怨恨，我们在这个"不在当下"的剧情中，继续制造出更多的痛苦。

要注意的是，当我们接纳、对已发生的事说"是"，并不意味着放弃或失败。当我们说"是"，能量会迅速聚焦于下一步的行动之中，反而让我们更有力量改变现状。

埃克哈特·托利曾说："接纳，然后采取行动。不管当下时刻的情况怎样，心甘情愿地接受它，就像它是你选择的一样。总是与它共事，而不是抗拒它，使它成为你的朋友和盟友而不是敌人。这将会不可思议地改变你的整个生活。"

接纳意味着实事求是。改善任何关系，首先都要接纳对方真实的样子，接纳过去所有的发生。而这些"对方""过去"，也是组成你生命故事的一部分，接纳所有的发生，这也意味着你接纳、承认真实的自己，不再助长更多的内在对抗。

如果父母总和你无止境地抱怨、唠叨，表达不满意、不如意，表达要求和期待，那么你可以试着告诉自己：是的，他们就是这样的，他们不需

要改变。当你接受父母不需要改变时,你就放下了对父母的期待,你也更有力量对自己负起责任,做你自己,走你自己的路。

接纳不意味着观点的认同

我们所说的"接纳",并不意味着你要同意任何事、认可任何事,赞同你不赞同的。在接纳现实发生,清理了自己内在干扰之后,你仍可以平静地表达你的态度,可以在没有内在对抗的状态下,迅速做出决定,轻松地应对你不同意的事。

接纳不意味着坐以待毙、任由宰割,不对一些事情做出反应,而是你可以不陷入内在对抗中受苦,可以在不受情绪干扰和评判干扰的状态下,做出清晰、有效的决定和行动。

接纳也不意味着投降和放弃。投降和放弃让你感到失去价值感,放弃了自己的价值观。而一个有能力、有能量去接纳的你,意味着你允许对方有和自己不一致的价值观,也意味着你以内在的和平为重要的价值。

所以接纳并非是消极的,而是一种积极的心态和行为。这与陷入对抗产生的自动化反应是不同的——也许行动看起来是一样的,但那个行动的你发生了变化,一个是内在对抗的你,一个是平静清晰的你。

如果父母伤害了你,你不需要认同这个伤害是对的,你只是选择不再纠结于对过去的追究,选择原谅和宽恕。如果父母到如今仍然对你做出极

第 6 章
钥匙二：接纳
与父母的冲突不是外在冲突，而是内在冲突

端的暴力行为，或者经济上财产上的非法侵占，你不需要同意他们的行为，该反对就反对，该打官司就打官司，但你只是处理纠纷，就事论事，而不需要给父母、给自己贴上什么标签。你依然可以感恩，可以爱他们，这与他们的反应无关。接纳，帮你不受内在对抗的煎熬，不在内在对抗中受苦。

决定性的接纳发生在内在

我们抗拒的外在对象，即使此时此刻不存在于我们身边，但只要我们想到这个外在的人、事、物，就会产生愤恨、委屈、愧疚等低频率的情绪。这个引起我们低频率情绪的对象，并不在"外面"，而是存在于我们内在。

在外在对抗中，也许会呈现出某些输赢成败的结果，但在内在对抗中，只要你陷于对抗，你就永远不会是赢家。就像牛顿第三运动定律，作用力越大，反作用力也越大，任何有意识或无意识的内在抗拒，都会让所抗拒的对象变得更强有力，也让我们不断陷入对抗的痛苦。

你的生命经历也存在于你此时此刻的身体记忆，过往的创伤和幸福都在你的内在。接纳我们的生命经历，并不只是说接纳那时的父母、创伤事件，而是接纳我们内在此刻存在的烙印——我们对抗的是此刻存在的烙印，而不是一个不在当下的事件和人物。

决定性的接纳发生在内在。如果我们接纳内在的烙印，向我们的生命经历点头说是，我们会发现，生活打开了另一扇门，曾经的所遇所见将帮助我们，而不再与我们为敌。当我们内在发生着冲突，我们也会吸引外在冲突，外在冲突提醒我们觉察内在的冲突。而当我们是和谐本身，我们也会吸引更多和谐，更多外在的和谐也反映着内在的和谐。

如果我们可以接纳自己的内在冲突，就意味着我们不再认同自己是冲突中的某一方，我们是比冲突中某一方"更大"的存在。

就像两片雨云相碰撞，雷电交加，而你不是其中任何一片云，你是所有雨云背后的天空，你看到雷电交加是大自然运作中很小的一部分。接纳意味着你从内在冲突中抽身，你不再是冲突中的任何一方，你站在相对于冲突更高的维度。抗拒意味着你和问题处于同一个维度，而接纳则提供了更大的空间，让你看到更多的可能性。

接纳自己真实的样子

我们有着需求和期待，但父母有没有满足我们需求的责任呢？伯特·海灵格曾经说，母亲生下我们，她的责任就完成了，剩下的事情都是属于我们自己的责任。

前面谈到过，父母曾经也是孩子，也有自己的伤痛和无奈，他们并没有掌握着我们所需要的东西。而我们在用我们的方式，要求他们把自己也没有的东西给我们。我们一直误以为他们拥有我们需要的东西。

接纳，也意味着我们为曾经对父母的误解感到抱歉，为误解引发的伤

第 6 章
钥匙二：接纳
与父母的冲突不是外在冲突，而是内在冲突

害而抱歉。我们可以在心里说："亲爱的爸爸妈妈，我向你们要求的很多东西，并非你们的责任。是我以为你们拥有，是我以为你们不给我，对不起，请原谅。"

同时我们也接纳我们自己，原谅我们曾经做过的所有事，别让过去发生的囚禁现在的自己，把自己从过去中解放出来。我们接纳了过去真实的自己，过去才不会成为未来的限制和羁绊。

我们真实的自己、真实的过去，还包括什么呢？还包括我们最不愿意面对的一些伤痛。这些伤痛代表着悲痛、心碎，因为每次面对它，我们都可能会再次经历情绪的崩溃。我们习惯绕道而行，避而不谈，习惯压抑而不愿意面对。无论是避而不谈，还是控制、压抑，都是某种形式的抗拒。而内在存在的痛苦的种子，在我们有意无意的抗拒中，变得更强大，酝酿着内在更激烈的冲突。

接纳过往的伤痛，是疗愈伤痛的重要一步。看到她，接纳她，拥抱她，那个曾经的伤痛就像一个脆弱的婴儿，等待已成年的你轻轻地抱起她，接受她。没有评判，没有指责，也不需要辩护，你只是温柔地抱着她，看着她。

穿越过去的伤痛，在这个过程中，也许你会感觉自己再次经历低频率的情绪、糟糕的感受，请你同样接纳它们的存在。当你静静地和它们相处，也许你会感到身体中有情绪的能量团存在。

在以往，负面感受通常会引起一些自动的情绪反应，比如怨恨、愤怒、悲伤、恐惧等。你可能情绪崩溃而发泄，或者选择逃避、转移注意力，把它们压在身体某个角落。现在，你可以和这个情绪能量共处，你看到它，接纳它。

你也可以温柔地接近这个能量，再次完整经历这个情绪。当你再次面对伤痛，你会发现，那个情绪能量已经被你的接纳慢慢地化解。创伤是一些我们没有能力完全消化的体验，而接纳意味着我们开始真正拥有处理和消化这些体验的能力。

从认同自己是雷雨交加，到回到自己是宁静的天空，接纳为我们带来内在的和平。在内在的和平中，自然会升起一种感恩。感谢所有的过往，感谢父母做过的一切，无论我们曾经是否喜欢。那些我们喜欢的事情，为我们带来愉悦的滋养，那些我们不喜欢的事，则带来内在的领悟和成长。

接纳过去，接纳父母真实的样子，就是接纳我们自己真实的样子。 当我们接纳了自己真实的样子，就可以接纳更多的人和关系。我们可以逐渐从接纳自己开始，让以自己为节点的所有的关系发生转变。

第 3 节

"爱在调频"转化三角

处于当下

坐在窗边的竹椅上,小玟两只手轻轻转动着手里的茶杯。茶杯里的半杯水似乎并没有跟着茶杯转,一直平静地映着窗外的光。小玟盯着反射着的光,发了一会儿呆。

"我知道要接纳,但我感觉,接纳好难啊。接纳那些我一直对抗的——不管是别人,还是我自己,都好难啊。"小玟对我说。

"肯定不容易,尤其在一开始,需要一个渐进的过程。"我说,"一开始,先别急着啃最硬的骨头,先别急着接纳让你最不舒服的难题,因为这样的话,你很容易对自己的'不能接纳'感到挫败、自责,甚至愧疚。"

"对,我就是感到很有挫折感,知道和做到,中间隔着不知有多远。"

"先试着看到,对于自己的'不接纳',你会不会也挺抗拒的。我们的抗拒一层包裹着一层,一种抗拒包裹着一种抗拒。这来自我们长期的习惯反应。你可以先试试接纳自己的'不接纳'。"

"怎么做呢？"

"如果陷在内在对抗中，你往往不处于当下。比如你会陷入头脑中批评的声音——对一些人、事、物以及自己的批评；比如你会陷入各种各样的情绪中，放不下过去，担心着未来——反正就不在当下，不在此时此刻。那么反过来，当你完全处于当下的时候，你会开始品尝到接纳和放下的滋味。处于当下，是可以通过正念冥想来练习的。"

"观察呼吸，就是一种正念冥想吧？我做过，不过总是念头不断。有时候也可以坚持坐个二十分钟，但我感觉没什么用，因为还是乱想。后来就练习得少了。"

"乱想、走神儿时，你一般怎么做呢？"

"我就要求自己再回到对呼吸的感受上，让自己赶紧别走神儿了，赶紧把注意力移回到呼吸上。有时候我就盯着它，盯着让它赶紧走。但还是会走神儿，很烦，也很沮丧。"

"听着很紧张的样子。"

"是啊，特别累。"

"那现在我带你做一次，你试一试。"

"好。"

小玟把茶杯放到桌上。我让她坐正，背部不要靠在椅背上，头顶上像有一条线向上拉着，让自己坐直。让她闭上眼睛，告诉她慢慢放松她的眉头、嘴角，放松肩膀、肘部、腰部、双腿、双脚。虽然保持直立的坐姿，

第 6 章
钥匙二：接纳
与父母的冲突不是外在冲突，而是内在冲突

但身体是放松的。然后，关注自己对呼吸的感受，无论是气息进出时鼻腔中空气划过的感觉，还是胸部或腹部的一起一伏，找到一个感受呼吸的身体位置，把注意力完全放在这个感受上。

试着专注于自己的呼吸，关注每一次一呼一吸的感受。每一次呼吸，都在此时此刻你的身体里发生，专注于呼吸的感受，意味着专注于当下。如果注意力被其他的想法、情绪、身体感觉等带走，离开了呼吸，我们可以把这个现象称为"走神儿"——就好像你的"神"离开了当下，去了别的地方。

在练习时，走神儿很正常，每个人都会走神儿，不需要抗拒走神儿。如果发现自己走神儿、抗拒、无聊或被任何感受、念头带走，可以在心中对这个发生说"是"，是的，我走神儿了。你允许这个走神儿时，你就开始回到当下。可以在心里和它们说"是，谢谢"，然后再把注意力带回到呼吸上。

从小玫的身体姿势上，我能感到她从略为紧绷变得越来越放松，脸颊从有些严肃变得轻松起来，甚至透出一些笑意。

就这样过了十五分钟，我说可以结束了。她慢慢地睁开眼睛。

"这次感觉不太一样，好像很悠闲，不像我以前练习，总觉得怎么还不到时间。"小玫说。

"从你说的以前练习的方式来看，你对走神儿是挺抗拒的，不太接受自己走神儿，觉得没有符合自己的期待和要求，对自己总走神儿有点气馁、不满，有点自我批判。"我说，"这一次，我们允许走神儿，接纳自己的走

189

神儿。你会发现以前抗拒的时候，你反而抓紧了它，但当你接纳的时候，你仿佛松开了手。当你松手，那些情绪、想法自然就离开了，你不用推开它们，或者躲着它们，就可以轻松地回到呼吸，回到当下。"

"我就已经在接纳了吗？"

"是啊，这么看是不是接纳也没那么难？在这个练习里体验接纳，可以帮你在生活里更容易觉察、接纳和放下。对于各种内在限制或者干扰能量，我们想放下的话，需要先经由接纳，才会做到真正的放下。觉察、接纳和放下，我们称它为'爱在调频转化三角'。"我说。

"爱在调频"转化三角

"什么三角？"有过处理走神儿的成功经验，小玟开始对"接纳"的练习充满兴趣。

"'爱在调频'转化三角，是我们在多年练习和实践中总结出来的转化模型，是一个实际有效的经验和路径。转化三角模型，在很多疗愈与转化过程中都可以应用。我们也经常在各种有效的疗愈手段中，看到转化三角的影子。比如在你刚才做的呼吸练习中，就隐含着这个转化三角模型。"

"爱在调频"转化三角是一种心脑训练。三角的三个点，是不断循环的三个步骤，分别是：觉察，接纳和放下。如果要做一个有效的转化，在转化过程中，会不断完成这三件事：觉察，接纳，放下，再觉察，再接纳，

第 6 章
钥匙二：接纳
与父母的冲突不是外在冲突，而是内在冲突

再放下。它是转化我们内在干扰能量必经的三个步骤。很多学员在生活中，就是通过反复运用转化三角，快速转化自己内心状态的。他们甚至把转化三角做成图片，贴在手机后面，提醒自己时刻清理和转化，慢慢地让转化成为自然而然的反应，轻松平静地面对生活的波浪起伏。

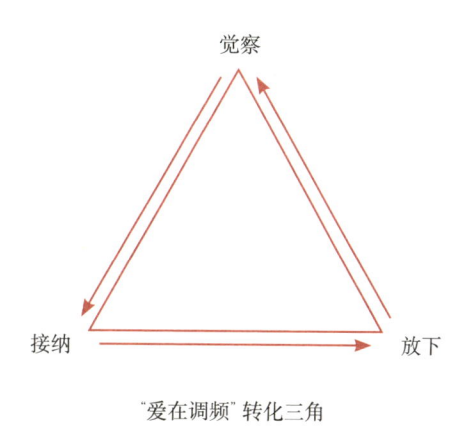

"爱在调频"转化三角

"太好了，刚才我好像就是这个转化过程。有了实际体验，就更有信心持续地练习下去。"小玟说，"那觉察——我刚才发现自己走神儿了，就是觉察吗？那在生活里呢？"

"我们常常处于自动驾驶状态，比如自动化地评判、自动化地恐惧害怕、自动化期待自己执着的结果等。还没等我们有意识地做出选择，这些反应就自动出现了，我们陷入这些反应中，不能自拔。我们可以称这个自动的行为反应为习性反应，这是一种积习。觉察会帮我们从习性反应的惯性中切换出来。有点像你正沉浸在一场梦里，忽然，你意识到自己其实在做梦。"

"明白了,我脑子里响起我妈挑剔我的声音,马上有另一个声音开始辩解、防御、反击,这些都是自动的。这时,如果我意识到其实我妈此刻并没真的在说什么,她都没在现场,意识到这都是我内在的斗争,这就是觉察,对吧?但这也不容易呀,我脑子里吵了半天我才会发现,而且吵了二三十年,我现在才发现。"

"是啊,所以才要练习。有很多人一生都觉察不到这些积习,一直生活在习性反应模式里。"我继续说,"如果我们有足够的练习——比如刚才的呼吸练习,那么在生活里,一旦陷入情绪、自我攻击,我们就会有一种'暂停'的能力,就像我们按下自动驾驶模式的暂停键,说'暂停一下,让我看看内在发生了什么'。这种暂停,让我们从不自觉的自动驾驶模式中醒过来,自己接管方向盘。这个暂停,帮我创造出一个更广阔的内在空间,有一个空当,让我们进一步看看到底真正发生了什么。"

"嗯,就像电影的语速太快,暂停下来看看字幕一样,理解一下剧情到底怎么就演到这了。"

"是的。或者这个电影原本看着很'真实',当我们把电影放映机的速度放慢,电影画面就一帧一帧地出现,不那么快速连贯,这个电影就显得不那么真实了。当我们可以觉察到,似乎发生的只是一连串自动反应,而不一定是事实的时候,事情就和以往显得不同了。以前我们就像处在牢不可破的一个大石墙里,忽然我们发现,石墙有一个裂缝,这个裂缝透出光来,让我们能意识到,那些所谓命运并不是铁板一块、坚不可摧的,是有可以转化的机会的。"

"哎呀!感慨一下我这迟来的觉察。"小玟笑道。

第 6 章
钥匙二：接纳
与父母的冲突不是外在冲突，而是内在冲突

"来了就不迟呀，你得庆祝一下。再说，现在也不晚，我像你这么大时还'睡'得美着呢。"我也笑着说，"'人比人得死，货比货得扔'，这个'恨自己没早点意识到'，也是要被接纳的发生。"

"那是不是有点自我欺骗、自欺欺人？"

"自欺欺人是一种逃避，逃避仍然属于抗拒，不愿面对。而接纳是承认和接受如其所是的样子，不仅接受，接纳还有一个'纳'字，就像海纳百川，意味着允许、包容，意味着自己是一个更宽广的存在。而抗拒则意味着，你和你抗拒的东西存在于同一层级上，你的空间被你抗拒的东西挤占，甚至会把自己逼到角落，无处可逃。"

我继续说："如果我们感到内在对抗——比如内在的抵触、批判、情绪、一些所谓负面信念，或者抗拒过往的创伤痛苦、抗拒从家族或集体潜意识中继承的干扰能量，通常，我们会自动地选择压制或者回避。一是因为那个感觉不舒服，二是因为我们认为那是'不好的''负面的'，所以我们自动地不喜欢它们、抗拒它们、逃避它们。这时，我们和它们处在同一个拳击台上。这个内在的拳击台空间有限，我们既要对付'敌人'，又无路可逃，陷入无止境的内耗。困在这个拳击台上，我们无法获得自由。而在抗拒和接纳的一念之转中，我们来到一个更广阔的空间，一个更高的频率中。"

"明白了，如果我再想着，接纳是不是比不过之后的自欺欺人，或者是我打不过才不得已而为之，那还是有被动的、消极的感受，那也不是真正的接纳，是一种另外形式的抗拒。"小玟说。

"是，这会让我们感到被动、消极，它背后其实有一个声音在说：'我其实不喜欢这个发生，我内心不允许这个发生，不能接受和容纳这个发生，但因为我不够好，所以我没办法，我只能被动地、不得不去所谓接纳它。'这时，内在的对抗仍然存在。凡是我们内在抗拒的、不想要的东西，我们觉得不好的东西，其实我们反而会牢牢地抓住它。你会抓住你抗拒的东西，就没办法放下它。"

"我接纳了，就可以放下了吗？"小玟问。

"接纳事情如其所是的样子，也接纳内在对抗正在发生，这是真正'放下'的必要条件。当然，在文字组织上，你也可以说有一种'无条件放下'——那也意味着接纳和对事实的臣服。这会立即为你带来更有力量的决定和行动。一旦你接纳，你已不再是困在拳击台上的困兽。你比拳击台更大，你比整个体育馆更大。你比体育馆更大，才能真正地接纳，反过来也同样。你就像俯览蚂蚁打架，你变得更有力量，更容易做出清晰的决定。"

"俯览蚂蚁打架，这个感觉很好，哈哈！以前觉得，好像无可奈何、没办法了才接纳，好像要打败敌人才厉害，现在看来，那不过是真假孙悟空斗来斗去，你追我逃，但真正的接纳是，一扭脸，打开了如来佛祖的视角。"小玟眼里泛着光，哈哈笑着。

"是的，这个比喻好。"我说，"接纳不是变得软弱，而是变得更有力；接纳不是放弃，而是看到和拥有更多可能性；接纳不是冷漠回避，而是拥抱和允许；接纳也不是赞同任何事，而是更清晰地看到如何达成真正的改变。真正的接纳是一种主动积极的态度，真正的接纳在说：我是好的，我是完整具足的，所以我允许一切的发生，这一切的发生在我这里都不是事儿。"

第 4 节

接纳打开一扇门

三个月后,小玟留言给我,现在,她越来越能快速觉察到头脑中的声音了。经过接纳,这些声音对她的影响越来越小。和妈妈相处时,即使妈妈真的挑剔,她也会更关注妈妈所说的客观事物,而不会像以前,放大妈妈的说法,觉得都是对自己的指责。通过放过对这些声音的抵触和抗拒,她让自己变得更轻松,不那么纠结。

她对孩子的允许,也变得心安理得,不那么受困于周围家长的紧张情绪。她也觉察到,原来她所纠结的对孩子的成绩要求、升学要求,很多来自头脑中妈妈曾经的声音,实际上,她发现,现在妈妈并没对外孙女有什么具体的要求和压力。几十年来,她一直对抗妈妈的要求和批评,这个声音因为她的对抗,音量变得更大、更嘈杂,而妈妈在这么多年之后,其实已经不像以前那么严厉了。

小玟虽然对孩子管得很松,不希望参与"不能输在起跑线上"的竞争,但也希望孩子有一个符合社会要求的成功结果,这是让她纠结苦恼的一个原因——她不知道这样的过程,能否达到自己想要的结果,而她对这个结果还有点执着。

随着她在呼吸练习中运用转化三角,她对自己的自动反应越来越清晰了。她意识到,自己内在有着一个需求——她希望以自己的方式和过程,迎来一个万全的"成功的结果",并以这个结果向妈妈证明:你的要求是错的,我是对的,我希望你认可我有我的方式,我的方式也可以得到你要的成功。

在对孩子的教育上,她内在有一个声音想向妈妈证明,自己这种方式教育出来的孩子也能是优秀的、成功的。

当她意识到这一点,自己一下子释然了。第一,她本人并不真正需要孩子得到普遍意义的"成功结果"——那是孩子自己的事,是她未来自由的选择,她希望孩子快乐成长、成为自己——就像她作为孩子时想要的那样——这个过程就是结果。第二,这里并没有妈妈真正参与,有的只是内在那个抵触的声音,试图在争吵中获胜而已,她无需向谁证明什么。第三,她不需要以什么结果,向谁证明自己"够好",并没有人要求她证明,只是她试图让自己感觉自己"够好",这只是头脑里的游戏,她已是够好的,她不需要证明自己、不需要被认可,就已经"够好"。

当她意识到这些,她感到这些年从未有过的舒心和坦然。她长长地出了一口气,好像放下了背了几十年的包袱和负担。

她说,虽然她还不能完全不受头脑中声音的影响,但只要她可以觉察,暂停下来,然后对觉察到的每一点说"是",这些声音对她的控制就消散了,她可以放松、清晰地做出自己的选择。

第 6 章
钥匙二：接纳
与父母的冲突不是外在冲突，而是内在冲突

我恭喜她，祝福她。毕竟只有三个月的练习，完全不受头脑声音的影响是很难的，但她的状态已经有了很大的改变，未来还会更松弛、更清晰。

我们原以为自己对抗的是外在的父母，但这一切却发生在内在。困扰我们的大多是内在的对抗。我们原以为那个抗拒的、做出"不接纳"反应的人，是我们自己，但随着我们的观察，我们逐渐来到一个新的空间：如果做出抗拒的人是我们自己，那么又是谁在看、谁在发现呢？又是谁在接纳、谁在放下呢？

通过转化三角的练习，经由接纳，我们打开一扇通往更高境界的大门。

接纳的你，就像大海接纳所有的河流。大海不会因为哪一条河流是黄的、白的、污浊的，它自己就变成黄的、白的、污浊的。大海包容一切，但它依然还是大海，或者说，大海包容了一切，才使它成为大海。大海似乎意味着比江河溪流更广阔的维度。

接纳内在的对抗，意味着一种超越。你不再与你对抗的事物处在同样的层面上，你也不再与"对抗"本身处在同样的层面上，你处在更高的层面。在更高的层面，你是更大的存在，就像大海之于河流，就像天空之于暴风雨。你可以让自己在冥想中慢慢看到转机，得到转化。作为大海，你天然可以接纳一切河流流向你；作为天空，你知道再大的风雨都只是眼前的游戏。就像佩玛·丘卓说的："你是天空，其他一切都只不过是天气。"

练习 4
冥想练习：疗愈孩童时的自己

请你找一个舒服的位置，你可以坐着，也可以躺着，让身体保持舒适。这是一个三十分钟左右的冥想引导，在这个过程中，你可能会慢慢睡去，这是正常的现象。你可以允许自己睡去，即使你睡着了，这个冥想引导也会和你的潜意识一起工作，产生作用。

现在，请你深深地呼吸，在呼气的同时，轻轻闭上眼睛。

现在感受一下你的整个身体，此刻你的身体感受如何？

是放松，还是有些紧绷？是有些疲倦，还是感觉轻松？

无论是什么感受都可以，只是了解这样的感受就好。

没有感受也没关系。没有感受也可以。

现在，把你的注意力集中在你的呼吸上。

感受气息进入你的身体，又慢慢地离开。

专注在每一次呼吸上，吸气……呼气……

感觉随着你的每一次吸气，空气中那些安静柔和的能量，都被吸入你的身体。

感觉随着你的每一次呼气，身体中的紧张、压力，都被呼出。

吸入新鲜的宁静的能量，呼出所有的紧绷的压抑的能量。

吸入清新的自然的能量，呼出所有的担心、所有不属于你的负能量。

你的呼吸越来越松弛，你的身体也越来越放松，生活中那些重担，似乎全部都从你的肩头卸下来，所有的问题、所有的需求，都从肩头轻轻地

第 6 章
钥匙二：接纳
与父母的冲突不是外在冲突，而是内在冲突

滑落，不再成为你的负担。

你就这样静静地放松着，呼吸着。

想象此刻，你正处于一个安全的、宁静的地方，一个只属于你的私人空间，在这里可以完全地放松，你可以感到绝对的安全，绝对的舒适和自在。

你在这里放松地呼吸着。

想象你的呼吸，每一次吸气都吸入胸腔的中心、心脏的位置，那是你身体脉轮中心轮所在的位置，然后再慢慢呼出。每一次气息都经由你的心轮，吸入再呼出。

吸入……呼出……

想象有一道温柔而明亮的光，随着你的每一次吸气吸入你的身体，流进你的心轮。呼气时，这明亮的光芒就在身体里扩展、延伸。

每一次吸气，心轮中都吸入宁静、明亮的光芒，每一次呼气，这光芒都随着呼气扩展到全身。这光芒不断地充满你的身体，你感到你的每一个部位、每一个细胞都充盈着温柔、宁静的光。

渐渐地，这光芒渐渐透出你的皮肤、身体，发散到你所在的整个地方。这光芒让你的内在打开，让你的内在之光照耀着你周围的一切。

静静呼吸，感受你身体中这温柔的爱的光芒，这是属于你的内在的力量，属于你的爱的力量。

此刻，你拥有无限的爱的力量。你的周围也充满了爱的光芒。

……

现在，请你回想一下你小时候的时光，有没有一段时光，你似乎感到没人爱你，经常感到害怕、不安全，希望得到慰藉和陪伴？

那时你几岁了？你在哪儿？那个场景是什么样的？还有没有别的人在场？那时候，你觉得世界看起来是什么样的？

想象一下，你仿佛看到那个小时候的你，就站在你的面前，他是你内在的小孩。

可能他有些胆怯，而现在你已经长大了，你是一个健全的成年人。此刻你的内心、你的心轮充满爱的能量和光芒，你拥有智慧和力量。

请用你温柔的爱接纳这个小孩，尊重他、欣赏他、陪伴他。让他感到，此时此刻，他是被爱的，是安全的。他拥有你的温柔、你的尊重、信任和慰藉。

感受一下，你们是怎么互动的，静静地感受你的内在小孩，感受他的渴望与需求。

……

也许你的内在小孩需要一个拥抱，需要向你大哭一场；

也许他需要被认可、被支持；

也许他想放声呼喊，需要纵情地玩耍。

请你用爱接纳他所有的需要，回应他所有的需求，用你内心的爱拥抱他，告诉他他值得得到所有的爱，他值得所有的欣赏、认可和支持。

也许你的内在小孩需要向你倾诉他的遭遇，向你分享他的恐惧和痛苦，请你静静地倾听他的倾诉，倾听他的回忆和感受。

……

第6章
钥匙二：接纳
与父母的冲突不是外在冲突，而是内在冲突

无论他用什么样的方式、无论他有什么样的情绪，请全心地倾听，全然地接纳他。

请你用你的温柔，真诚地抚慰他，让他知道你会保护他、爱他，那些不安和痛苦的日子已经结束了，你会永远地陪伴着他。

感受你的胸腔、你的心轮中宁静、灿烂的能量，那些明亮的光充满了你的全身，那些光透过你的皮肤不断地扩散、延伸出去，你的周围充满爱的光芒。

这温暖的光芒、温暖的能量也围绕着你面前的小孩。

在这光的沐浴下，你看到他渐渐地放松了，渐渐地变得温暖了，渐渐地自在了，渐渐地敞开了，他的眼睛闪着光，他感到舒适和安全，感到自己拥有一切的爱，感到自己永远值得被爱。

现在，你可以送给他一件礼物，好让他记得你的爱与关怀。无论什么礼物都可以，玩具、抱枕或者任何他喜欢的东西。

你把礼物交给他，你看到他开心的样子，你们两个都满心喜悦。

这时，你看到他也拿出一件礼物，送给了你，你看着礼物感受着内心的幸福，感受着内心的爱与被爱。

你看着内在的小孩，充满了爱。你们都感到彼此之间无条件的爱，你感到你的内在小孩已经确信，所有的过去都已经安然过去了，过去的伤痛、恐惧都属于过去，不会再来。

你也告诉他：无论发生什么，我都会一直陪伴着你，你值得拥有所有的爱与接纳，我会一直爱着你。

内在小孩的眼睛闪着光，那是纯真的、爱的光芒。

你看着他，你感到他好像越来越小，小到你现在可以将他放在你的心

里。你把他放在你的心里。

你的心拥抱着他，你就是他，他就是你，你们都沐浴在心轮能量明亮的爱的光芒之下，拥有永远的安全和力量。

……

继续你的呼吸，自然而放松地呼吸，慢慢地回到当下，回到你在的房间。

慢慢地回来。

此刻，你可以慢慢睁开眼睛，也可以带着这份爱，缓缓地睡去。明天你会在恰当的时候醒来，这份爱将伴随着你，迎接全新的美妙的一天。

祝福你。

第 7 章

钥匙三：非评判
生命中的天然脆弱，
并不是谁的错

第 7 章
钥匙三：非评判
生命中的天然脆弱，并不是谁的错

雨停了。瓢虫不不爬上高高的树梢，月光照着他走过的路。他有点沮丧。哦，才走了这么一点，还不够小鹿随便跳跳，不够小鸟拍拍翅膀，未来路途遥遥，北斗啊，我们都有七颗星星，为何我如此渺小？想着想着，他疲惫地合上眼睛。

夜空的云移入移出，皎洁的月光忽明忽暗。在无人知道的隐秘之地，清晰简单，空旷如野。日出日落，月圆月缺，风吹树影，云过深潭，似乎什么也没带来，什么也没带走……又似乎总有什么在积累和变迁。

瓢虫不不慢慢睁开双眼，月亮也一起眨了眨眼睛。他看了看泥泞的丛林，心里有个声音说：如果我是平静的，那么你也是平静的。

第 1 节

揭开自己的标签

"有时候想起这些事情,我就感觉还是挺脆弱的、挺自卑的,感觉自己非常无力。越想起自己的自卑,我就越自卑,越感觉很多事情上抬不起头来。"

坐在我的面前,浩凡缓慢地说着。浩凡所说的"这些事情",是指他小时候在家庭里感受到的挫折。

"我很难跟别人表达这些。以前经常看一些励志的书,感觉这些表达蛮不应该的、蛮不对的,是软弱的、脆弱的、无能的表现。"

浩凡离职了。他原来是一位通信产品销售经理,主攻企业客户,他一直想在销售上做出成绩,就像那些销售冠军一样,一出手就搞定一切,成为成就、财富双丰收的超级英雄。但他总在见重要客户时,感到羞怯,担心客户对自己是否有好感,是否评价不高,导致潜在订单毁于一旦。他意识到,自己内心仿佛有两股力量拉扯,这种说不清的消耗,让自己精疲力竭,总在竞争面前败下阵来。但他仍希望自己有所成就,他隐隐感到创业

第 7 章
钥匙三：非评判
生命中的天然脆弱，并不是谁的错

会带来新的可能，可以实现自己的一些想法。后来，他遇到一个机会，做某品牌咖啡机的代理，于是就离开了原来的公司，自己创业卖咖啡机。除了主要代理的品牌，也分销其他品牌，还销售配套的咖啡豆和做咖啡相关的工具。

而我正享受着他亲手做的咖啡。他办公室临窗的一片空间，被设计成一个迷你咖啡馆的样子，墙上并排挂着两幅装饰画，一幅是电影《肖申克的救赎》的海报，另一幅是《禅者的初心》作者铃木俊隆写的书法——"初心"两个字，被反白处理成黑底白字，更显朴素。吧台背后播放着查理·海登的爵士贝斯独奏，音量不高，恰到好处。

我心里感谢他的信任，虽然他自己也说不清为什么信任我，会和我说这些他不太能和别人讲的话。

"我想脱离原来的业务，自己做点事，也许自成一摊儿会感觉舒服些，会少些束缚。也许也会实现一些梦想，谁知道呢。具体什么梦想，其实我也说不清楚。"他说，"味道怎么样？"

"特别好，我喜欢这种酸度比较低的。"我说，"一个人是否享受事业，取决于他是否热爱自己做的事、热爱做事的过程，而他是否能做到单纯享受自己的热爱，取决于他心里的结是不是得以解开，不受困于普遍的价值评价。"

我知道他主要的卡点。他过于渴望被赞美，担心被拒绝，在意他人的评价。这个困扰来自他心里对自己的否定。而那个"被否定的自己"想要在生活中、事业中尽力推翻这个否定，证明自己并非像自我评价的那样。但往往还未等到证明，他就倒在证明的路上，巨大的内耗消耗了能量。他会持续给自己打气，告诉自己"不应该这样""这样是无能的、脆弱的"，然而拼尽全力，依然重复着这一模式。压力下，每天镜中的自己，总是不喜欢的模样。

很多人没有得到自己想要的，往往不是因为没有能力，也不是因为缺乏积极乐观的心态，而是把精力和能量消耗在了内在的持久战中，消耗在了与所谓"阴影"的搏斗中，以至于看似什么都没干，就已精疲力尽，无力走向自己的梦想。

有时，我们常常过于强调"正能量"，正能量本身并没什么不好的，只是我们总是用某种"应该"，来批判自己的脆弱和乏力，用某种"必须"，压制自己的消沉和倦怠，用某种"咬牙坚持"，回避自己的伤痛和治愈。长此以往，我们逐渐显得坚硬和干涸，缺乏对自己的同情、滋养和慈悲，甚至变得抑郁、冷漠和麻木。我们的困扰并非因为不了解正能量所讲的道理，而是我们用狭窄的评判，封锁了宽广的可能，用外在的标签，困住了内在的潜能，用生硬的标准，否定了自己天然无尽的价值。鸡汤也喝了，鸡血也打了，但却没意识到自己其实是蒙着眼睛的雄鹰。

浩凡也意识到自己内在的干扰，他也发现他的自我评判很可能来自童年的经历。他再次和我聊起他的童年。小时候，遇到他没做好的事，妈妈总是说他"你怎么那么笨，没见过你这么笨的，肯定让人笑话"（我闻着咖啡的四溢香气，想着："笨？怎么可能。"）。妈妈也总是批判爸爸没本事，而爸爸似乎无力反击，只是和浩凡说："你妈有本事，让她管你吧。"然后他就经常从浩凡的童年中消失。浩凡觉得这些评价一直困扰着他，他一直想摆脱，想证明自己，但自己"确实太笨了"。

说到这儿，他无奈地摇摇头。

第 7 章
钥匙三：非评判
生命中的天然脆弱，并不是谁的错

"父母之间的相互贬低，的确会影响到孩子的价值感。"我说，"每个孩子都来自父母。孩子会觉得，如果父母任何一方不好，自己也不好。当父母某一方向孩子指责另一方不好时，孩子如果相信，那么他就会觉得自己不好，如果不相信，他就会觉得指责的这一方不好，那么自己也不好。觉得自己不好，就会感觉价值感低，容易不自信。"

"对，我妈总是说我爸，我就很不舒服。我爸虽然不直接说，但我能感到他的不满。他那样我也不舒服。不知为什么，我感觉好像是我错了似的，有种莫名其妙的愧疚感。"浩凡继续说，"对，就是那种'我不好'的感觉——对，我是那个不好的人的孩子，也不是好东西。我不是好东西，我对不起大家……我很惭愧、很羞愧。"

"羞愧、愧疚，是一种特别低落的感觉，在'霍金斯情绪能量表'里，几乎排在最后，是一种很不舒服的、能量很低的感觉。"我说，"当我们有这种感觉的时候，我们也会奋力寻找如何摆脱这种不舒服感受的方式。"

浩凡想了想，说："对，我捋一捋……比如我希望搞定关键客户，但当我一想到客户可能拒绝我，可能丢单，我就有一种被否定、被批判的感觉，有一种特别羞耻、内疚的感觉。自己一下子变得价值感很低，一无是处，虽然这时丢单并没真正发生。然后，我就极力想要摆脱这种感受，所以，我就蛮想成为销售冠军，我想有价值感，我会被赞美，而不会被人觉得笨、不好、没用。"

"非常清晰，特别好。你再系统学学，就可以卖咖啡机赠咨询服务了。"我真心为他点赞，同时开起了玩笑。

"哈，我确实看了不少这方面的书。"他笑了一下，又严肃了起来，"但只看书不行啊，我还是没能证明自己值得被赞美啊。现在做的这个事，有时遇到艰难时刻，也感觉寸步难行，做得不行。比如我最近接触一个大的订单，一个连锁咖啡店扩张，一年内要采购上千台咖啡机。我又开始紧张了，面对机会，以前那种'不行'的感觉又回来了，特别强烈。"他自动向他觉得"不够好"的地方聚焦。

"我们刚才梳理了一下，父母之间的指责，会让一个孩子有'自己也不好'的感觉。但反过来说，这个孩子是真的不好吗？"

"对呀。"他的眼睛好像又亮了，"他只是有了一个'不好'的错觉。"

"这个'不好'并不是真实的。父母中的一方指责另一方，孩子会感觉难过。同时，孩子有一个'自己不好'的自我评判。感受和评判这两者叠加，就容易产生一个'我不好'的内在信念。那么未来他在做事情的时候、发展关系的时候，这个信念会左右他的想法、决定和行动。他也许就真的在做事情的过程中、在发展关系的过程中，体验到'我不好'，而这又反过来加深这个信念。然而，这个孩子并不是真的'不好'，只是父母无意中的行为，导致了他内在的束缚，也让他在选择、行动时，总是这么评判自己。"

"你刚才说，他真的体验到了'自己不好'，那不就变成真的了吗？"

"当他有'我不好'的信念时，他会把注意力聚焦在自己不好的地方，比如百分之九十九都是好的，有一点不如意，他会找到这百分之一，然后告诉自己，你看，我'不好'吧？"

"那要是真的百分之九十九都不好呢？"

"这个宇宙远非我们的目力所及，相对我们眼前可以收到的信息，我们

第 7 章
钥匙三：非评判
生命中的天然脆弱，并不是谁的错

所处的宇宙几乎是'无限'的。所以当我们用所谓百分之九十九、百分之一来定义事物的存在与变迁时，我们往往就限制了无限的可能性。我们只会关注到这所谓百分之九十九、百分之一，我们觉得这就是生活的全部。你的注意力会创造你的生活。"

我把杯子放在桌上，继续说："就视觉信息来说，每秒大约有上百亿比特的信息抵达视网膜，而通过视觉输出神经传向大脑的信息，每秒只有六百万比特。简单算一下，你最多只能选取万分之六的视觉信息进入大脑。如果算上比例或许更小的听觉信息及其他感官信息，相对于你经历的信息量，能进入你大脑的信息量比例极少。那么，在海量信息中，你会选择接受哪些信息，存储哪些信息呢？你以什么标准和依据，选择这些信息呢？"

浩凡点了点头，若有所思。

"在我们的注意力下，生活总是以我们想要创造成的样子，呈现给我们。如果我们'收到的生活'不是我们想要的，我们需要检视我们的内在，是不是存在着一些我们意识不到的想法、观念和评价。"我说。

"刚才的例子是父母一方指责另一方，孩子感受到自己也不好，现在看，这个难过的感觉是存在的，但这个自我评价不是真实的，这个，我明白了。那如果父母就直接和孩子说'你不行'，那怎么办？这个评价确实是真实地说出来了。"他说。

"事实是，那只是父母在那一刻、那一个场景和事件中，他们的观点或者他们的情绪而已——他们也为此所困。而我们的困难在于，我们被一个局限于那一时刻、那一场景的片面表达所限制。那是一个有时空前提为条件的表达，而我们把它当作一个不限时空条件都适用的'真理'，就好像整个人生、任何事情都是'不行'的,我们就被限制住了。事实上,我们早已脱离那一刻、那个场景、那个事件,但我们仍然顶着当时的标签,像孙悟空顶着的那个金箍。其实这个"金箍"早就不在了,这个评价或观点存在的条件早就不在了,是我们自己以为它永远无条件地存在。"

"但我怎么能验证他们说的只是情绪,还是他们就是这么想的呢?"

"在这个当下,过去的故事只存在于每个人的印象、解读和感受里,你没办法验证当时那个人真实的想法——甚至他自己都不知道自己最真实的想法,你只能验证你的解读,验证你的观点。但是,无论当时他的评判是出于情绪,还是他的真实想法,都不重要。重要的是,此刻,你的人生你打算怎么过。"我继续说,"对于当下,过去都是'不真实'的。那么,你是打算继续被一个虚幻的标签定义,遵循这个标签的限制而生活,还是创造你真正想要的生活呢?"

"嗯,可是为什么我还是总想搞清楚,我爸妈到底是不是真觉得我'不行'。"

"那这些年里,你有问过他们吗?"我问。

"旁敲侧击地问过,他们当然说那时候说的是气话,他们觉得我很棒什么的。但我总有一个念头在说,他们只不过在安慰我。"

"你感觉一下,是不是你会觉得,如果他们说'我们认为你的确不行!',你反而会松一口气。"

"嗯,是有这个感觉。"

第 7 章
钥匙三：非评判
生命中的天然脆弱，并不是谁的错

浩凡沉默了一会儿，像在仔细咀嚼自己这个感觉，然后说："嗯，这的确比较荒谬。"

他自我剖析道："如果他们说我的确不行，我就印证了我的解读，我就心安理得继续过着贴着标签的生活。我不能实现梦想的责任，可以归为他们的责任，可以完全怪他们——因为实现了梦想，反倒是对他们的背叛、对标签的背叛，似乎还有内疚感。如果我忠于这个标签，我又感觉委屈、不甘。如果我撕掉这个标签，又觉得愧疚、不安。所以，左右都过得很难。"

我点点头，他继续说："如果他们的确只不过是说气话，如果一直以来我以为他们对我的评价，只是我的解读，那么我也会感到对自己的愧疚和批判。我会感觉自己以前是荒谬的、不合理的，我以前批判的东西不存在了，反而变得不知应该怎么办。我只能自我批判。自我批评的内容，无非还是批判自己不够好。转来转去，还是自己不行、不好。这确实是，很可笑，很荒谬。"

浩凡撇着嘴露出一个无奈的笑。

"不着急，一点一点地来。"我说，"我们转不出来，还是因为有个'不行'的标签扣在我们的头上，从这个'不行'的视角看出去，怎么都'不行'。当我们想去验证父母到底怎么想的，我们仍在寻找一个认可、一个确认——从外部认可自己'行'、自己'够好'，我们仍然活在他人的评价里。我们之所以活在他人的评价里，是因为我们那个'不行'的潜在信念，总是关注到别人对我们不太好的评价，我们甚至会把一些好评解读成差评。比如妈妈说'其实我觉得你很棒'，但你还是觉得她只是鼓励你而已，心里不知怎么想的。"

"是。"浩凡表示同意。

"一个人在婴儿、儿童时期,天然是需要帮助的,他们面对世界有脆弱无力的感受。这些感受结合一些不同的观点和信息,所形成的信念对个人发展影响深远。但是,就像刚才说的我们经历的信息量——你在家庭中经历的观点和信息也是海量的、极其丰富的。而有意思的是,在所有海量信息里,你只会选取其中的某些信息,成为你未来的限制性信念、未来的情绪干扰和内在束缚。比如,一个妈妈以同样的方式带大几个孩子,即使她对每个孩子的养育方式完全一样,但不同的孩子也会从中吸收到不同的信息。这些不同的信息,会让每个孩子未来遇到不同的心理挑战,也会获得不同的心理资源。"

"好吧,就是说不能怪妈,妈是同一个妈,自己的挑战是自己选的。"浩凡带着些调侃说,"那怎么办呢?怪自己?"

"当然不怪自己。"我笑着说,"怎么办呢?我觉得可以从三个不同角度,帮你梳理一下。我们可以训练自己从这三个视角看待这个问题。第一,你收到的标签、评判不是真的,你收到的信息不是完整的。也许它只是陈年的一句抱怨——也许根本不是说你,只是父母发泄心里的不满。我们在评判别人的时候,也在评判自己,或者说我们有对自己的评判,就容易评判别人,用评判来对外在现象做出反应。所以,父母当时的那个评判,不一定来自他们真实的自己,他们也往往受限于自己对自己的评价,受限于自己对自己的不允许。在过去,在你把这些评判、标签当真的日子里,你为自己贴上了标签,你内在有着自己对自己的评判。这些评判同样也不是真实的。"

第 7 章
钥匙三：非评判
生命中的天然脆弱，并不是谁的错

"好，这个评判不是真的，那就是我自己没搞好，是吗？"

"也不是。第二个视角就是，这些不是你的错。你收到这些信念、遵循这些信念，这些都不是你的错。你父母之间的纷争，他们内心的困苦、生活的挑战，这些都不是你的错。你会走你自己的路，成为你自己，这些都不是你的错。你不必以此评判自己、责备自己。训练自己从评判中抽离出来，无论是对别的人、事、物的评判，还是对自己的评判。这是一种通往成功、通往幸福的心灵能力。你能拥有这个能力，并不是你漠不关心、无所谓，并不是没有原则、没有标准，而是你能站在比评判更高的视角看问题，你接纳事物的完整，接纳光明和阴影、丰足和缺乏、优势和挑战、强力和脆弱。任何局限都是暂时的，任何一点都不代表恒常，不代表全貌。"

"任何局限都是暂时的。"浩凡低声重复了一句。

"第三，我们只有经由过去的体验，才会经验自己的成长，这是一条必经之路。就像你得健身才能长肌肉一样。在家庭里经历的海量信息中，你选择了某些比例极少的信息——你既可以说，你收到了这些信息作为限制和标签，也可以说，你选择了这些信息，作为未来你需要去突破的限制和挑战，因为经由突破限制和挑战的过程，你得到生命的礼物。"

"这个视角，感觉激动人心。"

"我们的核心意识通过相对性世界中的生命旅途，体验成长，体验自己真正是谁，这是更深层的意义和蓝图。这一生，我们选择了不同规格、不同型号的'茧'来体验和突破，只是为了完成这一生中不同的意识成长使命。"我说。

"好吧。那……这个改变能让我拿下大订单吗?"

"哈哈,让我们来看看这些探索和成长,会带来些什么。当我们放下不真实的标签,也就不用再去走原来那条印证标签的路,当我们放下自我批判,也就不会受限于内在的'路线斗争',敞开迎接更多的可能。我们总是在创造我们的生活。"

第 2 节

生命中的脆弱感、无能感和愧疚感

重返脆弱

生活如列车疾驰，按时行进，奔向终点，片刻不停。你像一个列车上的售货员，推着一小车不能保鲜的盒饭、水果，沿着一节节车厢叫卖，想着赚点钱，给孩子交学费，给老人买药看病，给住房还贷。时间推移，终点越来越近，你的盒饭却还没卖掉多少。看着要烂在手里的库存，看着乘客冷淡的面孔，你纠结是该挥泪甩卖，还是该咬牙坚持。时间滴答，车轮滚滚，终点越近，你越焦急。

人们总是说，成年人的生活，没有什么是容易的。面对现实中你不能左右的种种情况，你会不会常常感到无力、感到脆弱、感到无可奈何？李宗盛有一首歌里唱道（作词：李宗盛）："想得却不可得，你奈人生何。"

有时候你会觉得，这种无力和脆弱感似曾相识。你拼命奔跑了若干年，一度以为自己甩开了这种被淹没的感觉，但随着压力持续增加，你发现"甩开"只是个幻觉，脆弱感、无力感和无价值感会如雪崩般突然降临，让你猝不及防，崩溃在生活面前。

我们最早感受到的无力感、脆弱感，是从什么时候开始的呢？

当我们还是胎儿，在妈妈子宫里时，我们并没有所谓"自我感"，我们和妈妈是一体的，和这个世界、这个整体是一体无二的。我们存在于被一体呵护的完整感之中。

我们的出生，是我们感受到的第一个"分离体验"。我们从一个类似于绝对世界的感受中，来到一个真正的相对世界。我们从一个"源头"分离，从一种"无限"的感受中分离，感知到自己是单独的物质存在体，开始逐渐形成自我认知和边界。

我们来到这个相对世界，首先就会体验到脆弱——分离的创伤带来的脆弱，以及面对复杂陌生世界能否生存的脆弱。我们没有任何的能力，完全不能主宰自己的生存，需要养育者照顾，给我们衣服穿，避免受冻，给我们奶水食物，避免饥渴。我们必须依赖他人，我们感到脆弱和匮乏。这时我们还没认知任何概念和称谓，不知道有一个"我"的主体，也不知道这些感受称作什么，我们只有冷、热、渴、饿等身体感受，以及分离创伤带来的莫名心碎和难过。

尽管，在我们具备天然的脆弱感和匮乏感之前，有着"更天然"的一体感、完整性和具足感，但完整和具足的部分，被分离体验替换成了某种不完整、不足够的印象和印记。在这个过程中，父母是我们依赖的对象，我们需要他们的行为和态度，填补我们感觉"不足够、不完整"的部分。

第 7 章
钥匙三：非评判
生命中的天然脆弱，并不是谁的错

父母不是万能的，我也不是完整的

我们还是小小孩的时候，觉得爸爸妈妈是无所不能的。他们温暖、有爱，有我们需要的一切，我们饿了可以给我们奶水、食物，我们哭了可以给我们安慰、抚慰。他们可以把我们举得高高的，也可以让我们的秋千荡得很远，他们总能变出新玩具，总能带我们去新鲜的地方，让我们尝试各种有意思的新动作、新游戏。他们给我们支持，给我们保护。爸爸妈妈，简直是全能的。

但我们渐渐发现，有一些愿望开始变得不是那么好满足。比如，我们想要一个玩具，但是妈妈说，这个玩具太贵了，妈妈没有那么多钱。我们想要出去玩球，但是外面在下大雨，爸爸说现在不能出去玩，因为在下雨，我也不能让雨停下来呀。有一天，一直疼你的一位老人去世了，你哭着说想让他回来，爸爸妈妈说，宝贝，爸爸妈妈没办法，他再也回不来了。

这时，我们开始经历父母"全能感"的幻灭——我们眼里全能的父母竟不能掌控世界上所有的东西，这真让人感到悲伤、感到沮丧。原来，父母带给我们某种完整无缺的感觉；现在，因为他们不能为我们做到，这个完整无缺的感觉变得动摇了、破灭了。

也许现在说起这些感觉，你会觉得很好笑，但在小小孩的时候，这个转折、挫折甚至挫败，确实需要我们努力适应。也许意识里，你早已忘记自己是怎么适应这个挫折的，但潜意识里，你记得自己所有的感受。

对于父母来说，即便能力所及，一般也不会百分之百地满足孩子的所有要求。适当延迟孩子的满足，可以训练孩子的抗挫折能力，锻炼他的抗压能力。但对于孩子来说，经历"被锻炼"的挫折，也会产生某些"脆弱无能"的感觉——我的爸爸妈妈不是万能的，我也不是完美的，我只会没用地哭，只能对自己的无能为力无奈妥协，我没有别的选择，我渴望完整，但我并不完整，我渴望足够，但我并不足够。

如果父母在训练孩子延迟满足能力时，也善于关注孩子的感受，对孩子的挫折感、脆弱感进行安抚的话，这种悲伤的情绪，可能在孩子小时候就被适当处理了，甚至孩子可能还会学会自己处理。

但通常，我们的父母从没学过心理学、教育学什么的，他们的教育方式往往自动化继承了他们父母的。他们可能会说："哭，哭什么哭啊？哭有什么用啊？有什么好哭的？"甚至会说："我最不喜欢这种遇到什么事儿就哇哇哭的孩子，你真是一点用都没有！再哭我走了啊，我不要你了啊！别说你是我的孩子！我没你这样的孩子！"也许还会给你来一巴掌。在不少朋友的记忆里，都记得曾被父母暴怒呵斥，被说"你真没用""真受不了你"这样的话，然后再以分离或遗弃相威胁，"再不听话就把你送走"，且不止一次。

在成年之后，这些语言、情绪和感受，仍会长久地影响我们对客观世界的解读方式，在不如意的时刻，我们容易深深陷入脆弱感、无力感和孤立感之中。

还有些父母看到孩子悲伤难过，为了安慰孩子，会把责任推给一些无法控制的人、事、物。比如，你摔倒了，疼得哭，他们说，都是这个地板不好，打这个地板，然后作势捶地板两下。这样其实更加深了我们无力改变现实的感受，让我们无法正视自己的责任。

长大后，我们也许会过分地挑剔、苛责他人，苛责环境，看不起别人，带着情绪指责别人，甚至谩骂别人；也许遇到问题会急于自我辩解，找客观理由多于找解决方法。这些都是某种内心无力感的表达方式。这意味着，作为成年人，我们没有能力自己处理脆弱感、无能感以及自我评判所带来的消极情绪；面对客观事实，我们缺乏内在的力量去接纳、去转变，我们只能通过指责去宣泄情绪、逃避责任，没有力量接受现实，没有力量接纳和转化我们的情绪。

当我们真正接纳一个发生时，我们是有力量的，当回避这个发生时，我们在抗拒它，也在否定自己的力量。我们试图回避对自己"无力"的批判，却又总是愧疚自己无能为力。我们试图掩盖愧疚的痛苦，于是就下意识地要找一个责任人，为自己的痛苦负责。我们逐渐建立了一种"受害者"的模式。最初的分离，并不是我们的错，但是如果我们无法接纳分离，也就无法接纳自己。

真正的接纳是积极的而不是消极的，不是放弃、投降、自暴自弃、听天由命，而是臣服、允许、拥抱和创造。我们可以感受一下这背后的不同的意图。当我们试图接纳一件事的时候，内在的那个声音是什么？那个声音是"没办法了，没指望了，就这样了"，还是"我有能力接纳现实，有能力创造未来"？

我们可以感受一下，我们是悲哀地、无奈地接受，还是带着爱的意图去接纳？如果是前者的话，我们内心是无力的，我们是受害者，期待外力可以拯救自己；如果是后者的话，我们内心是充满力量的，欣然接受事物真实、客观、如其所是的样子，相信自己能接受任何结果。我们的内心会更加打开，迎接崭新的未来。我们自己就是自己的创造者。

最深的愧疚来自我不能成为我自己

在我们无能为力、需要外力帮助的时候，也会有不同的内在状态，一种是接纳自己的无力，一种是抗拒自己的无力。当我们真正接纳自己的无力，就会整合外在的力量，使其成为我们自己的力量。而当我们抗拒自己的无力，就会批判自己、封闭自己，让我们难以生长出自己的力量。

我们无法接纳自己，不但来自无力感和脆弱感，也来自成长环境对我们的影响，让我们觉得自己是引起各种问题的原因。有时候父母的情绪、言辞和评判，会引起我们的愧疚感，这种低频率的感受，可以瞬间将我们拉到能量的谷底。

比如，父母吵架，你略带害怕地去劝解，妈妈却愤怒地说："每次我和你爸吵架，还不是因为你！全都是因为你不听话！"比如，你没有按妈妈的安排去做，妈妈说："你就这么做吧，就当没我这个妈！"有的父母还会说："要是没有你，我们现在过得开心着呢。""就你这点能耐，别给我添乱就谢天谢地了。""就你这点出息，以后我老了也不指望你养，我早点儿自己病死算了。"

在这样的情境中，我们常常体验到心碎的感觉，感受到深深的愧疚、委屈、愤怒、无力。这些感觉如果长期驻留在心里，慢慢地，我们就会不敢打

第 7 章
钥匙三：非评判
生命中的天然脆弱，并不是谁的错

开自己，不敢成为自己，充满无能而绝望的悲伤，感到不配存在于世界上，从而抑郁。

当然，在完全理性的角度上，我们知道父母这么说，只是基于自己的局限，基于口不择言的习惯性批判，基于自己无法处理的情绪的发泄。他们内心也批判自己的无力，逃避自己的无能，他们也需要支持、肯定和爱，他们在情绪上也还是个孩子，也被爱与被爱的需求和匮乏所左右。但"完全理性"只是作为人的很小的一部分，那些更大部分带来的压力，让我们尽量想成为父母想要的样子，以换取生存、接受和爱，而"打开自己""活出自己"则得不到这些。

如果我们活成"别人的样子"，就会有深深的痛苦，即使在表面上也许意识不到。于是我们无意识地希望别人也活成我们希望的样子，这种控制感让我们感到安全。我们的父母也许也是如此。只是最终，我们每个人都会走在成为自己的路上，也都正在走在成为自己的路上。这条路，也是成长的一部分。我们如此，我们的父母也是如此。允许每个人走他们自己的路，也接纳我们自己走在成为自己的路上，就是自由。

一方面，当我们未能依照父母的期待，走他们期待的路，我们会感到愧疚；另一方面，如果我们未能走我们自己的路，我们也会感到对自己的愧疚。挣扎在这两种"左右都不对"的愧疚中，为了躲避和摆脱两种愧疚左右夹击的痛苦感受，也许我们会无意识地宣泄愤怒，委屈自责，或者在深夜思前想后，抱憾悲伤，甚至感到自己一无是处、一事无成，羞愧于活在这个世界上。

而换一个视角看，这些情景有没有什么积极的资源呢？在这些愧疚、悲伤、抑郁下，其实也埋藏着深深的爱的资源。

223

正因为我们对父母的爱，我们希望可以让父母满意，也希望我们的爱被父母看到、认可、允许和接受。如果我们的爱没有被父母看到和认可，如果我们的爱不被需要，我们也会感到愧疚，愧疚于自己无法在所爱的人的目光中，体现自己的生命价值。

每个人都在以自己的方式表达对家人的爱，或是表达自己需要家人的爱。当我们看到这一切背后都有爱时，我们的无力感和愧疚感就会变得松动一些。这一切并非我们的错，我们可以承担应该承担的责任，但不必背负罪咎前行。当回到爱的动机中，我们会补充资源和力量。爱不一定以满足期待为唯一的方式，爱超越短暂无常的期待和失望。

最深的愧疚来自我们不能成为我们自己。当一个人不能成为自己，他就无法体验生命在人世中的价值，那是一种深深的悲伤和内疚，容易让人陷入抑郁，陷入无止境的自我谴责。如果父母不认可我们成为自己，我们就会对父母愧疚，陷入两难的自我谴责中。

而我们成年后，"父母"已不再是外在的父母，而是我们内在的父母，谴责也不再是外在的谴责，而是内在的否定和批判。

同样，你是否能在对自己愧疚的背后，找到你对自己的爱呢？

如果我们接纳父母内在也有对爱的呼求，接纳我们不能满足父母的所有期待，父母也不能满足我们的所有期待，我们就会创造出一个更大的内在空间。在这个空间中，一切脆弱和匮乏都是可以被接受的，一切无力和无法满足期待都是被允许的。我们会立足于这个空间，感恩自己可以有机会以此为起点，走上成为自己的道路。

第 3 节

走出自己的评判，才拥有自由

一生走不出他人的评判，其实是走不出自己的评判

"我最近有意识地做了一些有意思的观察——自我观察。"浩凡说。他到我办公室，帮我装了一台咖啡机，咖啡机的电镀格栅闪亮着复古工业风。然后我们坐着聊天。

他说："我周围的同行，要是谁拿了大单，我脑子里就会响起一个声音，有什么了不起的，就他们这样的服务、价格，还能拿单，客户也不知怎么想的。平常我一般就这么想下去了，但最近，我试着在这个过程中，按照您的练习，做个深呼吸，暂停一下。我发现我的这个'羡慕嫉妒恨'，分解开来，实在有意思。"

"把自己的感受和评判，一件件精细地觉察出来，是不是也不会像以前那样感觉那么不舒服了？"

"是的。以前是陷在里面，一直别扭着，直到有什么事分开我的注意力，才暂时告一段落。但下一次再有类似消息，那个蛮不舒服的感觉，就又回来了。"

"跳出了对外在的人、事件的评判之后，你还发现有什么声音响起吗？"我问。

"不纠缠在对外评判之后，就有一个感觉，我这个'羡慕嫉妒恨'是在不同时间出现的。先是别人做到了我想做的——我要也能拿到这个项目多好，就会感到羡慕。这时就响起一个声音，类似于在说'你看人家，你不如他'。我心里就会反驳，比如'我比他好，他还不是因为运气好，因为这个客户瞎了眼'之类的。类似于嫉妒的感觉就开始出现了。那个声音又说'你比他好，你怎么没拿大单？还不是你没用'，我就会说'那是他没底线，我做不出这样的事'什么的——其实我也不知他做了什么，但我只是在摆脱自己被批判的感觉。我就会开始恨他，要不是他，我就不会显得不好，我就不会挨骂。"

我一边听，一边点头赞叹，这段内在对话太生动了。

他继续说："我回想起来，以前做销售，也有这样的时候，只是我没有留意到。那时总有一个声音说，你就得按我说的做，不按我说的做，你就不行。这个'按我说的做'，我心里潜在地有个感觉，会把它和一些世俗的标准甚至庸俗的方式，画上等号。不用这些方式我就'不行'了吗？我肯定不服气、不甘心。那个声音会说，你不是觉得自己'行'吗，你'行'你就拿下订单证明呀。我会回应，我'行'和拿订单没关系，我偏不拿下订单证明我'行'。"

"这下，把自己绕坑里去了。"我接茬儿道。

"是，一方面，似乎我拿了订单我就妥协了，等于那个声音就是对的，我就会自责。另一方面，如果订单做不成，我也会批判自己，好像验证了

第 7 章
钥匙三：非评判
生命中的天然脆弱，并不是谁的错

我不行。所以，除了订单谈判的技术问题，我感觉能不能成交，全看这两个声音那时候谁占上风。但是无论如何，哪个占上风，我都不舒服，都会陷入进一步的自我批判中。"

"所有的结果都不被允许。有时候我们把结果关联上自我的身份标签，比如成交意味着庸俗获胜，自己是妥协、失败的，而不成交意味着自己没用，自己是不成功的。任何结果都是'自我'的失败，都会被自己批判。批判是一种持强烈否定态度的评判。而这种"被自己批判"——自我批判，往往转化成外在现实存在的批判——我们不但批判自己，也似乎真的陷入了他人的评价中。比如：成交了，有人会批判你，'你变了、堕落了、庸俗了'；没成交，公司主管会说，'咱们复盘一下，看看哪里需要改进，这么好的机会太可惜了'——你听到耳朵里，就是你耽误了业绩，这么好的机会都抓不住。"

"我就特别怕别人说我。那段时间尤其敏感。"

"很正常，不只你这样，很多人一生都走不出别人的评价，担心别人的评价，活在别人的评价里。评价也是一种评判形式。我们总会在一堆好评里，对某一句负面评价念念不忘，反复用这句负面评价刺痛自己，很长时间都会在三更半夜把它拿出来咀嚼，但也许那个评价的人早就忘了自己说过什么了。"

"特别关注这个负面评价，说明什么呢？"

"可能意味着我们对自己的某些不允许，意味着这个评价暗合我们心里某些自我批判的声音。我们走不出他人的评判，其实是走不出自己对自己的评判，走不出自己对自己的限制。"

"所以，我不批判自己，也就不在乎别人的批判了是吗？"

"基本上是这样。你不批判自己，意味着你内在的和解，你接纳自己的全部，不需要寻找一些期待的满足来让自己完整。那么你就不会把某些外在批评当真——也许事情可以完善，可以做得更好，但这和你内在的完整无关；一些批评也许可以帮你做得更出色，但它们不会搅乱你的内心。"

"同时，"我继续说，"你不批判自己，不给自己扣帽子、贴标签，你也就不太会批判别人，给别人扣帽子、贴标签。觉察一下，你批判别人的时候，自己往往是不舒服的，因为你自己的内在被搅动，内在在斗争。"

"的确是这样。"浩凡感受了一下并说道。

"当你的内在没有相互批斗的声音，你也不会带着情绪批判、评价父母。我们的大多数内在斗争，很容易在我们与父母的关系上反映出来，当你在与父母关系的对境，觉察到自己的评判，觉察到自己的内在斗争，那么，这是一个训练自己内在'非评判'的机会。而训练的成绩，就可以从你和父母关系的紧张或松动上，反映出来。"我说。

你心里有哪些内在的批判呢？

如果你有机会静下心来，找一个没人打扰的地方安静地坐着，闭上眼睛，保持自然的呼吸，过不了一会儿，你就会观察到自己脑海里总是飘过

第 7 章
钥匙三：非评判
生命中的天然脆弱，并不是谁的错

很多思绪，也会有很多的声音响起，这些声音有时像内在的对话，有时像自己对外界的评价。

有的朋友说：可不只是安静下来时可以听到，我脑海里几乎每时每刻都有这样的声音。比如，刚想做一件事，就有一个声音说："还是别做了！"比如，看见好吃的，就有个声音说："会发胖！"比如，刚跃跃欲试想参加一个比赛，就有一个声音说："你还是算了吧，别丢人了！"一件事没做好，就有个声音说："你一事无成！早就说过你没用！"你有一个新点子、新想法，就有个声音说："有用吗？挣钱吗？一天到晚不干正事。"

是的，你的脑海里仿佛总有一个批判的声音，在挑剔你做的每一件事情，评价你的每一个想法、每一项计划、每一个创意。

如果再仔细观察一下那些脑海里的声音，它不单单是在评价你的想法和行动，它也在时时刻刻以一个挑剔、批判的眼光，评价着你遇到的人、事、物。你听到他说："这人衣服穿得真难看。""他怎么连这个都不知道。""这么没素质的人哪来的？""他就知道嘚瑟。""她心机这么重。""他处处针对我。""她怎么这么不替别人着想。"……

好吧，这个声音时刻都在批判着你看到的世界，批判着你，把世界和你一起批判。在这个声音看来，不但你自己很糟糕，你遇到的一切都很糟糕，一切都不好，都在不断被批判中。在这个声音里，你这个倒霉的家伙，就像一只在烂泥中打滚的蠢猪——自己不好，世界也没什么好的。

如果把内心的清明自在，比喻成一片蓝天、一片晴空，那这些批判的声音就像阴云，不断蔓延。多的时候就像雾霾，让你根本感受不到还有清明自在的蓝天存在。

听到这些批判的声音，我们并不能感到愉悦，就像活在雾霾里。无论是自我批判的声音，还是批判他人的声音，这些声音都让我们感到分裂，似乎无法听到自己内心真正的声音，也无法活出生命的热情和活力。

如果我们再仔细听听这些评判的声音，也许会发现，这些声音仿佛并不是我们自己的声音。这些声音可能会来自哪里呢？

曾经的批判被我们的抗拒和回应抓在手里

在我们还是孩子的时候，我们对这个世界是开放的，充满了好奇。而我们的父母、长辈往往会以他们的生命经验教导我们，希望我们不要走他们眼中的"弯路"——前面是南墙可别撞哦，赶紧回头。

当然，通常我们不会回头，因为我们总是要体验过饥饿，才会珍惜食物，体验过什么叫烫手，才不会用手去摸火炉子。我们来此一生，不是为了"知道"什么，而是为了体验什么。

如果你作为父母，你也很难坦然看着孩子去撞南墙。所以父母会给我们各种各样的约束和控制，并通过对各种状况的评判、预判来警示我们，而且经常伴着严厉的语气，甚至还伴随着威吓和棒喝，这样才能迫使我们守一些当时不甚理解的规矩，做一些当时不想做的事，或者改变可能"有问题"的做事方式。

第 7 章
钥匙三：非评判
生命中的天然脆弱，并不是谁的错

有时候，一些父母或老师要求比较高，如果我们没做好，他们可能会说"你怎么这都不会""你怎么这么粗心""你不能再这么不求上进"。出于某种原因，他们也可能对我们的满腔热情泼冷水："你不可能如何如何""我才不信你能如何如何"。这些话，我想很多朋友都熟悉。

我们自己也很自责，恨自己能力不够，恨自己不能改变现状，不能做得更好，不能给父母争气、给老师争气——但他们又说，学习不是给他们学的，这句高深的话，也让我们深感内疚。

这些严厉的评判、压制、不信任，或者无奈的惋惜、怜悯，在那时候的我们看来，无异于对我们的否定、限定或打击，好像怎么做都不如意，怎么做都是错的——不做更是错的、更不如意，我们总有问题。

无论是被责备还是自责，都容易让我们陷入负面情绪和低频率感受。尽管抗拒，但小小的我们仍然会努力适应充满评判的环境，这时，那些未能消化的意见、评判、责备，随着我们的抗拒或同意，反而被我们抓在手里，内化成自己内在的某种声音。慢慢地，我们把一些声音，当作自己的声音，当成自己的一部分。我们也学会不自觉地责备自己，给自己贴标签。

于是，当有些事没做好的时候，即使四下无人，你也会对自己说"你怎么这么傻""你怎么这么厌""你怎么这么没用""你怎么事事不如别人"；当你开始一个设想、闪过一个灵感时，也许你会对自己说"你肯定不行""这怎么可能""找挨骂""没人会帮你""大家都会笑话你的""会毁掉积累的声誉""最后一定还是以失败而告终"……

最初听到的一些话语、评判，往往有其语境，但我们抽离了当时的时空、情境、条件，把这个评判当成一个任何时间、任何情境、任何条件下都绝对正确的"真理",这句话就成了自己的"信念"——通常是一种限制性信念,有其局限性和封闭性,甚至是偏见和执念。比如,当时你没考好,被严厉斥责"你不行",但后来,你即使考好了,也会觉得自己"不行"。这个"不行"的信念开始束缚自己,限制自己的可能性。

我小时候和我外婆一起生活了很长时间。我外婆长寿,亲历了过去一百年的各种战乱和变迁,非常谨慎,也非常积极努力。她很疼我,对我也有很多期望。很长一段时间里,她经常挂在嘴边的一些话,总在我脑海里响起。比如当我想彻底放松休息一下时,外婆的声音就会响起:"人无远虑,必有近忧。"当我特别开心想狂欢、放松一下时,她的声音就在说:"古人说乐极生悲,你知道吗?"这些声音在那时候已经内化在我的潜意识里,一段时间里成为我的自动化反应,不需刻意思量,却常在心头浮起。

让被批判所束缚的心,获得自由

习惯性的自我批判,容易淹没我们内心真正的声音——那些喜悦、灵感、爱和热情,也容易加深内在的冲突,引发自己对自己的不信任,让头脑和内心变得分裂。当这些声音响起的时候,也常常唤起低频率情绪,比如愧疚、懊悔、自卑、委屈等。有时候我们还会做出非理性的报复性行动,用愤怒来逃避或掩盖自责,以摆脱和抗拒内在批判,这也是一种自动化的应对策略,它让事态变得更为复杂和艰难。

第 7 章
钥匙三：非评判
生命中的天然脆弱，并不是谁的错

我们内在一些自我评判，以及痛苦、阴影，也会无意识地投射到外在。在外在发生的事情中，我们总会第一时间注意到那些契合内在"评判点"的地方。内在的评判越多，我们对外在的人、事、物的评判也越多。

如果你挑剔自己的外表，你也会挑剔别人的外表；如果你以经济能力评价自己，你也会以有钱没钱评价他人；如果一个没能力的人让你闪过一丝鄙视，你也会在一个比你有能力的人面前感到自卑；如果嫌弃他人某种行为是"没面子"的，你也会害怕自己做事会让自己丢脸；如果你以金钱财富作为自己是不是够好的评价标准，你会发现你的钱总是不够，永远不够，钱会很容易被花掉，甚至被骗、被丢掉。

我们也会观察到，有的人容易抓住一件事中微不足道的错误进行抨击，或者抓住别人某个缺点不放，其实只是试图通过彰显自己的高明，来证明自己的价值。那么，为什么要证明自己的价值？无非是要回应自己内心中的自我怀疑，以及自己对自己低价值感的怨恨、不满和批判。我们总是通过展现骄傲，逃避自己潜在的自卑，总是通过炫耀富有，掩饰自己深深的匮乏。

有人说："当我们不认可自己时，我们就开始评判别人。当我们不接纳自己时，我们就开始抗拒别人。当我们没有自己时，我们就开始要求别人。总之，我们内在感觉匮乏时，我们就开始折腾、折磨别人。"

如果我们觉察到自己内在发生了什么，尝试放下自我评判，接纳自己，慢慢会发现，我们会逐渐减少对外在人、事、物做出非常激烈的评判。

通常，对大多数人来说，一些对外界的评判和自我评判是在不自知的情况下自动发生的，是一种习惯性的自动反应。很多人还觉察不到自己的自动反应，觉察不到头脑中有一个"内在批判者"，还有一个"内在反抗者"，觉察不到自己的行为只是在无意识地回应他们的争吵。当你觉察到这一点，你就向内在和解的方向前进了一步。当我们有意识地观察到我们的自动反应时，内在的转变就开始逐渐发生。

大部分情况下，"内在批判者"和"内在反抗者"的形成，是与我们在原生家庭中的经历有关的。有时是我们在回应父母的批判和压制，有时是我们在批判和控诉我们的父母。有一些外在冲突，是由我们把这些角色投射到外在对象、外在情景中造成的。比如你的伴侣，也许在某些冲突中，被你当作那个内在批判者的外在呈现，你和他争吵，其实只是你和自己的内在批判者或者父母争吵，一件小事会被贴上一个大标签；比如你的孩子，某次不听话，你教训了他，也许你只是作为内在批判者在斥责内在反抗者，你喋喋不休地说下去，把过去几十年的事叨叨一遍，孩子一脸蒙，批斗到后来，已经完全和当时不听话的事件无关了。

我们的内在冲突，很多来自我们与父母间未被疗愈的关系，那些曾经对我们的评判，以及我们的抗拒和怨恨，一直在我们的心中，等待我们去与它们和解。当我们意识到这一点，就开始有了全新的选择，是继续抗拒、怨恨和批判，还是选择接纳过去，与过去和解。

当然，虽然在理性层面，我们可以看到这些内在评判的虚幻，但我们却无法用理智的头脑去阻止这些评判。当我们试图阻止评判，我们就创造出了新的评判。所以我们需要通过反复的练习——比如转化三角练习，达到内在转化，而这个过程意味着你的生命、你的纯粹意识在完成它成长与进化的意义。

第 7 章
钥匙三：非评判
生命中的天然脆弱，并不是谁的错

我们不能回到过去，去重新选择一个对我们百分之百照顾周全、百分之百接纳、百分之百满足我们需求的母亲，或者重新选择一个不那么严厉苛刻、善于引导、善于讲道理的父亲，但是，作为一个成年人，我们可以在自己的内在找到支持。接纳内在的声音，意味着你认可你是比内在批判者或反抗者更大的存在。那颗被批判所束缚的心，从而获得自由。

第 4 节

非评判，解开自我否定的束缚

以非评判的态度面对父母

"所以说，评判不好……"浩凡说。

"我没说'不好'啊。"我笑着打断他，"我明白你的意思。"

"对，对，说'不好'听着也很像在评判……那该怎么聊天儿呢？"浩凡笑着接着我的话说。

"语言是相对较窄的通道，一般来说，只凭字句，如果能表述深入的感觉，那几乎就是语言艺术了。所谓'只可意会，不可言传'，能做到不那么容易。比如，我们说一件事'不好'，那么这是普通客观的陈述呢，还是带有批判的标签呢？区别可能只有表达者自己知道。'非评判'，不是说不能正常地评价、判断，而是在这个评价、判断背后，表达者不带有抗拒、抵触、批判、贬低等主观意图和情绪。"

"我明白。如果我指责一个人，说这个人'不好'，因为他在评判，那么我其实也在评判。如果自己心里再批判自己'怎么又在评判'，我也是在

第 7 章
钥匙三：非评判
生命中的天然脆弱，并不是谁的错

内在对抗，在评判自己。但如果我只是描述，说'我内在的评判不利于自己与自己的和解'，那就是普通的陈述。"

"是的。另外，这里还有一些细微的差别，是和听者有关的，不止和表达者有关。比如，你和一个人说'你比较矮'，那也许这个人觉得无所谓，也许他会跳起来说'你才矮，你们全家都矮'。他会赋予一句话以他自己的解读，他也许认为你在评判他，也许认为你只是就事论事。就'评判'这个词，不同的人根据不同的经验，也有不同的定义，有时没有对齐定义，也容易曲解。"

"嗯，'评判不好'这句话，可以是一个否定性的评判，也可以就是一个陈述。'他比你高'这句评价，可以是否定性的评判，也可以是一句普通的事实陈述，看听的人怎么理解了。"浩凡点头道。

"之所以用'非评判'这个词，而不是'无评判'，是因为评判是我们头脑的正常功能，是一个头脑的工具，它本身并没有好与不好，我们并不是要消灭评判，而是不认同'我们就是评判'，不陷入评判中不能自拔。"我说。

"自从上次我们交流之后，我最近对自己头脑里评判的声音，有一些留意。有的评判声音是在做冥想练习时发现的。"他说。我教过他一些正念呼吸冥想练习，并告诉他如何在练习中运用"爱在调频"转化三角。

他继续说："但在实际生活中，我总是在陷于头脑评判一段时间之后，才意识到自己的状态。好在，能逐渐意识到了。当意识到了，我就会对自己莞尔一笑：你陷在头脑的游戏里。但比较困难的场景是，当我想起我妈以前的那些话，我脑子里就塞满了对她的评判、抱怨。这个过程会很激烈，持续很长时间，直到被别的事打断。"

我说:"有时候,在没有父母的场合,也许我们头脑里会对伴侣、孩子、老板、同事等角色有很多评判或者抱怨。但如果仔细观察,我们会发现,在很多情景里,他们只是替代了我们父母的角色,而被我们评价、批判、抱怨;或者,我们自己替代了父母的角色,像父母评判我们、评判别人一样,用父母评判的声音评判他人。这是一个很有意思的观察。那些声音就像过去声音的复读机,不断重复回放着。随着更清晰的觉察,我们开始对这种荒谬的游戏一笑置之。但是,当真的父母出现的时候,我们就会展现出最激烈的对抗和评判。"

我继续说:"好消息是,当置身于与父母直接相处的场景里,我们接近了解决问题的根源。一来,在这个更艰难的场景中,我们可以验证自己的改变之路走到了哪里——如果体验到自己滔滔不绝的评判,我们就清楚自己还有哪些功课要做;二来,如果我们能做到以'非评判'的态度面对父母,那么我们也可以做到以'非评判'的态度面对自己。如果我们能以'非评判'的态度面对自己,我们面对世界的心,就不会被头脑里嘈杂的声音扰乱。"

"看来我还要继续练习,如果能以'非评判'的态度面对爸妈,我也不会总批判我自己了。"

"是的,我们总说要解决原生家庭的困扰,要处理与父母的关系,但最终的目的,是超越外在关系的。与父母的真正和解,可以让我们走向与自己的和解。而与自己的和解,也意味着与父母的和解。如果你以'非评判'的态度,置身于与父母的关系中,你会发现,这个关系发展的可能性变得可以不被过去束缚,变得轻盈。而父母和你自己都可以从中得到解脱的自由。"

第 7 章
钥匙三：非评判
生命中的天然脆弱，并不是谁的错

不是你的错，也不是他们的错

浩凡拿给我一小杯浓缩咖啡，我微微抿了一口，浓重的苦弥漫在口腔，味道变化着，慢慢有一丝清甜、果香从苦中渗透出来。

我接着说："就像如果我认为咖啡太苦、太难喝，我就很难打开感受，去迎接它味道在口腔中的变化。如果我们认为妈妈一说话就在挑剔我、抱怨我，那我们就很难听到她话里的关心、祝福和爱。我们的评判，通常来自我们过去的经验，而基于内在对抗的经验，会衍生出外在对抗的现实——或者说，我们会以对抗的方式解读现实。"

"我的问题就是，我总是感觉我妈在说：'都是你不行，都是你的错。'而我总是在回应：'不是我不行，就算我不行也都是你的错。'其实此时此刻，她可能没说任何话，什么事都没发生，但我头脑里就是觉得她开始指责我了。还有，客户要是对我的方案不置可否，我就认为是客户在说我不行，我就想赶紧放弃、跑开，别丢人了。越是跟进订单到最后，我越是不想出现。"浩凡说。

"假如没有妈妈说'都是你不行，都是你的错'这个预判，后面很多内心戏就不会发生了。我们就像被标签贴住了眼睛，封住了耳朵，不能看到人、事、物的全貌，不能听到言语中更多的意涵。评判、评价带来了限制性的视角，让我们只关注到限制性观点和偏见，而忽略了更细微或更丰富的信息。"

"那以前，她这么说我，就真的不是她的错了吗？"

"即使有对错，也是在当时的情境下，与你此时此刻无关，何必用一张旧标签盖住此刻的眼睛呢？即使你花费大量时光，证明你的痛苦是合理的——是别人的错造成的，你仍然还是紧紧攥住痛苦的受害者。况且，父母在这个过程中，也同样局限于自己的痛苦中——批判和抱怨并不能让自己感到喜悦。如果追溯的话，也许他们是他们父母错误的受害者。对于此刻你的转化来说，漫长的追溯只是丰富了你的故事，而不能帮你彻底放下内在对抗，不能帮你获得实质的成长。你可以了解这些故事，但不必合理化地把自己限制在故事里。你每一段经历都是为你体验成长而来的。放下过去是对是错的纠缠，是终止这个模式必要的过程。即使你的现在是过去发生造成的结果，但你仍然可以成为创造自己未来的原因。"

"如果不是他们的错，那么他们说的就是对的了？那就是我的错了？"浩凡笑了，好像他已经看到自己在钻牛角尖。

"对错是一种最简单的归类方式，归类就像把世界模式化，把人、事、物格式化，而'只有对和错'的模式化方式，完全限制了我们体验世界的丰富和无限可能性。我们用这种方式模式化世界时，也模式化了自己，我们眼里就只有'站哪个队'，就只有各种限于个人经验的标签，我们眼里没有活生生的人，也没有活生生的自己。"

"好吧，那也不是我的错了。"浩凡说，"哈哈，我真是好想听到这句话。"

"不是你的错。记住，不是你的错。你不是任何错误的受害者，不是别人错误的受害者，也不是自己错误的受害者。'是某个错误的受害者'这个观点，并不能创造你想要的生活，并不是你使用生命的最好方式，并不能

第 7 章
钥匙三：非评判
生命中的天然脆弱，并不是谁的错

让你在往后的日子里，感受喜悦，感受生命的质量和意义。"

浩凡似乎舒了一口气，我感觉他的脸颊、肩膀、四肢都放松了下来，眼神都变得更柔和了。稍微停顿了一下，他又问："我怎么做才能多一些非评判的态度呢？"

"你已经在做一些正念呼吸冥想练习了，可以持续练习下去。我们在正念呼吸练习的过程中，会观察头脑里的念头、评判，观察它们是如何升起的，如何落下的。当我们有能力观察到它们、觉察到它们，就意味着我们有可能放下它们。当我们放下我们的评价的时候，通常会带来一个'接纳'的视角。在这个视角下，你就比较容易放下评判，不被评判困扰、束缚。这也是转化三角——觉察、接纳、放下的练习步骤。"

"我会继续练习正念呼吸，我已经比以前多了很多觉察了。"浩凡点头道。

"还有一些有针对性的引导式冥想练习，也会在这个主题上帮助你。"我说。

引导式冥想练习的作用

引导式冥想是一种容易启动，并且容易持续下去的练习方式。从字面上看，引导式冥想就是有人引导的冥想，但如果表达得更准确、聚焦一些，可以说，引导式冥想是一种需要有人引导的冥想。

我们大多数人刚开始接触冥想都是有人引导的，只不过，有些冥想方式在经过初步引导带领后，自己就可以独自练习了，比如正念呼吸冥想，掌握之后不需要引导自己就可以练习。

还有一些冥想，一直都会需要用一个引导流程帮你达到所需的状态和转化。这样的引导式冥想指的是一个特别设计的引导流程，由一些富有经验的专业老师设计，为你进行引导。引导一般包含语言引导以及冥想音乐等，除了现场引导，也会以录音、文本或者其他视听形式呈现出来。

我们接触到的引导式冥想，短的可能是几分钟，长的也许会到一两个小时。冥想的目的大多是在当前内外压力下，对练习者的心理、情感和身体的健康提供帮助，清理内在障碍，提升身心频率。在整个过程中，只需要简单地跟随引导就好了，有时候甚至在过程中睡过去都没问题。

大部分引导式冥想会针对潜意识做工作，会帮助你进入潜意识浮现的状态，意识到平常我们意识不到的潜意识信息，从而在潜意识的层面，解决限制性信念、习惯性束缚、内在动机等深层问题。

我们人类基本的脑波模式有五种：Beta 波、Alpha 波、Theta 波、Delta 波和 Gamma 波。潜意识活跃的脑波状态在 Alpha 波和 Theta 波。引导式冥想通常可以帮助我们达到 Alpha 和 Theta 的脑波模式，这种模式可以帮助我们更加平静和放松，对身体、情感、精神都有益处。

我们可以想象，大脑就像一台全自动的电脑，里面装着无数自动运行着的程序。这些程序从我们出生开始就在不停地安装，随着我们年龄的增

第 7 章
钥匙三：非评判
生命中的天然脆弱，并不是谁的错

长，它们还在一直安装着。这些自动运行的程序指示我们在某些情况下如何思考、如何行动，它们默默决定着我们的人生模式。

举个例子，假如你还是小孩子的时候，你的父母或某个你信任的人说："你这么笨，你永远学不会游泳。"你相信了。你的潜意识中就安装了一个程序，这个程序告诉你，你学不会游泳。多年以后，你可能有无数学游泳的机会，你都会马上拒绝：对不起，我学不会游泳。你甚至从来没有尝试过，就理所当然地认为你不可能学会。这个反应仿佛根植在你的每一个细胞里，你也很难意识到，这是你潜意识的自动程序在指挥着你的反应。

直到有一天，你突然被一个游泳教练扔到水里，你扑腾着浮起来，教练托着你的肩，你慢慢地消除了恐惧，慢慢发现浮起来也没有那么难，于是，你开始升级你的程序。你的大脑中开始建立新的神经连接、新的信息通路。

然而在生活中，我们并不是总有这样的机会升级、重写我们潜意识的程序。就像如果我们没有在成年后回到故乡，我们永远意识不到童年时困住我们的那面高墙，其实并没有那么高，童年时觉得那么漫长遥远的一条路，其实也没多远。

有什么方式能够在体验上重建和升级我们原有的程序呢？引导式冥想通过声音、音乐的引导，帮助我们到达潜意识，并在潜意识中，通过运用内在画面的改变，重新获得新的体验，让我们有机会为未来重建自动程序，重建新的神经通路。

在本书中，我们提供了一些引导式冥想的文本。你可以把这些文本进行录音，自己引导自己做练习，也可以在心探索的微信公众号找到我带领的引导式冥想进行练习。当然，有时候当你足够安定，只阅读文本，并依照文本的指导进行练习，也会有一定的感受和收获。

成长给予的礼物

你一定想知道，浩凡有没有拿下连锁咖啡店的大订单。

这次见面三个月后我们通过一次话，浩凡有点沮丧，他说拿下这个订单有点难，因为有一个更有实力的供应商介入竞争。

我问他："你的感受如何？"

"我不太像以前那样躲着这件事了。虽然还有点沮丧，但事实是他们实力强，我们公司刚刚起步，拿不下来这个订单也很正常，我们继续提交服务方案。"浩凡说。

我感觉到他没有像以前一样完全陷入自我否定，就问他："现在头脑里还总在争吵吗？"

"也会有，但少多了。我觉察到争吵的时间越来越短了，我知道拿不下来不是我的错，也不意味着我不行。"浩凡笑了起来。

又过了三个月，他给我发来信息："您以后的咖啡豆我包啦。"

原来，这个连锁咖啡店的设备订单最后定为分批、分区域采购。浩凡

第 7 章
钥匙三：非评判
生命中的天然脆弱，并不是谁的错

获得了北方市场的订单，因为他在北方市场的服务竞争力强，那个竞争对手得到了南方市场的订单。

生活总是为我们展现出它的礼物，只是我们常常陷于有限的视角，而看不到无限的可能。当我们卸掉绑在身上的枷锁，摘掉糊满标签的墨镜，我们可以看到更多潜力和机会。即使一些礼物没有像想象中那样立刻显现，我们也会信任自己自由、自在、自足的状态。这种不被评判束缚的内在安定，不正是成长给予我们的礼物吗？

练习 5
冥想练习：释放内在批判

现在，请你找个舒适的位置坐着，让自己的姿势自然而放松，然后慢慢地闭上眼睛。

让自己做几次深呼吸，随着自己的呼吸，感觉身体正在逐渐地放松和平静。

当你感觉到自己处于相对平静的状态时，在心里回想一下今天或者最近几天，你是否对自己有过评判或者挑剔，你最先能想到的，是哪个评判或者挑剔呢？

现在，感觉一下这个评判或者挑剔。

在心里问自己：

"这个评判的声音等于我自己的声音吗？"

"这个评判的内容等于我自己吗？"

"保留这个评判有助于我拥有想要的生活吗？"

"保留这个评判是我使用生命能量最好的方式吗？"

如果答案是"不"，首先请你接纳你内心中会响起的这些声音，你已经可以意识到这个评判并不等于你。

然后，你可以尝试用一个正面的肯定句来代替这个评判。

当你想到这个正面的肯定的句子，请你在心中对自己说出这个句子。

请你在心中再次说出这个正面的肯定的句子，并且重复三遍。

第 7 章
钥匙三：非评判
生命中的天然脆弱，并不是谁的错

再次深深地呼吸，把注意力放在你的呼吸上，感受你的身体，随着呼吸一起一伏。此时此刻，你正在呼吸着，简简单单地呼吸着，带着生命力地呼吸着。

随着每一次呼气，身体里那些紧张、担忧和压力，被一点点地呼出体外。

那些顾虑、评价，被一点点地呼出体外，消失不见了。

你并不需要抗拒那些顾虑或者评价，你容得下它们，它们将不会影响你内心的平静。

随着你的每一次呼吸，那些顾虑、评价，被一点点地呼出体外。

你越来越轻松，越来越放松，你可以像一个无拘无束的孩子一样尽情地欢笑，享受快乐和喜悦。

请你在心里对自己说：

我爱我自己，

我接纳我内心中会出现评判的声音，

我也拥有释放这个声音的能力。

我知道我很棒，

我在做最好的自己，我值得自由地做自己。

我打开心胸，接纳完整的自己。

我值得被自己接纳，被自己爱。

我认可我自己，我是安全的，我是被爱的。

我拥有所有的爱，我拥有我需要的爱。

我也爱所有的一切，

无论是我欣赏的，还是我以前排斥的，

我接纳所有的一切。

我拥有足够的爱，给自己，给他人。

我爱我自己，

我就是爱。

此刻，感受你心中的爱，感觉这份爱充满你的身体，充满你的房间，感觉这份爱向外散发着，散发到所有接触到这份爱的人。感受你心中的自由，感受你心中的喜悦和圆满。

……

此刻，慢慢地把注意力回到你的呼吸上，此刻，你仍在自在地呼吸着，呼吸着……

现在，你可以慢慢地睁开眼睛，带着你内在的感受，静静地待一会儿。

在你需要的时候，你随时都可以再做这个冥想，你可以得到更多的释放，享受更多的轻松。

当你觉得可以的时候，你可以结束这个练习，你也可以再坐一会儿，静静地，和你内在的感受同在。

第 8 章

钥匙四：肯定
你不需要向外寻找
被认可和被尊重的价值

第 8 章
钥匙四：肯定
你不需要向外寻找被认可和被尊重的价值

"他们嘲笑我有翅膀却飞不远，于是我苦练飞行，可无论如何努力，我也飞不过蜜蜂，也跳不过蚱蜢。"瓢虫不不说，"后来，我知道，我就是一只背着七颗星星的、飞不远的瓢虫，而无论蜜蜂飞得多远，蚱蜢跳得多高，他们都永远不能成为一只瓢虫。从此，我赢得了尊重。"

第 1 节

四个核心限制性信念

鸡蛋花不需要证明它是鸡蛋花

在巴厘岛的乌布附近,有一处小巧的民宿旅店,大概十间客房,沿山坡而建,富有巴厘岛特有的风格。咖啡吧在泳池附近,泳池蓄满水,波光清澈,映着蓝天绿树,似乎延伸到丛林深处。这一年,我正在巴厘岛休假,哲雁邀请我到这里来看一看,她和几个朋友投资盘下了这个民宿旅店,在这里常常办一些小型瑜伽、冥想静修活动。

还记得前面提到过的哲雁吧?此时哲雁三十二岁,她渴望做一番改变世界的大事,不希望别人认为她只不过是沾了家里有钱的光。但她总记得小时候妈妈说:"女人干不成大事,干成了也会出事。"而在她五岁时,父母生了弟弟后,她感觉他们的爱都留给了弟弟,自己似乎完全不受重视。

成年后,她自己挣到的第一桶金来自炒股,可人们认为她无非运气好,有本金,或许还有一些消息,反正不是凭能力。她很不服气。她也做过一些投资,也曾挤进一些风口上的项目,随着市场起伏,大部分也没怎么赚

第 8 章
钥匙四：肯定
你不需要向外寻找被认可和被尊重的价值

到钱。但她仍然充满干劲，她想做一些"对世界有意义"的事，也许人们可以记住她的贡献。

"这儿景色真好，为什么选了这里？"我问她。我感觉满目的无尽蓝天、新鲜绿色，源源不断流入我的眼中，然后融化了身体，接着整个人都消散在山谷的风中。

"这里好像能找到平静的样子。"她说，"我知道我很急躁，所以一直向往能静下来，就参与了朋友的这个项目。"

"那你找到平静了吗？"我转头看向她。

"啥也没找到——这不是才约您来看看嘛。"她笑了，"我还是坐不住。我总觉得岁月静好只是一种假象——当然别人不这样，我就跟她们说，你们是'静好'，我是那个'岁月'。"

我也笑了。

她接着说："您知道吗？我就想，还有那么多事情等着我干，怎么静得下来。"

"这么忙？自己和自己待上几天的时间都没有？"我微笑看着她，想起惠能的故事：不是风动、幡动，而是心动。对于一颗焦躁的心来说，世界上没有安静的地方。而这世界又总有一些风吹与日落，在不经意间抓住你，温和地向你示现，你的内在空间并不止于焦躁、负罪与难过。

哲雁说："我跟您说，我也看过一些心理方面的书。我一直觉得我爸妈重男轻女，我妈觉得女的干不成大事，我就想证明给他们看看，我是可以的。但是这么多年——以前我不承认，现在我承认，我确实没做成。承认不承认，反正都不能让我安定。我跟我爸妈谈过，他们不理解，'你的生活我们能保障，结婚生孩子过日子完了，折腾什么，你不是做事情的料'。我就很不忿，我怎么就不是做事的料，就因为是女的？"

她语气里开始混杂着怨恨和愤怒。停了一下，一阵山风吹来，她似乎又平复了一些。

"你要是做成那件事，会怎么样？"我问。

"我就可以岁月静好啦。"她说，"我好像一直在寻找一种价值，我也说不太清楚。我想可能这样我就对自己满意了，或者我可以得到尊重、肯定。"

"那这种'价值'之所以成为一种价值，是你说了算，还是谁说了算呢？"

"公众认可吧，大家都认可的。"

"公众也有个范围。就算你是联合国秘书长，也会有人不知道你是谁，也会有人不承认你的价值。就算你是奥运冠军，也不会所有人都肯定你，也会有人说你只是比赛那天运气好。"

"我其实有过一些探索，也看过原生家庭的一些书。我想，在一定范围被认可的话，我就算是可以证明自己'有出息'。好像'有出息'，我才能踏实回家，才能在家里有地位。但是我尝试过，我现有的成绩仍然不能得到我妈妈的肯定。"

"但你并不知道怎么样她才能肯定你，你只是觉得你做的事情还不

第 8 章
钥匙四：肯定
你不需要向外寻找被认可和被尊重的价值

够——至于怎么样是'够'，你并不知道。"

"对，但我确实对那些'改变世界'的事业，还有做出'改变世界'的事业的人，充满向往。我想我如果能成为那样的人，也许就有意义了。"

"那样的话，妈妈就会肯定你吗？"

"不知道，也许我自己能肯定自己。"

"有一次你说，你自己独立赚了第一桶金，你挺兴奋地回家和他们说，可是妈妈仍然不觉得是你的成绩。"

"是啊，所以我觉得还需要更多的努力。"

"但你自己赚第一桶金的那一刻，你还是肯定自己的呀？"

"那倒是。您的意思是说，只要别人不肯定我，我就会变得不肯定自己？好像是。"她自问自答。

"不是普通的'别人'，是你的父母，或者说是你内在的父母。你期待他们的肯定。"

"是的。没有他们的肯定，就感到无家可归似的。没被'家'认可，就好像没有归属感。"

"他们有过肯定你的时候吗？"

"我记忆里，从来没有。"

"从来没有？任何事都没有吗？"

"嗯……有应该是有的,但都是一些小事,比如学习一直都还不错,形象还不错……"

"这还是小事?"我笑着说。

"比起'有出息',比起是男是女,都是小事。"她说,"尤其是重男轻女这件事,他们对我伤害太大了。我想,自从有了我弟,我爸就没抱过我,他脾气大——这点我随我爸,但他都是跟我和我妈发脾气,现在我每次见他也是不欢而散——但他好像没跟我弟发过脾气。他们就是重男轻女,都什么时代了,女的现在有能力的那么多,我必须证明给他们看看!"

"既然是女的也很好,那还证明什么?"

她被我问得一愣。

我指着一旁的一株鸡蛋花,说:"你看这儿到处生长的鸡蛋花,它那么美,它不需要证明它美,它也不需要证明自己是鸡蛋花。它的美和某种证明、某种身份没有任何关系。甚至,它的美和你觉得它美或不美,也没关系。它就在那,自然地生长,自然地开放。如果它想证明自己美,那它心里一定有一个'自己不美'的想法。"

"您的意思是,我有一个'重男轻女'的想法,怎么可能?"

"不是这个意思,而是你一定有一个抵抗'重男轻女'的想法。这是一种内在两个声音的对抗。而当我们陷入这种抵抗的时候,我们需要我们抵抗的东西'是真的',这样我们的抵抗才成立、才合理。我们无意中强化了内在的这个观点。当然,如果你的父母确实有重男轻女的想法,很明显,

第 8 章
钥匙四：肯定
你不需要向外寻找被认可和被尊重的价值

那肯定是不对的。但我们讨论的并不是他们对不对，而是我们为什么要用自己的生活、自己的生命，去证明一个明显有问题的观点对不对呢？就像一只蚂蚁对你说'你真笨，你钻不进去我的蚂蚁洞'，你会为了证明你不笨，而去钻那蚂蚁洞吗？"

"不会。"

"如果你心里把蚂蚁说你的'你真笨'当真，你会去证明吗？"

"这个……也许会吧。"

"如果你把蚂蚁说你的'你真笨'当真，也许你真的会去证明。也许这就叫'较劲'。把生命用在和蚂蚁较劲中，你很可能会去钻蚂蚁洞。但你为什么会和蚂蚁较劲，是因为你心里确实有一个'自己真笨'的声音，你才会把蚂蚁的声音当真。这听着很荒诞，但常常在我们生活中上演。你在和什么'较劲'呢？"

"我……这么说来，和我爸妈较劲只是一方面，我应该是和我自己这个无价值感较劲吧。我好像确实有'我自己成功不了''我不会有出息'这样的声音在身体里……这个声音压迫我，我反抗它，所以我才会很焦躁，要去做些什么摆脱这个挣扎和斗争……我怎么有点松了口气的感觉？"

"你的注意力，开始回到自己身上了，而不是只关注其他人，不是只关注你要做的事，也不是关注你要得到的证明和认可。你开始收回你的能量，关注自己内在发生了什么，然后随着你对自己一些核心信念的觉察和转化，你就会越来越安定。"

四个主要限制性核心信念

"核心信念?"

"是的,作为按部就班成长起来的普通人类,我们多多少少都有一些带有局限性的核心信念。有四个相对普遍的核心信念,我们基本都有,只是程度不同。这四个信念是:我不安全,我不被爱,我不完整,我不配得。或者换个说法:我是不安全的,我是不被爱的,我是不完整的,我是不配得的。"

"我每听到一个,心里就震一下,这是有共鸣了吗……"

"安全感——基于生存的安全感,你应该没有那么明显吧?"

"按理说是。可是我听到'我不安全',还是觉得心里慌慌的。也许是担心家里钱也会没有了吧,就像那句眼看起高楼,眼看楼塌了,感觉害怕要出什么事。"

我点点头,说:"有的人财富越多越不安,因为担心失去,担心自己的财富不安全,害怕财富招致人身不安全。对于工薪阶层,不安全意味着没了工作,交不上房租,还不上贷款,生存没保障,面对可能'不能生存'的恐惧,就会有想要生存的渴望。对于富裕阶层,不安全意味着回到原点,好生活不再来,还可能面对更大的安全风险。富人也有'能不能生存'的焦虑。同时,对一些人来说,失去了财产,就像失去了'自我身份',失去

第 8 章
钥匙四：肯定
你不需要向外寻找被认可和被尊重的价值

了自己被别人'看得起'的名片，这也意味着他担心自己失去了被认可、被爱的条件——'我不被爱'，我只能有条件地被爱，所以我害怕失去'有钱'这个被爱的条件。"

"我就是典型的'只能有条件地被爱'。需要做成什么事，需要比我弟强，希望这样的条件下，爸妈也许就能爱我。我前两年有时候会意识到自己被这一点驱动，但这两年还会经常陷入这种模式，疲于奔命，要证明自己拥有被爱的条件。"

"你刚才提到，'有出息'才能踏实回家。回家，往往意味着归属感，而有了归属，自己仿佛就变得完整了——那么，在这之前，我们是'不完整'的。这是另一个限制性信念。比如我们找到伴侣，经常会说'找到了另一半'，那么我们原来是不完整的，需要找到'另一半'才变得完整。找到另一半之后，又怕失去，害怕再次回到不完整。当我们有'我不完整'的信念时，我们就要向外寻找完整。而当我们把自己的完整建立在他人身上时，我们就不能为自己的幸福负责，我们失去了幸福的自主权。"

"我还有一种感觉——刚才说起，我想做一件有意义的事，我似乎也有一个动力：做成一件有意义的事，我就变得完整了。"哲雁说。

"当我们认为自己不完整时，我们就四处寻找让自己感到完整的条件。我们会把注意力放在'如何达成条件'上，那么，就很难享受当下的每一刻。而这每一刻，难道不是完整而完美的吗？"

哲雁看着远方。山坡上，层层芭蕉树叶轻轻晃动，被印度洋吹来的风推动着，风上是等待遇见的云，云上是无边无际的蓝天，蓝天上，遥远的星光正穿越无数光年。

"这一刻确实完美。"哲雁说,"可我却有一丝不安、一丝心慌,让我隐隐地想逃离这一刻的完美。我总感觉,我得实现什么,才能享受。"

"面对'完美',有时我们会想逃避、拒绝,而如果有点小瑕疵,我们反而接受得心安理得。我们会有一点'不配得'的信念。'我不配得',这让我们无法安心接受宇宙给我们的礼物。很多人会因为这个信念放弃自己想要的东西,不敢争取自己的利益,包括放弃暗恋的对象、放弃事业转变的机会,等等。"

"我外婆总是把别人送的好吃的留着舍不得吃,直到我们说再不吃就过期了、再不吃就扔掉了,她才放心地吃。想起来挺心酸的。"

"有的人一开始做生意,总想免费赠送才踏实,拿到应得的利润反而不安心;有的人逛街,看到新潮的、时尚的,就觉得这太'高配',和自己无关;有的人在成功的路上已经走完了百分之九十九,只剩最后百分之一时,却总莫名其妙地放弃。这些都有可能是不配得感的表现。"

"我爸妈忽略我久了,偶尔主动关心一下我,我感觉惴惴不安,好像还有点愧疚,似乎自己不该受重视似的。想起来都想骂自己一顿。这和自己没有价值感也有关系吧?"哲雁问。

肯定你是你自己

我说:"和自己的价值感有关。我们更需要关心的是,我们的价值感是

第 8 章
钥匙四：肯定
你不需要向外寻找被认可和被尊重的价值

怎么来的？是建立在什么基础上的？最初，父母的肯定、老师的肯定、他人的肯定，会帮助我们建立自我的肯定。但我们不会总能遇到外在的肯定，也不能完全依赖外在肯定建立自我肯定。我们也很难遇到所谓完美的成长环境——比如挫折和鼓励平衡得很好、激发潜力和正视不足平衡得很好，不同程度的打击和挑战都分别在心智发育的适当时刻到来——这几乎就不是现实生活了。所以，每个人都有自我怀疑和否定的时刻。如果我们关于价值感的信念，完全建立在自身之外的人、事、物上，建立在外在的条件上，我们必然会遭遇到价值低落的时期，甚至体会到自我价值塌陷的崩溃。"

"深有体会。"哲雁说，"家里有矿不一定自己就有价值感。我身边有不少这样的朋友，看似风光，但活不出自己的样子，也不被允许活出自己的样子。有些朋友还会抑郁。别人说，你条件那么好，装什么抑郁。但只有自己知道，自己完全是空心的，活给父母、活给别人的期待、活给社交媒体，就是不能活给自己。最悲哀的是，自己也不知道想要的到底是什么，那就更觉得人生如此虚无，毫无意义。"

"当我们不能肯定自己天然存在的价值的时候，往往我们就找不到自己了，只能找到别人眼里所谓有价值的形象。而那个形象，即使你演绎得再好，也填不满内心的空虚。它对你是虚幻而不真实的。从小到大，我们周围的榜样、我们的父母、老师，又有多少人活出了自己的样子呢？大部分时候，人们只能教你如何活成别人的样子，因为他们也没能在过往的教育下活成自己的样子。当一个人活成别人的样子时，他有着内在隐藏的歉疚和痛苦，他可能靠'应该''只能'这些理由强撑起一种虚幻的价值，因为这种价值一旦坍塌，他就找不到自己的价值。这种无意识的行为，会让他不自觉地控制他人也成为所谓'应该''只能'的样子。在全都戴着面具的人群中，他会感到一种虚假的安全，少一些面对自己不能成为自己的痛苦的恐惧。但无论如何——无论自发还是被迫，每个人最终都会走在成为自己的路上，这是一条漫长的意识成长之路。允许自己最终要走上这条路，也允许他人有他自己的路——无论这条路是否痛苦。这是一种慈悲，也是一种自由。"

有时候，沉默是一片开阔的旷野，容纳感受的野马，肆意奔腾。这群野马需要空间和时间，不需要理智的缰绳。

哲雁在自己的感受中待了一会儿，然后说："别人肯定得再多，如果自己不能肯定自己本来的样子，那也意味着不能安定于自己的价值。最初，别人的肯定，会帮助我们建立自我肯定，但更重要的是，在内在建立对自己肯定的信念。我越来越清晰了。"

我点头称赞，似乎经过一阵沉默，她说话的语速和最初见面时都不一样了，变得不疾不徐。

我说："如果我们肯定自己的安全、被爱、完整、配得，我们就能在生活中不断验证这些。相反，就总是在验证不安全、不被爱、不完整、不配得。生活的确在塑造我们，但最终还是我们塑造了我们的生活。甚至可以说，是我们的某一部分塑造了我们经历的'可以塑造我们'的生活。"

"我们塑造生活，这会不会太主观了，不那么客观呀？"

"我们认为的生活和世界，并不是生活和世界的全部。我们的注意力选取了外在世界的一部分，以为那就是全部。当我们认清这一点，才是真正

第 8 章
钥匙四：肯定
你不需要向外寻找被认可和被尊重的价值

的客观。就像我们调节收音机，我们调到不同的频率，就听到不同的节目，而其他的节目此刻仍然存在，只是我们没有在那个节目的频率里。生活也是一样，你用你的注意力、你的频率创造了你的生活，但并不意味着不存在其他的可能性。除了我们没有注意到的，这个宇宙还有超出我们认知和想象的可能，这是客观的事实。有时候，我们说'外在世界虚幻'，只是说我们把自己的认识和解读附加在真相之上，它就不真实了，而并不是说客观世界是假的。我们在相对世界里所说的真实和虚幻，都有描述本身的相对性。比如，一个现实故事相对于电影，是真实的，一个电影相对于电影剧照，是真实的，一个电影剧照相对于一个人对剧照的描述，是真实的。"

"无图无真相嘛。"哲雁笑着说，"但我还有一个纠结的地方。明明是我妈重男轻女，明明是我妈灌输我不配得、不完整的信念，一想到这些我还会忍不住想回击这些观点。我现在再肯定自己的价值，也要回击他们。"

我能感到她在理性思维和情绪宣泄之间摇摆着，当她说到这些时，对父母的怨恨像上涨的潮水，很快就要淹没她。

我问她："如果你不是你父母观点的受害者，从现在起，你会怎么办？"

我感到她深深地吸了一口气，然后又慢慢地呼出，似乎漫到她脖子的潮水又逐渐地退去。然后，她的眼睛逐渐瞪得大大的，一眨一眨，似乎在使劲感受着什么，呼吸也开始变得比刚才紧张了一些。

"别紧张。"我轻轻地说。

过了一会儿，她说："我先是有点放松，又变得非常惶恐。从小，我都

263

活在这个想法里,我发誓要回击他们,我要让他们承认我,为对我的迫害道歉。我发誓我一定要做到。我这么挣扎努力,经历了这么多挫败,承受着压力,都是因为被他们所害。现在,突然说我不是他们的观点的受害者,我忽然很慌乱、很恐惧、很害怕……如果不是他们的受害者,我是谁呢?"

我轻轻地呼吸着,默默地看着她,吸进她的惶恐和紧张,呼出支持和允许。

"好像我以往的价值,就是为了和他们对抗,证明他们是错的,这是我的身份、我的意义。如果不再认同这个身份,我突然就觉得一片迷茫,好像要做的事没有了意义,好像存在于这个世界上没有了意义。我到底要做什么?我到底是谁?"她喃喃自语着。

我慢慢地说:"你来到这个世界,是为了成为你自己。就像刚才我们说的。为了成为你自己,你需要先疗愈你自己。打碎你身上的枷锁,你才能体验到内在的光透出来的过程。穿越你经历的黑暗,你才能体验自己是光。你的存在之光会照亮你自己。绽放、发光、发热,是光天然的价值,而光不需要做什么,光只需要成为它自己。"

她的呼吸逐渐变得稳定、舒缓,眼里一点点地放出了光。

"太好了。"她说,"好像,我自由了。"

第 2 节

感到不被肯定、不被尊重，意味着什么？

对自己的尊重和肯定，呈现清晰和笃定的选择

在我们没有习惯自我觉察时，经常会因为一些小事、因为某一句话莫名其妙地发脾气、感到愤怒，或者感到难以控制的委屈，也许那只是一件别人都忽略掉的小事，只是一句简单而随口说出的话。这时候，对方可能感到很诧异，完全想不到自己怎么就惹到了你。

有个朋友和我抱怨她的男友，说给他发消息，他总是不"秒回"，打电话过去，也总是漫长等待。等见到他了或者他回电话了，对方还没开口，她就已经暴怒了。"感觉自己就是空气！气死我了！我生完气，他还装无辜，不知道发生了什么。"她说。

在这个情境里，那个最难受的人不是诧异的对方，而是充满怨恨、愤怒的我们自己。我们此时很难觉察到，自己究竟陷入了怎样的漩涡中，那些莫名其妙、忽然造访的愤怒或者委屈，是从哪里来的呢？

有一段时间，我对酒桌上的劝酒文化有极大的抵触和抗拒。我那时几乎是一个不喝酒的人。从健康的角度看，这是个好事，但我以前工作的行

业，总有应酬，当需要推杯换盏、喝出感情时，就特别尴尬。别人是没有酒桌上搞不定的事，我是没有酒桌上搞得定的事。

在我自己的两段创业中间，我做过一段时间"驴友"，总是到处爬山、徒步什么的。有时候和一帮新认识的朋友，一起走完一段若干天的艰苦旅程后，大家就都想"腐败"一下，大块吃肉、大碗喝酒。"来来来，有缘相聚，这位北京来的兄弟，我代表山东的兄弟们，咱得干一杯！"于是在那一瞬间，我就变得很颓丧。

尴尬并不来自我不喝酒，而是那时候，要是有人向我劝酒，我就会有一个直接的自动化反应：立刻翻脸。并且整顿饭都拉着铁青的脸，极不愉快，我自己都很难控制。劝酒的人也吓一跳，说这人怎么这么大反应，不就劝你喝个酒嘛，是不是有什么毛病啊。所以，每到这种场合，我就预感自己会把场面搞得不痛快，所以，我尽量不参与任何酒局。

很长时间以来，我也搞不清这是为什么，直到我父母重新和我住之后的一段时间，我开始对自己有了一些与以往不同的观察。

小时候，物资匮乏，缺衣少食，我妈特别关注健康，所以即使艰难时期，也特别关注我的饮食状况。但我小时候并无营养的概念，只关注想吃还是不想吃、好吃还是不好吃。有时，我妈想让我吃一些她觉得有益我健康的东西，即使我不想吃，一般情况下，她也一定会想尽方法让我吃下去，逃都逃不掉。这让小时候的我感到很抗拒，很不舒服。比如，她想让我吃半个鸡蛋，但我那时不想吃，她就会一直和我说，直到我无奈同意，如果我不同意，她也一定会想办法在某些我没有反抗能力的时候，硬塞到我嘴里。

就像你感觉到的，我妈妈很爱我，也很疼我。但对我来说，我的内心

第 8 章
钥匙四：肯定
你不需要向外寻找被认可和被尊重的价值

开始形成另外的解读：我的反馈是无效的，我的意见是不受尊重的，我的感受是不被信任的。同时，也容易陷入两难的状态：不顺从，妈妈会伤心，自己会愧疚；顺从了，自己会委屈，也会愧疚于自己没有坚持自己的意见，成为这种局面下的一个受害者。慢慢地，一些相关情绪也逐渐积攒了下来。

而愤怒，作为一种强烈的情绪能量，可以完全吸引自己的注意力，也会掩盖掉一些其他不舒服的情绪和感受，让我们从强烈的内在矛盾和冲突中暂时逃离，逃避面对内心中复杂的痛苦。很多复杂的内在矛盾，都会以愤怒或压抑愤怒，作为内在冲突的顶点和高潮。

成年后，当类似场景发生时，这种不尊重和不信任所引发的情绪，会再次被调出，导致自己和他人的不愉快。比如刚才说的劝酒，虽然我婉拒，但在很多酒桌文化中，对方一定还会再三来劝，我就会解读为"我都拒绝了还以各种名义来劝，这是对我的不尊重，对我反馈的不信任"，过往的愤怒就被调出，进而衍生出一些尴尬的场景。

我重新和父母一起生活后，我妈仍然保留着这个习惯，这让我再次观察到自己的自动化反应。而当我可以觉察到这一点的时候，我的内在反应就开始发生悄然变化了。好消息是，现在有人劝酒的话，尽管我还是很少喝酒，但我已经没有那么激烈的情绪反应了。我们对自己的尊重和肯定，会帮助我们在这样的场合做出清晰笃定的选择，而不必陷入情绪的困扰。

需要注意的是，像这样追溯往事，让往事浮现，并不是为了将现在的问题归责于父母，而是要看到，这是一条路径，它以觉察、接纳、放下的方式，以疗愈自己、解决问题为动力，帮我们通过人生苦乐的经验，领悟和成长。

从无到有，从缺失到丰盛

我们渴望得到他人的尊重和信任，渴望得到外界对自己的接纳和肯定，但是他人不会永远按我们的期待给我们尊重、信任和肯定。在我们对尊重、信任、肯定的需求背后，我们缺失的是自己对自己的信任、接纳和肯定。

在类似于刚才所说的自动化反应过程中，这些事件，看起来像是别人不尊重我们、不信任我们——或者说是我们感到了别人不尊重我们、不信任我们，引发了我们的情绪和反应，但真正的原因是，我们自己无法平静、安定地尊重、信任和肯定我们自己，是我们的内在冲突爆发了。尽管在自动化的过激反应之后，我们可能会后悔，但再次出现相似情景时，我们会再次以相同的自动反应来应对。

当"不被尊重、不被信任"的信念被瞬间调出时，我们不一定情绪失控，还可能做出其他的自动化反应。比如，有些人开始吹牛，夸大自己的能力、经历、成就；有些人极力解释，为自己辩解；有些人开始防御性地攻击，指责、贬低对方。

我们还会观察到，在生活里，有的人做了件自己满意的事，会特别期待别人给他肯定、赞美等正向反馈，但如果他得到了一些负面反馈，比如，有人挑剔、贬低、给出差评，就会引发他的愤怒、悲伤、委屈，引发他强烈的自我辩护，或者立即指责和反击。

有时，不只是针对自己的事会激起反应，针对一些与自己有关的人和

第 8 章
钥匙四：肯定
你不需要向外寻找被认可和被尊重的价值

事，也会引起冲突或不适。比如有人特别喜欢一个偶像，如果另一个人说这个偶像哪里不好，他可能就会特别生气，反过来指责那个人"我看你是没长眼睛"，或者贬低那个人的偶像。

很多情况下，让我们最在意的并不是"我做的这件事"，并不是"我喜欢这个偶像"，而是我们在意别人对我们的赞美、肯定、接纳和支持。或者说，我们在意"引起并收到他人的赞美、肯定、接纳和支持"，胜过我们做了一件让自己满意的事。

再进一步说，我们觉得被他人肯定、被他人信任、被他人尊重，超过我们被自己肯定、信任和尊重——因为我们内在有着"我不够好""我不完美""我不被允许和肯定""我不够有价值"的信念，而他人的肯定和赞美，会缓解我们内在的冲突。

我们心里还藏着一个恐惧，我们害怕他人看穿我们的"不够好""不完美""不被允许和肯定""不够有价值"。我们的恐惧驱动我们采取一系列防御性反应。

所以，是什么引发了"不被肯定和尊重"的自动化反应呢？自己对自己的不够认同、不够接纳和肯定，并且恐惧自己的"不完美、不够好"被别人揭穿，是这个自动反应的重要动因。然后，为了印证这个"自己不够好、不被肯定和尊重"的信念，我们将一些场景解读为"自己不被肯定和尊重"——比如上述劝酒的场景。这种解读模式，让我们得以印证自己内在匮乏的信念是"对"的。我们一直在玩着这个游戏。

如果我们感受到所有需要的尊重、肯定和爱都可以自给自足，那么这种莫名到来的"不被尊重、不被肯定"的感觉，也会自动消失。我们也会对他人的那些曾被解读为"不尊重我、不信任我"的言行，给出理性的回应，而不再基于情绪反应。

我们每个人心中，都有一些对爱与被爱的渴求没被满足。这些需求的不满足，让我们感到受伤。当这些创伤未被治愈时，我们会把它们隐藏在潜意识中，以为一切都过去了，以为早已忘记了，但创伤依然存在着。我们害怕创伤被重新翻出，害怕别人揭穿我们的极力伪装，所以当遇到激发创伤能量的场景时，我们就会产生出一连串的自动反应，以外在的冲突，表达内在的冲突。

我们如此，我们的父母也是如此。

当我们开始拒绝父母递给我们的食物时，当我们拒绝父母翻看我们的日记时，当我们对父母插手我们的情感生活感到愤怒时，他们也会有自己的自动化反应产生。他们也会隐藏内心中的恐惧、脆弱和不安全感，也会感到不被信任和肯定，也会有委屈、气愤、悲伤、歉疚等各种情绪反应，也会以剧烈的愤怒回避内心复杂的难过。

父母有着父母的恐惧和脆弱，他们会担心因自己照顾不周全、自己能力不够，影响了孩子的成长和发展；他们也会担心他们自己的不完美、自己的内在冲突被孩子察觉、看穿；他们也会恐惧分离，怕有一天孩子不信任他们了，不肯定他们了，不接纳他们了，他们也怕有一天，孩子会离他们而去。

我们会长大，我们的父母也会老去。一切似乎都已经过去，而内在的波澜却似乎没有改变。如果我们带着觉察观察生活，观察成长的经历，反思关系中的点点滴滴，我们也会升起新的智慧。

第 8 章
钥匙四：肯定
你不需要向外寻找被认可和被尊重的价值

这样的觉察会带给我们崭新的视角，帮助我们找回内在的肯定、信任和尊重。

外在的情境帮我们看到内在的痛苦，痛苦迫使我们面对内在的伤疤，而对自己的觉察、接纳，会带来转化。经由这个过程，我们体验到，自己对自己的肯定、信任和尊重，从无到有；我们体验到，我们的爱，从缺失到丰盛；我们体验到，我们的价值，从依赖条件，到天然存在。

我们总是借由少，体验多，借由无，体验有，借由黑暗，体验光明。没有这个过程，我们无法亲身经历成长。经由经历成长，我们不再向外寻找肯定、信任、尊重和爱，我们内在就拥有肯定、信任、尊重和爱。这爱，给予自己，给予我们的孩子，也给予我们渐渐老去的父母。

第 3 节

解除禁止信息，感受自己的力量

从禁止信息到限制性信念

我们在还是孩子时，少不了从父母那里接收到一些指令，比如：不要单独外出，不要爬那么高，不要冒险，不要出错，不许哭，不许晚睡，不许不写完作业睡觉，不许不听话，别听你爸的，别信你妈的，别让人笑话你，别让别人比你强，外面有坏人，外面有警察……

父母并不一定用语言传达这些信息，有时会通过行为或情绪。比如我们在别人家做客，接过叔叔阿姨塞过来的糖果，拿着糖，一看妈妈，发现妈妈正狠狠瞪着我们，脸色很难看。那么我们也许会把这个表情和情绪的信息，理解为"不许接受别人的礼物"，或者"要和别人保持距离"，等等。

有时，孩子想和父母亲近，可父母正忙，或正处于某种紧张情绪中，他们可能会用表情和肢体语言表达"别让孩子靠近"，比如，黑着脸很严厉地向外摆手，做"走开"的动作。孩子看到父母的动作、表情，感受到父母的情绪，他可能会理解为"父母拒绝和自己亲近""父母不想和自己亲近"，可能解读为"自己有错"，于是他就感到难过、伤心。其实父母心里

第 8 章
钥匙四：肯定
你不需要向外寻找被认可和被尊重的价值

并非不喜欢孩子，只是当时有紧急事务要处理而已。但如果总发生这种情况，孩子也许会产生一些观点：主动寻求亲近容易被伤害，别人不喜欢我主动接近，别人拒绝意味着我不够好。

当然，我们小时候父母传递的大部分禁止信息，基本都是为了保护我们的。并且，在当时的情景下，是合理的、有效的。但这些信息往往缺失了一些条件要素，比如，专指在某个环境下不可以、在某个时间点不可以、在某种条件下不可以。因为给出这些信息时，往往我们和父母就身处在这些条件下，所以就忽略了这些条件的表述，事态紧急，没能说明，事后又没来得及补充。

我们的困境在于，我们将一些特定条件下的禁止信息应用到了所有的情境下，应用到以后所有的时空中，从而束缚和限制了我们的选择、行动和发展。

那时候，我们年纪太小，阅历不足，我们无法准确理解接收到的信息，也无法准确把握这些信息的特定环境、时间和条件，所以也许会将这些信息的约束条件放大到任何情况下，将一些禁止信息理解成在任何时间、任何环境都不行的永恒禁止信息。当这些永恒禁止信息沉淀在我们的潜意识深处，就转变成了各种限制性信念。除了前面我们谈到的几个核心限制性信念，我们还怀揣着各种各样的限制性信念。

比如，当我们小时候碰到一些不如意的事，感到伤心难过的时候，如果我们向爸爸妈妈不停地哭——当然我们只是在呼唤爱，而爸爸妈妈那一刻正缺乏耐心——谁没有一脑袋官司的时候，他们可能会说："不许哭，哭有什么用。哭哭啼啼的不招人喜欢，我最不喜欢哭哭啼啼的人了！"

我们听了，可能会哭得更厉害，但哭泣的原因却已经变了，我们为自己呼唤父母的爱被拒绝而哭泣，为自己不够好而哭泣。我们可能会觉得，表露情感、情绪是一件羞耻的、会被拒绝、不被允许的事情，表露情感、情绪的人是不招人喜欢的，甚至我们可能为自己需要父母的爱感到自责、自卑。于是，我们会对表露情绪、情感，对表达爱与被爱的需求，感到负疚、羞愧。

那时候，我们也不太擅长接纳自己的情绪，所以本能地压抑不舒服的情绪能量，也回避情绪背后的真正需要。而这些不能被充分释放的情绪能量，会留存在我们体内，在未来的某时某刻，困扰我们做出清晰的决定，影响我们关系的质量，阻碍我们用积极的选择和行动来满足自己真正的需求。

再举个例子。也许在你小时候，奶奶总是说："男人啊，一有钱、一成功就会变坏，男人一结婚对你就变了，嫁人可是要小心。"她看电视剧时说，听邻居八卦时说，讲述过去的故事时说。奶奶这么说也是为你"好"，她可能还会反反复复举一些亲戚朋友的例子来佐证。很久以后，你长大了，你发现当你男朋友有所成就的时候，你心里会出现莫名的焦虑，甚至心里某处还有一个声音，希望他不要成功。你也不知道自己为什么焦虑，困扰于自己的担忧，不清晰自己真正的意图。你并不清楚有一个"男人一有钱、一成功就变坏"这样的限制性信念在作怪。你更是完全记不得最初这个信念从哪里来的，就算记得，奶奶说的也无非只是她个人的经验和感慨罢了。

比如哲雁妈妈说："女人干不成大事，干成了也会出事。"哲雁越接近成功，就越被恐惧阻碍。比如冰迪父亲用自己的行为和语言告诉冰迪："成功不可能那么容易。没经过挫折和失败，那不叫有出息。"冰迪就会倾向于

第 8 章
钥匙四：肯定
你不需要向外寻找被认可和被尊重的价值

选择一些挑战更大、更崎岖的道路，事业充满大起大落，像过山车一样。

还有一些禁止信息，来自社会普遍环境，来自集体潜意识，就像风不经意刻画着树的样貌。

比如，男生总会得到这样的信息，"男儿有泪不轻弹"才是男人的样子，喜欢表达情绪则"不像个男人"，害怕、胆小会被嘲笑，轻伤不下火线会被歌颂。所以大多数男生会习惯性压抑自己的感受，无论是悲伤还是感动，都下意识地将它们埋葬，用理性、分析的方式应对一切。慢慢地，有些男生与自己的感受失去连接，很难被感动，很难掉眼泪，也很难像孩子一样打开自己，开怀大笑，甚至漠视身体健康，甚至很难去爱一个人。

再比如，"没有压力就没有动力"，有时会让一些朋友必须在压力下被迫行动，没人催就不会动，没人打分就不会选择，找不到自己内在的热情和火焰，只有被管理甚至被奴役才能找到自己的舒适区，他们习惯基于恐惧地选择和行动，而非基于爱，基于天赋和使命。

大多数对我们影响重大的禁止信息，是通过父母传递给我们的——谁让那时候我们只和他们打交道呢。在我们还不理解"为什么"的时候，我们只需要执行这些"都是为我们好"的禁令，我们就会得到"真是乖孩子"的肯定。

而这些"都是为我们好"的事，并不一定都是我们想做的事，我们照办也并非出于理解、渴望，而只是为了获得肯定、赞扬，以及安全生存的条件，或者，我们不愿辜负父母的期待，不愿看到父母难过。"好孩子"的日子，看似风平浪静，但"好孩子"们心里的那一丝丝无奈和不满足，那一些些细微的对抗的能量——比如抵触、愤怒、压抑、屈辱的能量，也随着禁止信息被沉淀了下来。

因为我们当时不理解，所以也就无法在意识层面充分消化一些禁止信息——比如，无法清晰这些信息适用于什么条件，在什么条件下是不可以的，在什么条件下又是可以的。当我们无法在意识层面处理这些禁止信息时，就容易使这些信息形成不灵活的固定信条，形成潜意识中自动化的程序，我们就会在如今——已经不适用这些禁令的时空里，仍旧无条件地调用这些禁令，从而束缚和固化我们的直接反应和行动。

当我们需要自己做决定，需要自己展翅高飞的时候，这些限制性信念，以及沉淀下来的细微的对抗能量，就会拉住我们渴望飞翔的翅膀，让我们感到纠结不已，裹足不前。

在潜意识中松绑

心理学家将人类的整个意识比喻成一座冰山，我们有意识的，所谓"显意识"的部分，只是露出水面的5%，其余95%都是隐藏在水面下的"潜意识"。而正是这些95%的潜意识影响着我们大多数的内在决定。刚才说的限制性信念，就被埋藏在我们的潜意识中，它们自动化地运行着，而我们往往意识不到。

心理学家荣格说过，如果我们的潜意识里，有一些自己还没有处理好的冲突、矛盾、被压抑了的渴望，虽然我们意识不到它们的存在，它们却

第8章
钥匙四：肯定
你不需要向外寻找被认可和被尊重的价值

会发生在外部世界里，显得像是我们的"命运"。

让我们沉下心来，静静地感受一下，当你内在有个声音在向你说"不行"、向你说"不可能"、向你说"不要做，有危险"时，那个声音是你自己的声音吗？

绝大部分声音，听起来仿佛都不是你的声音。也许是父母的，也许是小时候某个特别信赖的亲人的，也许是电视上、广播里的声音，也许我们也不知道是谁的声音，但都不是自己的。这让我们意识到这一点——这些信息并不来自我们自己，这些信息更不代表我们，这些信息并不等同于我们自己。

如果我们可以逐渐在这些声音响起的时候，觉察到这一点，那么这些信念的力量就开始松动，我们就开始走上新的道路。在这条路上，我们开始找回自己的力量，并开始倾听自己真正的内心的声音。

在这个过程中，有时候童年的那些不舒服的情绪会再次涌出，也许我们也会抱怨甚至控诉父母，为什么给了我们这样一个金箍，让我们戴到今天。

这些都是正常的过程和反应，请让自己接纳童年时遗留下来的那些情绪，再次完整地经历这些情绪，直到它们得到释放，也允许和接纳自己的抱怨——是的，没有人的一生是容易的。

基于转化三角的冥想练习——无论是基于转化三角的正念呼吸练习，还是有针对性的引导式冥想练习，都可以帮助我们转化这些干扰能量，为自己松绑。

一切不完美都是完美的

我们也会逐渐接纳父母。在那个时刻，他们通过限制和禁止的方式，向我们传输他们的经验和理解，这是他们在自己能力、知识和经验范围内，能做到的最好的方式。他们的语言，必然带有时空的局限性——首先，没有人能百分之百地预测未来，他们只能把当时认为正确的经验告诉我们；其次，再周全的语言，也难免具有局限性，语言本身就是具有局限性的信息载体。父母也受限于他们承袭的局限性观点、思维和经验，在应对孩子行动的一瞬间，他们既要立即制止危险行为，又要阐述周全，还要展望未来，这几乎是不可能完成的任务。

是的，他们已经尽力了，尽管不完美，却是完美的不完美。

况且，以我们当时的思维能力，是很难消化阐述周全的语言的。我们儿时接收信息的方式可以叫"照存"，直接全盘接收。这注定让我们接收到很多在如今不合时宜的信息和信念，这也注定了我们要走上一条通过解除内在限制，找到自己真正力量的道路。

是的，我们那时候已经尽力了。人生没有白走的路，在这个二元的世界里，我们不经过弱小就无法体验强大，不经过伤痛就无法体验宽恕，不经过束缚就无法体验自由。

而如今，正是时候，通过收回向外的抱怨和批评，我们肯定自己天然

第 8 章
钥匙四：肯定
你不需要向外寻找被认可和被尊重的价值

的价值，找回内在的力量。通过内在的疗愈处理习惯性束缚，我们听到自己真正的内心的声音，感受到内外一致的支持的力量，从此放下束缚，展翅高飞。

"不完美"的原生家庭，成就完整、完美的你。

第 4 节

肯定父母的价值，意味着肯定自己的价值

"我启动了一个公益项目，我决定为这世界更多地付出我的能力和资源。下个月有一个启动仪式，希望您有空来参加，见证我的成长。"

在巴厘岛见面的一年后，我收到了哲雁的信息。这一年，她没有再追加其他的投资工作，只是维持着以往的股票买卖。她把剩下的时间，更专注地和自己的心待在一起。

对于她来说，和自己待在一起，在一开始并不是一件容易的事。过往的限制性信念会让她焦躁，不做点什么"有用"的事，她就感到空虚和无价值。但随着她持续的内在练习，这一阶段慢慢过去了。焦躁的频次逐渐减少，然后越来越少，逐渐地，她可以安定下来。一开始，她常常陷入内在交战，总是抱怨和批判、压制和反击，但随着她"觉察、接纳和放下"的转化三角练习，逐渐变得不需要压制自己，也没有那么多抱怨和自我批判升起了。

"肯定自己的价值——自己天然存在的价值，这种价值并不建立在完成

第 8 章
钥匙四：肯定
你不需要向外寻找被认可和被尊重的价值

了什么事业上，不建立在著书立说、功成名就上，不建立在关系成功上，也不建立在自己担负了多少责任上，而是只因天然存在就拥有的价值。"哲雁和我分享她的领悟，"就像鸡蛋花不需要证明自己是鸡蛋花，或者是成功的鸡蛋花。"

"我以前虽然有钱，但也许不如一个平凡农夫有价值感。"哲雁继续说，"我无法给予别人价值，我也无法证明自己的价值。我想做改变世界的大事，无非想证明自己有能力、有价值，而不是真想改变世界。爱因斯坦因为他的方程式改变世界，乔布斯通过他的产品改变世界，但一个普通农夫需要因此自卑吗？需要因此感到不被尊重吗？需要因此感到不被爱吗？不需要，他存在即在改变世界，他存在即在贡献自己。作为天然的存在，我们天然拥有资源，这和一朵花、一座山是一样的。我们只需要像一朵花、一座山一样放松。如果我不立足于肯定自己的存在，我就失去了自己。就像《简·爱》里说过，我们的灵魂是平等的。只要我们肯定自己天然存在的价值，每个人就都是平等的。"

"是啊。"我赞叹她的感悟。

"任何不平等的感觉，优越、傲慢，或者嫉妒、自卑，都没有站在视每个人为天然存在的基础上——包括视自己为天然的平凡的存在。"

"也包括父母。"我笑着说，"当你把资源用在爱上，你就产生了高频率的能量流动，当你把资源用在证明自己——用在恐惧上，就会变得低频，变成一种自我消耗。价值同样也是能量，当你肯定你的价值，你就瞬间站在你天然具足的能量上，当你否定你的价值，你就流失了自己的能量。"

哲雁点头道："当我把拥有的一切，变成一个爱的事业时，所有的资源都正向流动了起来。"

"是的。当金钱为爱流动，才会成为真正的财富。当金钱为爱流动，你享受为爱赚钱，也享受为爱花钱，你不为钱发愁，也不视金钱为负担。"我说。"还在意妈妈对你说的那些话吗？"我问。

"我终于放下了。我肯定了父母作为我成长学校的价值，我觉得——我毕业了。"

生活有时调皮地隐藏它的美意，直到我们变得放松，不被过于严肃捆绑，才会欢天喜地和生活一起调皮起来。放松，为自己"松绑"，肯定自己天然的价值，我们自然也会肯定过往人生对自己的意义。我们感谢和肯定父母所做的一切——尽管不完美，但对于我们实践意识的进化和成长，是一种完美的不完美。相应地，我们都是从父母那里来的，肯定父母的价值，也意味着肯定我们自己的价值。

付出爱，意味着肯定自己拥有爱。分享资源，意味着肯定自己的能力和安全。贡献精神食粮，意味着肯定自己的实践和成长。

当我们看到了自己的光，也看到了全世界的光。

第 8 章
钥匙四：肯定
你不需要向外寻找被认可和被尊重的价值

练习 6
冥想练习：根植大地，放飞自我

现在，请你找一个安静不被打扰的地方，找一张椅子坐下来，坐的时候让背部直立而放松，尽量不要靠在椅背上，双脚稳稳地放在地上，整个脚掌、脚跟都稳稳地接触地面。

现在，请闭上眼睛，深深地呼吸。吸气……呼气……随着呼吸慢慢放松下来，吸气……呼气……慢慢地，所有的焦虑、烦恼都随着呼吸呼出体外。

感受你坐的椅子，对你身体的支撑、对你脊椎的支撑；感受你的腿、你的脚，以及脚下的大地，感受大地，这种接触如此地坚实。

请把注意力放在你的双脚上，此刻，你的双脚放松、稳定地放在大地上，好像有一种力量让你的双脚与大地密不可分。这种力量一直支撑着你，这是来自无限大地的力量、来自地球中心的力量，这无限的力量让你轻松而放心。

现在，你可以感受一下你身体的重力，这重力的牵引从你的头部、颈部，沿着脊柱垂直向下，到达脊柱的底端。这个重力一直向下，穿过你的座椅，穿过地面，进入大地的深处，你感受到它一直向下，地球的引力将它一直带入地球的中心。

就这样，你的身体与这个地球、与大地母亲之间，建立着紧密稳定的连接。此刻，你稳稳地接地，你稳固地、安定地、牢牢地与大地的中心相连接。你是安全的、被保护的。

感受你的呼吸，仿佛你的每一次呼吸，都可以沿着这个接地的连接，与大地母亲相连接。你的每一次呼吸，都带着大地母亲对你的支持。

……

现在，请你感受你的内心，想象你的内心开了一扇门。你穿过这扇门，你看到一片美丽的大地，蓝天，绿草，鲜花盛开。你走上这片大地。

这时，你看到前面缓缓走来了一个人，你认出了他，他是你的父亲。他开心地和你说："我一直等着你呢，跟我来，我给你看一些东西。"

你和父亲一起穿过美丽的大地，来到一所房子前，父亲对你说："这是我童年住的房子，我在这里长大。"你们走了进去。父亲指给你看他小时候睡的床、用的桌椅，他说："你看我小时候的生活，和你现在是不是不太一样呀。"

你看着父亲在他童年的房间里，好像回到他小时候的样子。

房间里还有其他人，父亲说："看，这是我的爸爸妈妈。"你看到了你的爷爷奶奶，那时候他们还年轻。父亲指着你，对他们说："这是我的孩子，我带他来看看我小时候的生活。"爷爷奶奶对你说："太好了，很高兴有你，你是家族的延续，我们都支持你，你的快乐，就是我们的快乐。"

你们四处转着，感受着父亲的童年。也许还遇到其他对父亲重要的人，每个人都很高兴看到你，欢迎你。你感到无所不在的支持和力量。

第 8 章
钥匙四：肯定
你不需要向外寻找被认可和被尊重的价值

然后，父亲说："我们出去走走吧。"你和父亲、爷爷奶奶离开了父亲童年时的房子，再次走进了来时的那片美丽的大地，蓝天，绿草，鲜花盛开。你们一起散着步。

走了一会儿，爷爷奶奶说："我们现在要回去了，你们继续走吧。记住，我的孩子，无论如何我们都支持你。"他们就留在了原地。

你和父亲继续向前走着。你看到，父亲这时候已经是他成年时的样子了。你们又一起继续走了一段路。父亲说："你能跟我一起回到我的童年看看，真是太好了。现在，我必须停在这里了，现在，你会继续走下去。请你记住、请你相信，无论如何，我都爱你，我都支持你。"

你拥抱了一下父亲。然后，他就留在了原地，你继续向前走，你可以感到你背后的赞赏、肯定的目光，可以感到背后支持的力量。

一会儿，你就走到了来到这里时的那扇门，你走到门边，再次回头看向那片美丽的大地，蓝天，绿草，鲜花盛开。你看到你的父亲还伫立在那里，在他后边更远的地方，还有他的父母——你的爷爷奶奶。他们都慈祥地、充满爱地看着你，他们的目光充满了支持和信任，鼓励你自由地飞翔，成为你想成为的你自己。

你满怀感激，你朝他们挥挥手，然后你转过身去，面向那扇你来时的门，你看到门那边的不远处有一个人，那是未来的你，那未来的你正张开双臂迎接你，他的微笑充满喜悦，他的目光带着爱与自由，他伸出的双臂平和而有力。

你迈进那扇门，这一瞬间，你感觉你和未来的你融为一体，你自由地

285

成为你自己，你自由地展翅高飞。

……

现在，再次回到你的呼吸，再次回到你坐的地方。感受脚下大地母亲仍然时时刻刻地接纳着你，支持着你，感受你的未来自由而无限，感受你心中的爱、心中的温暖和力量。

请深深地呼吸，随着你的呼吸这个感受慢慢地沉淀在你心里，沉淀在你的身体里。

现在，你可以微微地睁开眼睛，觉察一下此时此刻。感觉一下，你看向周围的目光有什么不同？

现在，你可以结束这次冥想，也可以静静地坐一会儿，任何时候当你需要支持的力量，你都可以重温这个冥想，重温此时此刻的感受。

祝福你。

第9章

钥匙五：界限
分清各自责任，
尊重边界和位置

第 9 章
钥匙五：界限
分清各自责任，尊重边界和位置

蜂鸟妈妈目送最后一个宝宝飞离她的视线，她知道他们不会再回来了。

"你难过吗？"瓢虫不不问。

"有一点，但我有自己的完整，我已经准备欢庆新的生活了。"蜂鸟妈妈抖抖她翡翠色的翅膀。

"要是他们能回来就好了。"

"不，那不是他们的责任。送走他们是属于我的事。我给他们的最大的礼物，是他们能够不再为任何事需要我。我们尊重自己和彼此都是完整的。感谢我的孩子们，这也是他们给我的礼物。"

第 1 节

需要不等于爱

所谓"不识庐山真面目,只缘身在此山中",有时,当我们和某个具体事物拉开一定距离之后——无论是空间距离还是时间距离,我们对它的感受会变得更冷静、更清晰。而深陷其中时,焦虑、抵触和烦躁,覆盖了事物完整的样貌,让我们不能领略它的全部。就像我们看从太空中拍摄的地球照片,那颗梦幻般蓝色的星球,无论上面正发生怎样的战火、纠纷、无解的难局,都不足以掩盖它的完美无缺,而这是我们深陷其中时很难感到的。或许,我们没有看到事物或者事件的完美,只是因为我们离它们太近了。

羽婷再次和我讨论她和父母的关系时,正是在一个远离世事的地方。那是云南迪庆的雨崩村,梅里雪山的脚下,当时只有徒步或骑马才能进入其中。村子四周有三面是高大的雪山,我们把帐篷扎在村子边缘的草甸上。溪流清澈,在夜色中低声唱着歌。

羽婷是我一位朋友的同事,做平面设计,平时喜欢背包旅行,一有假期就钻到山里。她在一个小城长大,她说她感到现在只有大自然的爱,才

第 9 章
钥匙五：界限
分清各自责任，尊重边界和位置

是最靠谱的爱。在第三章中，我们已经简单地介绍了这位姑娘。此刻，她正处于拒绝各种亲密关系的状态，已经快三年了，因为她害怕自己再次"飞蛾扑火"般投入亲密关系，再次被伤害。

"您觉得，'缺爱'怎么办呢？"她问，带着一点自嘲。我们坐在溪流旁，雪山映着月光，遗世独立，清冷高洁。

"你并不缺爱，只是你内在的爱没有展露出来。你被患得患失、担忧害怕困扰。你寻找被爱的感觉，也许只是寻找某种归属、某种依靠，让你感觉到自己的完整。"我说。

"我自己的完整？"她问。

"是的。"我说。羽婷和我断断续续聊过一些关于她父母的情况，因为她同事和她说，可以敞开和我谈一谈。我继续说："你妈妈年轻时是个勇敢的人，追求自己所爱的、所要的，只是你爸爸追求事业，所以尽管有了你，也没能阻止他们分开。这不是你的错，也不是他们的错。只是对你来讲，或许有一种破裂的、分离的感觉，有一种家不完整的感觉。你觉得呢？"

"嗯，好像我家跟别人家不一样似的，我和别的孩子好像也不一样。"

"这很正常。通常，如果这个家让我们的父母感到不完整的话，我们也会感到自己不完整。我们从一场'分离'而来，本来就会隐隐有一种'自己不够完整'的信念，而这个父母分开的经历加深了这种信念。"

"是的，我会有一种因为破碎产生的孤独感。我的确是很向往归属感、完整感，那种有个完整的家的感觉。"

"所以当一个人承诺他可以给你永远的归属感时，你就很难拒绝。或者他营造出这样一种氛围的时候——比如让你有一个拥有家的感觉，你就没办法抵抗。"

"是啊，可惜，都是骗子。"她轻声说。

"也不一定所有承诺的人都是骗子，"我笑着说，"但的确你碰上的，可能都是善于用承诺博取好感的人。"

"我不是爱这个人，而是爱他给我的承诺——家的承诺，归属的承诺。我这些年，在清醒的时候，才明白。"她眯着眼看着远处的黑暗，似乎在透过什么魔镜，打量着自己遥远的过去。

"当你有一个内心的渴求时，你也许会误以为，某个人许诺可以超出期待地满足你的渴求，是因为他爱你——当然他很可能也是这么说的。而那一刻你特别在意的，并不一定是他是否真的爱你，而是他可以满足你的需求，给你一种完整感，一种归宿感，你认为这是因为爱。如果有另一个人的确真的爱你，但他不能承诺满足你的需求，你也许就觉得他并不爱你——就算他以后真能给你一个家，谁让他此刻无法承诺呢——所以你觉得他并不爱你。"

"这中间的界限的确不容易分清楚。"

"我们和父母也是这样。你爱他们，但你不一定能满足他们的需求，反之也是。如果父母说，'你得听我的，才表示你爱我们'，你就会陷入矛盾之中，因为你知道盲目答应一些事可能违背你的本意。或者你也会观察到，有的孩子对爸妈撒娇说'我永远听你们的'，其实只是想哄爸妈满足自己的

第 9 章
钥匙五：界限
分清各自责任，尊重边界和位置

某个需求。"

"我想我妈妈一定爱我，我爸爸也是，但他们确实没有满足我的需求——比如您说的家的归属感，家的完整感。对，他们一定是爱我的。"她又重复了一遍。

"很多人为了这个受伤——因为他们想依靠另一个人满足自己的一些核心需求，比如安全感、归属感、被认可，甚至面子、身份以及虚荣、贪婪等，那么他们就容易被许诺满足这些需求的人所控制。谁让你觉得自己一些必需的东西攥在别人手里呢。"

"现在骗子多，也是因为感到缺爱的女生多吧。"

"也许大多数'缺爱'的人，缺的是'以某种自己认定的方式被爱'，或者缺的是可以满足一些自己也说不清的需求。就像刚才说的，爸爸妈妈并不是不爱我们，而是他们不'会'爱，或者不精通表达爱的能力，或者他们受限于自己尚未解决的问题。的确，我们可能确实没有通过他们的方式感到爱，但这并不意味着他们不爱我们。我们期待他们以某种方式爱我们，当我们执着于我们期待的方式，并且认为只有我们期待的方式才是爱，我们自然就会认为我们缺爱。"

"好吧。我们缺的是以某种方式被爱。"羽婷对我的解释一脸无奈。

"哈哈，这么说的确有点矫情。但比较重要的是，这和责任有关。爸爸妈妈以什么方式爱我们，是他们的事，是他们的责任；而我们所需要的方式，或者说我们的需要、需求，作为成年人，则是我们自己的责任。"

"这么说，有道理。"她点头道。

"当我们把满足自己核心需求的责任，放在别人身上时，我们就会受苦。自己负责顶多受累，找别人负责就会受苦。比如就容易遇到骗子。"我半开玩笑地说，"如果一个男生特别愿意承诺负责、'往后余生'什么的，就容易赢得'缺爱'的女生。但你知道，非常认真负责、实事求是的男生，反倒是不太轻易承诺，因为世事无常，没有人知道未来会怎样，这是一个事实。轻易承诺自己无法把握的未来，可能出于决心，可能出于浪漫，可能出于莽撞，可能出于傲慢，也可能出于别的目的。即使出于决心，也不意味着能兑现。但无论如何，如果你一头栽进对承诺的期许里，你就容易向他交出你的力量。当你把自己为自己负责的力量交给别人，你就必然会受苦。"

"记得有首歌，歌词是罗大佑写的，'你曾经对我说，你永远爱着我，爱情这东西我明白，但永远是什么'……"她轻声唱了起来，然后喃喃地说，"我得把这个重心收回来。以前我害怕，是因为怕把自己的重心交给不靠谱儿的人，但还是有一个必须要交出去的期待。现在看来，只要有这个期待，就会有失望，会受伤，会受苦。"

"被自己的期待所伤。"

"但这个界限怎么把握呢？所有的童话故事里，女主人公都是嫁了王子过上幸福的生活，我自然就有一种感觉，本来'缺'的一切，在嫁对了人之后，所有的需求都被满足了。灰姑娘、白雪公主，她们都有原生家庭问题，后来都是嫁人解决的。"

"现在时代已经变了，"我也笑了，"到了《冰雪奇缘》，就已经是自己的爱才能拯救自己了。"

第 9 章
钥匙五：界限
分清各自责任，尊重边界和位置

"那倒是。"

"对于这个人能不能完成他的承诺，能不能长久满足我们的期待，没有人能绝对保证。在关系里，越是要求对方满足你的期待，双方就越多受苦——当然我说的已经不是骗子了，是一个爱你的普通人。你能把握的是，你是不是爱他，无论他是否满足了你归属感的需求。你能把握的是，你究竟是爱他，还是你只是需要他满足你的需求。"

"好像，也不容易把握。"

"是的。通常在关系里，这两者是混杂的。需求不等于爱，爱不是需求，看看它们在关系里各占多少比例。你需要给自己时间，在一个人安静的状态下，觉察爱和需要的不同。这需要足够的清晰。好在你经常在大自然中，你会找到它们的不同的。"

转天我们还有长路要走，所以决定这一晚就先聊到这里，各自回帐篷休息。

我又在草甸上躺了会儿。当你在高原仰望夜空，雪山、星星和幽深的夜，即是一切。你很容易放下烦恼，似乎只有此刻的宁静是真实的，其他都不过是自己的妄念。

第 2 节

界限意味着允许各自为自己负责

第二天，我们从雨崩村返回。从雨崩出山，有两条路，一条去西当方向，一条去尼农方向，我们从西当进山，所以就选择了尼农方向出山的路。这条路风景无限好，奔腾的雨崩河跳跃着水晶般的光，一路伴随。但到了尼农峡谷，路变得险峻。挂在山壁的羊肠小道非常狭窄，有时只有十几厘米宽能下脚。路左边是山壁，右边是深深的山涧，向下看，澜沧江奔腾不息。好在这一天是蓝天白云，如果下雨，这条路太危险，几乎不能走。

我们一行七人，其中有一个姑娘第一次走这样的路，很害怕，腿发软，眼睛只敢扭向山壁这一边。路稍宽时，羽婷和我的领队朋友，轮换着一路牵着她走，但走到极窄的路段，牵着她走反而更不安全。好在我们不着急赶路，慢慢走，走过一段路后，这位姑娘逐渐适应了环境和路况，自己一步一步也走得稳稳当当。在环境恶劣的情况下，每个人都只能专注在自己的每一步上，能为自己负责就是对团队负责，所有的互助都建立在照顾好自己的基础上，这是山友们的共识。

第 9 章
钥匙五：界限
分清各自责任，尊重边界和位置

尽管速度不快，但我们还是安全到达了尼农。搭上车，在夕阳将橘色外衣披上卡瓦格博之前，回到了飞来寺——这里通常是梅里雪山的进出枢纽，也是卡瓦格博的最佳观景台。

夜色降临，我们收拾好一路的尘土和疲倦，坐在客栈的露台上，看卡瓦格博镶嵌在遥远的夜幕里，宁静无言。

"我想起今天，我牵着的那个姑娘，"羽婷和我说，"我感到有一段时间，她把所有的希望都寄托在我身上了，就像粘在我身上。我要是脚底打滑，后果不堪设想。而她慢慢适应适应，是可以自己走的，但当她把自己安全的责任放在别人身上时，她反而更不安全了。就像昨天和您聊的，如果把自己的责任依附在他人身上，双方都会受苦。"

"对她来说，这是她没经历过的，带她一段，当她心理上适应后，她慢慢会意识到：自己完全做得到。但如果在心理上认定'我肯定不行'，那么身体也会感到不行。就像如果我突然站在那种悬空玻璃地板上，腿也发软，这很正常。重要的是我们需要意识到，这条路没有退路，一定要走过去，只有自己才能为自己负责。就像人生这条路一样。"

"自己的需要、自己的爱，都是自己的事、自己的责任，别人是否满足你的需要和期待、别人是否爱你，那是别人的事。"

"良性发展的关系，需要我们对相互的责任有足够清晰的认知，不然很容易陷入改造对方的陷阱中，希望通过期待、操控和权力斗争，迫使对方满足自己的需要。在这个过程中，爱被需要掩盖，爱变成了一个幌子，一个为自己找到合理性的名义和借口。有时，看似自己一时得逞，其实掉进一个走向痛苦关系的陷阱。"

"但这个陷阱，的确很容易掉进去。我特别害怕掉进去。我也分不清关系中哪些是因为匮乏的需要，哪些是爱，分不清哪些是自己的责任，哪些又是别人的责任。假如我是那个怕高的姑娘，腿发抖时，突然有一只手伸过来，我一定特别需要这只手，但又害怕自己依赖这只手之后，它会突然松开，不管我了。我知道，有依赖就有恐惧，有恐惧又会依赖，这是一个必须解开的循环。头脑清醒的时候，知道从来就没有什么救世主，但真的溺水时，就拼命想抓住什么救命稻草。"

"重点就是，第一，尽量别真溺水——别被内在的匮乏、干扰和情绪完全控制，对自己的自动驾驶状态有觉察；第二，学会游泳——如果被匮乏、干扰和情绪控制，有能力从中解脱，别寄望于依赖他人而得救。要做到这些，需要在溺水之前，就逐渐识别和清理内在的干扰和消耗，找回自己的力量而不是把自己的力量交给别人。比如在关系中，逐渐分清哪些部分是你爱的，哪些部分是你因为童年经历而产生的需求。需求并没有错，只不过你要知道那是需求，需求不是爱，依赖也不是爱。"

"对我来说，哪些可能是从童年经历中产生的需求或者干扰呢？"

"举个例子，我记得你说在情感经历里，你似乎总预感到对方一定会离开，尽管自己很需要他。你为什么会有这样的感觉呢？可以觉察一下。做个假设，你会不会对这种'关系走向破碎'的模式——类似爸爸离开妈妈，有一种隐隐的担忧呢？"

"好像会有某种宿命的感觉，就像必然要走向什么方向。而且，在分开之后，在我感到受伤之后，我心里会有一个肯定的声音说：'对的，他们就是这样的。我预感的结果，果然发生了，即使我不顾一切地投入，不想让它发生。'"

第 9 章
钥匙五：界限
分清各自责任，尊重边界和位置

"你是不是也不会主动追求别人，习惯处于等待别人追求你的状态？"

"是的，这一点我有一些觉察。我妈以前说，她的婚姻没成功，主要就是因为'女孩子不能主动'而她却主动了。说是我姥姥告诉她的，但是她没听，于是婚姻就失败了。我自己的觉察是，我会担心，担心'自己追求'是不好的，认为主动追求没有好结果。这就是信念吧。"

"这会带给你一些束缚，当你想要主动选择的时候，会自动害怕主动选择的行为产生所谓坏的结果。好结果比主动选择更重要，而这两者又不能同时出现。而真实的情况是，这两者并不对立。另外，我们执着于好结果，就会担心和恐惧坏结果，于是，爱的感受被恐惧替代。而且，好结果如果被视为安全、完整的必要条件，那么自己安全、完整的需求，也不容易满足。其实，所谓结果只是生命时间线中的极小部分而已，而我们却因为这些极小的部分，放弃了享受生命悠长的部分。而失去了对生命的享受，也往往得不到我们想要的结果。结果是里程碑，是前行的工具，虽然重要但它不能代替道路和沿途的风景。"

"嗯，我会期待用关系的结果来让自己感到完整、感到归属感，但反而得不到结果。想一想完整感和归属感，都是立即生效的感觉，的确和天长地久的结果不是一回事。"

"对呀，要是一辈子都在等天长地久、白头到老这些结果才算幸福、成功，那或许只有死的那天我们才算活过，而且概率很小。这样看起来，是不是有些荒谬可笑？但我们就是这么无意识地度过一生的。比如，在进入关系前，担心自己'主动'会影响结果，于是压抑自己的爱，同时又被缺乏安全、缺乏归属产生的渴求所左右；在进入关系后，恐惧对方不守承诺，离你而去。在整个过程里，关系中最让人享受的、最重要的爱，退居其次。但生命中的日子，却这么一天天过去了，而这些日子里没有爱，只有懊悔、担忧和恐惧。"

"是啊！多可惜，怎么办呢？我知道这和我的童年、我的家庭模式有关，但怎么去解决呢？即便我知道了这些干扰和匮乏的来源，了解我被爸妈的影响所困，那我怎么能摆脱他们的影响呢？"

"首先不是摆脱，而是接纳。接纳父母会对我们造成影响，接纳他们的关系模式就是那样的。就像接纳我们走在了一条险峻的路上，这是我们必须臣服的事实——接纳这个事实，而不把精力用在抗拒它或改变它。当你意识到这个自动化的模式之后，你可以在接纳的前提下，选择你不再继承这个模式。划下你的界限，有意识地做出属于你的选择。以前的关系模式，是他们的关系模式，而不是你的模式。重复父母的关系模式并不是你的责任，也不是你向他们表达爱的方式。"

"我用这种方式，在向他们表达爱吗？"

"你觉得有没有这种可能呢？我们有时候不自觉地忠诚于某一种家族模式，就像我们忠诚于家族的姓氏一样。我们自然而然地趋向于维护家族，进而忠诚于家族。我们不单向父母表达爱，也向整个家族表达爱。以我们的行动忠诚于父母，似乎是一种潜在的责任，甚至，我们会以牺牲自己的方式，表达我们的忠诚和爱。这是一种生命之流潜移默化的继承和流动。尽管我们有时叛逆、对抗，但如果没有能量的纠缠和连接，怎么会有叛逆和对抗呢？"

羽婷望着雪山的山尖，今天只有极少的云，升起又飘离。尽管夜色深

第 9 章
钥匙五：界限
分清各自责任，尊重边界和位置

沉，卡瓦格博依然透着神秘而威严的光芒，好像蕴藏着无言的真理。

"我好像能感觉到，这种继承。"羽婷轻声说。

"比如有的朋友，如果自己比父母更富裕，他们会隐隐觉得愧疚，还有的朋友，如果自己过得比父母更幸福，仿佛意味着自己的背叛，这些也是某种表达忠诚的方式。只不过，重复父母伤痛的模式，并不是生命真正想让我们干的事。也许，我们要做的是让这一模式在我们这代手中得到治愈。有一天我们会意识到，我们在以自己的方式无意识地复制家族的模式，但复制家族的模式并不是我们的责任，延续父母的不幸也不是我们的责任，我们的责任是成为自己，让生命在成长中绽放。当我们治愈了自己，也治愈了家族遗留的创伤。"

"我设想过那种感觉，当我想象我的婚姻比我妈幸福，我会有一种对不起妈妈的感觉。"

"我们需要认识到一些界限，了解作为孩子，哪些责任是自己必须承担的，哪些又是属于父母的，或者说该归还给父母的。**我们允许自己为自己的命运负责，也允许父母保留自己的责任。**这种边界，有点儿像登山中的各自负责，在艰险的登顶之路上，哪些事是应该相互照应的，哪些又是该各自承担的。"

羽婷点点头。在这远离世事纠缠的地方，有多事相对容易想明白，只是回到具体生活、工作的环境里，需要有意识地觉察和清理，才能活出自己想明白的部分。

这一天，我们没有再聊，约好假期过后，再找时间探讨原生家庭关系中的责任、边界和位置。

第 3 节

分清三种界限

能量、模式和责任

我们每个人都经由原生家庭而来，与原生家庭有着密不可分的联系，需要承认原生家庭、童年经历对我们有着深刻的影响。但是，作为一个成年人、一个独立的个体，我们有自己人生的蓝图、目标，有自己的热爱、渴望，我们需要清楚自己和原生家庭有着哪些联系，又有着哪些界限，哪些可以助力我们成为自己，实现自己想要的生活，哪些又是我们需要解开的束缚。

我们无意中会继承一些家族中不属于我们的责任，有时这些责任来自父母的期待，有时来自我们对自己不能忠于家族的谴责，还有些来自家族中情绪氛围的压力，如果我们能分清哪些是我们自己的责任，哪些是不属于我们的、可以归还的责任，我们就能解开家族带来的束缚，解开自我的束缚，有一种松绑一般的轻松感觉。

一般来说，我们个人和原生家庭之间有三种界限，是需要我们分清的——能量、模式和责任。

第 9 章
钥匙五：界限
分清各自责任，尊重边界和位置

第一种界限，是不再承袭以低频率情绪为代表的干扰能量。这些干扰能量包含了所谓负面情绪、限制性信念、主观价值评判，以及一些从家族氛围中继承的消极感受。

我们在童年时，会无意识地承接一些观点、想法、判断和评价。如果这部分和我们当时的一些切身感受相连接，比如震惊、害怕、难受等，那么，这些观点、想法、判断和评价就容易形成一些固定信条，形成潜意识中的信念系统。

但这些观点、想法、判断和评价，在最初并不是我们自己的，可能来自父母，来自我们信任的亲友、老师，也可能来自社会大环境。所以，当我们有所觉察，要清楚哪些想法来自我们自己的独立思考和判断，哪些想法并不真正来自独立判断，只是继承下来的自动反应。有一些我们对人、事、物仿佛如"天经地义"般的评判，也许并不是真的天经地义；有一些我们认为"必然"的或者"绝不可能"的，也许并不是真的必然或绝不可能的；有一些我们认为一一对应的因果关系、关联关系，也许并不一定是一一对应的。

继承这些干扰能量，并不是我们的责任。由我们来治愈、清理上一代人的内在干扰能量，也不是我们的责任。我们的责任是从中得到启发，治愈我们自己，体验内在成长的过程。如果我们觉察到其中一些干扰能量影响到我们的生活质量，无益于助力我们想要的生活，我们可以把它们"还"回去，"还"回它们来的地方——还回过去、家族和社会环境，让它们不再影响我们。

我们需要分清的第二种界限，是原生家庭的模式和我们自己人生模式之间的界限。

我们无意中延续和忠诚于某些家族命运的模式，比如父母的金钱模式、父母体现自身价值的模式，比如亲密关系模式、婚姻模式，比如亲子关系中的互动模式。对于很多人来说，上下两代模式的相似性是比较容易观察到的。

如果家里常常气氛紧张，父母总是激烈争吵，甚至暴力相向，我们的亲密关系模式也会受到影响。一方面，我们可能对亲密关系有所担忧，另一方面可能又不自觉地陷入反复指责、防御的关系模式中。而父母如何处理他们之间的矛盾——比如他们是如何和解的、如何表达歉意的，他们之间"权力斗争"的胜负是如何转化的，也会影响我们在亲密关系中的自动应对模式，以及和解的方式。

在我们小时候，父母是用什么模式和我们互动的，那么我们长大后，和自己的孩子互动时，也会不自觉地倾向于沿用这种模式，无论这种模式是我们喜欢的还是厌恶的。我们对孩子的期待，有时会和父母对我们的期待相一致，我们对孩子的要求，有时是在无意识地满足父母对我们的要求。

如果母亲在关系的模式里担心缺爱，我们也容易在关系模式里担心缺爱。如果父亲总是害怕失败，我们也容易害怕失败。如果母亲总是担心安全，害怕失去，我们也会缺乏安全感，也会害怕失去，并且会因为失去而谴责自己。如果父亲总是消失，我们会对能给我们支持和指导的人更有好感。

第三种界限，是责任的界限。

第 9 章
钥匙五：界限
分清各自责任，尊重边界和位置

我们小时候，养育我们是父母的责任。被养育的过程里，我们同时也承接了父母的要求和期待。这些要求和期待有时是合理的，有时只是父母在延续他们的梦想，摆脱他们的恐惧，填补他们的匮乏，满足他们想要控制、想要安全的需要，让他们得到羡慕、肯定和面子。有时，父母只是通过我们，满足他们父母的期待，或向他们的父母证明自己是"够好的"。

所以，我们要清楚自己责任的界限，满足父母所有的期待、要求和渴望并不是我们的责任，我们需要把这些属于父母自己的内在需求、个人成长责任交还给父母。

在家族的排序中，父母是大的，我们是小的。这是我们在家族中的位置。我们会尊重父母、赡养父母，但并不意味着我们要代替父母承担他们需要自己承担的责任，也不意味着如果不满足父母的要求，我们就得批判、责备自己。同样，在和自己孩子的互动中，我们也可以留意一下，在对孩子的要求中，哪些要求只是想满足我们自己的需求，哪些又是真正从孩子的需要着眼，支持他们成为他们自己。

同样，我们要承担"成为我们自己"的责任，而不是代替父母承担他们应该承担的责任。比如父母年纪大了，我们有责任尽力照顾他们的生活起居，治疗他们身体的病痛，但是我们不需要按他们的要求去做某个职业，去和谁结婚，在什么时间生孩子。为了满足他们对我们的要求而牺牲自己，不是我们的责任。

在关系中，如果有一方牺牲了自己，而去满足他人的需求，那他可能会进入一个"受害者"的模式。没有人有牺牲自己而让你高兴的责任，即便这个人是你的孩子、你的伴侣、你的父母——他们都没有牺牲自己、放弃成为他们自己而填补你内在匮乏和恐惧的责任。通过改变他人、控制他人满足自己的心理需求，是我们容易落入的陷阱，同时，被他人控制、满足他人的心理需求也不是我们的责任。

因为爱，也许你会对一个人付出甚至牺牲，但爱的目的不是控制这个人，让他放弃自己的生命体验、人生使命，让他为你的期待负责，爱的目的也不是让这个人歉疚，感到压力和负担。爱是允许和尊重一个人走他自己的路。

意识的成长和进化，是每个人来到这个世界的责任，没有任何人可以代替另一个人成长。每个人都只能通过自己的亲身体验才能获得成长，甚至亲身经历痛苦和苦难。这个成长的责任没有人可以替另一个人承担。父母有他们自己成长的功课，有自己意识进化的使命和责任，我们也有我们自己的。我们不能代替父母成长，不能代替孩子成长，我们的孩子、伴侣也不能代替我们成长。

就像一个孩子学走路，你不舍得他摔倒，他就不能在跌跌撞撞中学会平衡。如果为了避免他摔倒，你一直背着他前行，这也不是一种真正的爱。

舍得让你爱的人为了成长而受苦，是一种功课。同时，我们也不能以一种"居高临下"的态度来看待"那个人在受苦"——瞧，他在受苦。我们也是构成"受苦"的环境的一部分，我们也是在受苦中成长的。所以，我们要以成长的意图，看待自己走过和正在走过的"苦"，允许自己和自己爱的人都从"苦"的经历中，丰富生命的智慧。这样做意味着，无论未来发生了什么，你和你爱的人都已更具智慧，不再是那个只能受困于"苦"中的人。

第 9 章
钥匙五：界限
分清各自责任，尊重边界和位置

交还模式和责任

"理清了这些能量、模式、责任之后，我该怎么办呢？知道了它们不属于我，比如我妈妈的婚姻模式不属于我，但我要怎么处理呢？"在雨崩之行一个月后，羽婷找我继续沟通她的困扰。我和她聊了聊上面三种需要分清的界限后，她开口问道。

"我们可以做一个小小的练习。"我说，"现在你可以调整一下坐姿，不靠在椅背上，保持身体直立。然后闭上眼睛。"

羽婷调整了一下她的姿势，直直地坐着。

"可以放松一些，"我说，"虽然身体的中线是直的，但可以放松肩膀，放松背部和腰部。放松你的呼吸，此刻，我们是直立而放松的。"

羽婷又调整了一下，感觉身体舒展、松弛了很多。

"现在，你可以做三个深呼吸……感觉每一次呼气似乎都比上一次呼气，更放松了一些。"

随着深呼吸，我看她比刚才更放松了。然后让她转成自然的呼吸。

接下来，我请她在心里做一个小小的仪式。

想象一下，母亲经历的亲密关系模式，就像一件物品一样，托在自己的手中。这个模式，可能包含"追求所爱却不能长久幸福"，可能包含"缺乏伴侣的温暖和爱"，还可能包含别的什么。

感觉一下这个模式的重量——这个自己继承的但不属于自己的模式，它是否沉重，是否让自己不堪重负。

接下来，我请她想象自己的母亲，就站在对面不远的位置。然后，她带着交还这个模式的意愿，带着对母亲的尊重，想象自己手捧着这个亲密关系模式，慢慢地、一步一步地走到母亲面前。

我看着羽婷的表情，她闭着眼睛，嘴角有些微微颤抖，脸上似乎流露出一些委屈、一些悲伤，也带着一丝坚强。我感觉到她在心里正一步步地走向母亲。

我请她想象，她走到母亲面前，把这个"模式"交还给母亲——她把这件东西，放在母亲的身边，然后，对母亲深深地鞠躬，她对母亲轻轻地说："亲爱的妈妈，现在，我将属于您的曾经的命运模式，交还给您。我尊重和敬重您的选择。我也带着我对您的爱。感谢您的支持，支持我走我自己的路。谢谢您。感恩您为我做的一切。您一定会为我骄傲。"

羽婷泪流满面。

等她稍微平静了一些，我请她在心里继续对母亲说："您是我的妈妈，我是您的孩子。我知道您在和爸爸的关系里，感到爱的乏力，感到爱的匮乏，我尊重您的感受。这份匮乏感，在我身上也有延续、也存在着。现在，我想把这份匮乏感，带着我的爱，交还给您。这是对您的尊重，是我对您和整个家族的爱。回收这个感受也会让您更加完整和自由。"

第 9 章
钥匙五：界限
分清各自责任，尊重边界和位置

我让她想象母亲收下了这份属于母亲自己的感受，感谢母亲的允许和接受，感谢母亲对自己的爱。

然后，我请她转头回到自己的位置，做一个深呼吸。请她在心里对自己说："我是完整的，我归属于我自己本身。我自己本身就是完整的，我不需要获得其他什么让我变得完整。我享受我的完整，我愿意分享我的完整，分享我的爱。"

我感觉到她内心的起伏，接着，她逐渐、逐渐恢复平静。她脸上泪痕已干，透出朝阳般的微红。然后我请她再做三个深呼吸，结束这个练习。

羽婷靠在椅子上，没有说话，一直沉浸在自己的感受中。我给她换了一杯热水。过了一会儿，她问我："这个练习，我自己在家可以做吗？"

"可以的。"我说，"可以找一个没人打扰的时间，在一个封闭的环境里做。先做一些正念呼吸练习，让自己从头脑的思绪中解脱出来。这种'交还'，不是头脑的游戏，而是带着爱的心灵感受。所以，不能像急着把不属于自己的垃圾扔掉一样，那没有效果，也没有意义。带着对生命的尊重，带着对过去的允许，带着对自己的肯定，带着对父母的爱，这是一种笃定而深厚的情感。在这个状态下，缓慢地向母亲或父亲移动，这种移动不是由头脑指挥的，而是追随心灵的步伐。在家族的系统中，父母是大的，你是小的，尊重父母的位置，认可父母的位置，请求他们的允许，感谢他们做的一切。过去的发生并不是谁的错，在更大的系统的牵引下，你经由体验而非认知，拥抱自己内在的完整。在相对性的世界里，某些'对立面'是必需的经历，我们总是经由对立面，才能体验真正的自己。"

在这次见面之后，羽婷自己又做了很多功课，也一直保持着正念冥想练习的习惯。后来她经常在我们的活动中做志愿者,我能感受到她一天天的改变。她的脸上不再有曾经宿命般的疏离感,经常洋溢着热情和好奇。她仍然经常会去各地徒步旅行,但已不是为了习惯性逃避,而是源于热爱和兴趣。

作为成年人,我们与父母相互连接又各自独立,我们有各自的责任和界限,在能量层面相互助力、支持和允许,而非相互索取、拉扯和依赖,才会收获真正的自由。

第 9 章
钥匙五：界限
分清各自责任，尊重边界和位置

第 4 节

厘清责任，走出模式限制

愤怒的责任

先讲一个小楠的故事。

小楠刚刚和她男朋友分手，这是她三年来分手的第三个男朋友。每次原因都一样，都是因为小楠脾气特别火爆，每当男朋友在工作中与其他女性接触多些，她就会特别不爽、气愤，抱怨男友对她关心不够，怒斥男友眼里只有别人。其实，她男朋友和别的女性之间，没什么情感瓜葛，但小楠总会不断找碴儿，点点滴滴都是罪名。她会发火，大喊大叫，摔东西。每次都因为男友受不了她的脾气，最终分手。

小楠自己也郁闷，后悔，这并不是她想要的结果。但她觉得，自己虽然情绪管理不那么理想，可责任并不在她。一定是男朋友做错了什么，才让她这么生气。

小楠在家里是老大，她是姐姐，还有个妹妹。小楠和妈妈的关系不是那么亲密。小楠说，我妈喜欢我妹妹，特别偏心于妹妹。妹妹如果做错事的话，妈妈反而会指责小楠，"你做姐姐的怎么没看好妹妹""你做姐姐的

311

怎么没起到榜样作用"。所以小楠一直觉得不公平,有很多委屈、愤怒乃至怨恨埋在心里。

在她印象中,她小时候妈妈也很少回应她——她想要的东西,她在幼儿园的感受,她的诉求、情感表达……和妈妈说之后,就像消失在空气里。她小时候,妈妈那种毫无回应的态度,让她抓狂、愤怒,似乎只有自己情绪激烈地大喊大叫,才能引起妈妈的注意。

等到她能力稍强,她就开始和妈妈相互较劲。她很早就开始叛逆,凡是妈妈觉得好的,她都反对,凡是妈妈不允许的,她一定要试试。回首往事,她觉得自己的很多选择,都是为了和妈妈较劲。

除了情感生活,她也有其他很多不顺利,包括工作的、生活的、健康的。小楠一直为自己辩护,她的生活里总有一个针对她的、对她不利的"迫害者",命运是那么不公平,她一直是那个受害的人。

她在那些宽容她的人身上,发泄愤怒,也许,在她负面情绪爆发的时候,她也在反击妈妈莫须有的指责,或者如同妈妈一样去指责他人。于是,那个感到自己不被爱的小女孩,不断向外蔓延着自己的愤怒,使得她生命中其他的关系也同样受到了伤害。她自己当然也并不觉得快乐,她总是感到受伤害,总是处于不利的境地,但她觉得所有不幸福、不快乐都是他人造成的,自己总是在为他人的"错误"负责。

虽然小楠的不幸福让人同情,但我们也观察到,即使小楠已成年很久,她依然不能为自己负起责任来,保持"受害者"的角色可以让她把一切问题的责任,归于他人。

类似的在童年时受伤害、不被爱的例子还有很多。比如爸爸滥用权威，盛气凌人，向家人发泄愤怒，会让你感到不被爱；比如妈妈把任何自己的不顺利都归咎于孩子，逃避自己的责任。

几乎我们每个人都能找到自己"命运不公"的例子，如果长久处在这样的境地，慢慢就会累积很多愤怒等待发泄。如果我们认为，是他人制造了我们生活的不公平、不顺利，我们就会愤怒。每次遇见"不如意"，怒火都会被点燃。

有时候，我们为了逃避责任，不断制造"我们是受害者"的戏码，让自己生活在受害者的角色里，这样就可以不用正视自己的各种问题，心安理得地活在负面情绪里。我们觉得自己被迫害，觉得环境不公正，我们以受害者的姿态占据道德高点，理所应当地四处泄愤。在周围人看来，我们就像情绪的"恐怖主义者"。

戏剧三角

美国心理学家卡普曼发现，人们心中潜藏着一个"戏剧三角形"（Karpman's Drama Triangle）。三角形的三个角代表着三个角色：受害者、拯救者和迫害者。人们在这三个角色之间不停地切换位置，而周围的人为了维持这个三角的平衡，会无意识地扮演相对应的角色。或者说，人们会将心中的三个角色投射到周围人的身上。

```
Persecutor ───────→ Rescuer
迫害者   ←───────   拯救者
     ↑↓         ↑↓
        Victim
        受害者
```

Karpman's Drama Triangle
戏剧三角模型

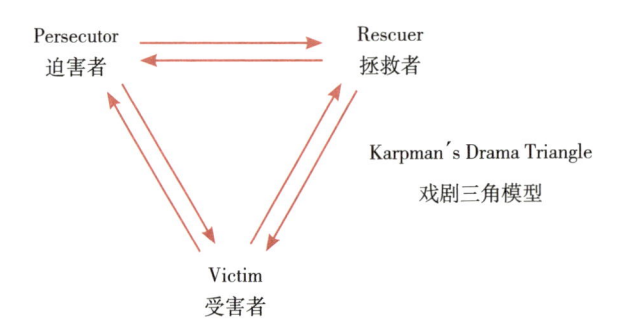

比如小楠，她一直在扮演"受害者"的角色，他的男友无意中就扮演了"迫害者"的角色。而当小楠向男友发泄愤怒时，小楠又转换成了"迫害者"的角色。如果这时小楠的妈妈来劝架，小楠妈妈就扮演了类似"拯救者"的角色。如果小楠妈妈对小楠男友说"再欺负我们家小楠，我就到你们单位去闹"，那么小楠妈妈对于小楠男友就开始扮演"迫害者"的角色。这时，如果小楠说"妈，你别管我们，这一切还不是你造成的，都是你从小忽略我，无理指责我，都是你的错"，小楠妈妈愤而离去，那么她又从"迫害者"转移到了"受害者"的角色。

戏剧三角的模式，就在角色的转化中，推动着一幕幕生活大戏的发生和发展。

其实，戏剧三角中的任何角色，都不是我们真正的自己。之所以陷入这些角色的模式，只是内心感到缺乏爱的我们，以一种自动化的、无意识的形式，呈现出内心对爱与被爱的渴求。但陷入这些角色，在这些角色中打转，并不能帮助我们真正满足爱与被爱的渴求，只能使我们反反复复在其中受苦。

如果我们可以觉察到自己陷入了角色之中，我们就有机会摆脱角色循

第9章
钥匙五：界限
分清各自责任，尊重边界和位置

环的人生模式，跳出戏剧三角的圈子。无论我们处于受害者、迫害者还是拯救者的角色中时，我们都不在自己的中心，我们把自己受苦或幸福的责任放在了他人身上。如果我们回归自己的中心，就容易厘清哪些是自己的责任，哪些是别人的而不是我们要承接的责任。

如果小时候，父母对我们有所伤害，那是他们的责任，不是我们的，我们不必背负罪咎，试图证明自己；长大后，我们自己的突破、成长，面对并解决自己的问题，我们走自己的路，让幸福与快乐在生命中绽放，这些是我们自己的责任，不必找寻他人负责。在心理上，我们不需要另外的拯救者、迫害者出现，以使我们可以沉湎于受害者的模式，不为自己负责。我们也不用通过"拯救"别人，使自己处于一个牺牲的受害者位置，或者试图通过"拯救"他人寻找被关注和重要性。

美国作家大卫·埃默拉尔德（David Emerald）也提出了一个"赋能三角/互动"的模型（The Empowerment Dynamic），这个赋能三角中的三个角色是：创造者、挑战者和教练。当我们觉察到自己陷入"受害者"模式，可以尝试把"受害者"的角色转换为"创造者"，这时，我们注意力的焦点，从关注受害的部分，转移到关注自己已有资源和优势的部分，从"希望得到拯救"的被动状态，转换为"为自己负责、为自己创造"的主动状态。同样，我们也可以从"拯救者"的角色转换成"教练"。教练意味着"我相信你的力量，我可以支持你找回自己的力量"。

如果我们觉察到自己处于戏剧三角中的某个角色，我们就有抽身和转换的机会。如果我们看到我们作为角色背后的需求，并且接纳这些需求，我们就会以一种归于内心的清晰的方式，看待世界、看待关系，从而收获更多内在的平静。这种内在的平静，会积极地影响你所有的关系。

真正的平静和爱，不是获取而来的，那是人类内在本自具足的爱，自然升起。它的光芒足以照亮所有关系中的黑暗和挑战。生命中的很多问题不是被解决的，而是被成长所超越的。

觉察自己的解释风格

在小楠的故事里，我们还发现，小楠对她男友的评判并不是客观事实，而是小楠自己的解读，这个解读直接引起了小楠的怒火，进而引出了她一直未被妥善处理的情绪。很多时候，让我们饱受困扰的，不是一件事本身，而是我们对这件事的解读和评判。

认知行为疗法代表人物阿尔伯特·埃利斯，创建了著名的"ABC"理论模型，对我们处理愤怒的情绪，以及看待愤怒的成因，有所帮助。

在 ABC 理论中，一个事件过程中，有 ABC 三个因素。A（Activating event）代表一个与事件过程相关的诱发事件，C（emotional and behavioral Consequence）代表这个事件过程的结果。C 代表的这个结果，可能是某个情绪或者行为，比如在小楠的故事里，小楠的愤怒情绪就是结果 C。ABC 的 A，代表的是诱发事件，可能是你遇到的一件事，也可能是你遇到的逆境、挑战，对于小楠来说，可能是她男友与一位女同事工作接触比较多，这是诱发事件 A。

看似是诱发事件 A 导致了结果 C，即小楠男友与一位女同事工作接触比较多，导致了小楠的愤怒，但我们都可以看出来，这其中并没有绝对必然的关联。

所以，诱发事件 A 和结果 C 之间，还有一个 B（Belief），B 代表了当事人对事件的解读，或者说代表当事人自己的一套信念体系。在事件过程中，是当事人出于自己的信念体系 B 对事件 A 的解读，导致了结果 C。小楠将男友和女同事的接触，解读为男友的情感纠葛或者出轨、背叛，于是就激起了过往沉淀的情绪，导致了愤怒的产生。

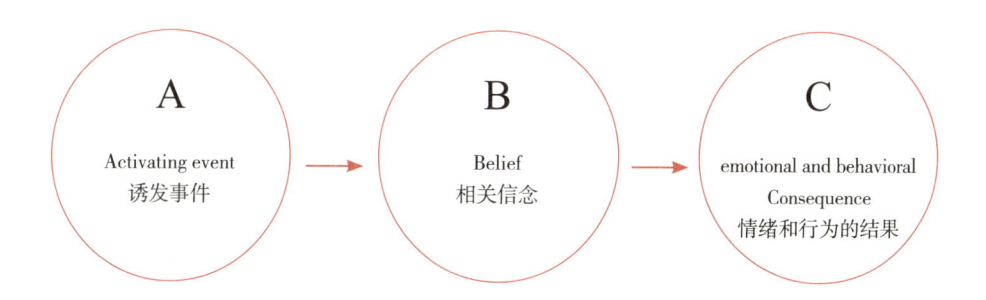

A Activating event 诱发事件 → **B** Belief 相关信念 → **C** emotional and behavioral Consequence 情绪和行为的结果

观察生活中的同事、朋友，我们也会发现，对于同样一件事，每个人都会有自己的阐释风格、解读倾向，这些往往源于每个人不同的内在信念系统。这个信念系统有可能倾向于理性的，也有可能偏向于非理性的。这个信念系统自动化地运行着，是我们自动驾驶系统的重要枢纽。

每个人的信念系统、阐释风格，往往来自儿时我们与父母或者长辈的互动，也会受社会环境、集体潜意识影响。父母对于事件的阐释风格，有着他们自己的时空局限，既来自他们的父母、他们的成长环境，也包含了父母通过自己的经验形成的对普遍事物的理解和解读。

对于哪些是 A、哪些是 B、哪些是 C，我们小时候很难独立辨认出来，所以，很多父母对事件的解读和诠释的方式，在我们的幼小心灵里，就变成了我们的解读、我们的信念，甚至变成我们以为的常识和真理。而我们的父母也是从他们的父母那里，承接到最初的信念，并以他们的生命经历加以演变，使其成为传递给我们的最初信念。

小时候，如果爸爸总是说"你再淘气，警察来了抓走你！""别大叫，再叫爸爸叫警察抓你！""警察来了，你就再也见不到爸妈了"，那么长大后，你可能看到警察就紧张，因为你会感觉他们是来抓你的，你也可能不太敢向警察求助。然而，如果爸爸总说"没关系，警察叔叔会帮我们的"，那你以后看到警察，也许就会有不同的反应。有一天，你有了孩子，你也会有意无意地把你对事情的看法、你的解读风格、你的信念体系传递给他，这也同样会影响到他对事物的阐释风格。

觉察我们的阐释风格，也会帮助我们分辨这个观点和解读是不是"我们的声音"，如果我们只是继承自成长环境而来的观点、解读，那么我们自己独立的观点和解读是什么呢？如果是我们的声音，那这个声音是针对此时这个对象，还是针对过往的伤痛和遭遇呢？觉察我们的阐释风格，有助于我们更清晰地了解事物的真相和全貌，修正无意识的评判习惯，舒缓情绪，分清责任，不迁怒于他人，也有助于我们把不属于我们的观点和阐释风格交还和放下。

爱自己是属于自己的责任

愤怒作为一种激烈的情绪表现，往往会吸引我们的全部注意力，消耗我们大量的精力和能量。愤怒受到很多因素影响，包括我们的解读、我们

第 9 章
钥匙五：界限
分清各自责任，尊重边界和位置

的角色认同、我们的信念和感受等。有一些愤怒来源于通过指责来逃避对期待的失望、对失败的恐惧，有一些愤怒则针对过往的伤痛，夹杂着伤心、害怕、无助、失落等其他感受。

再深入一些，我们可能会发现藏在愤怒背后，有一些更深的需求。这些需求的无法满足，推动着评判的发生、情绪的演变。这些需求可能包括你渴望被聆听、被关注、被安抚，可能包括你对肯定、认可、尊重、信任的需求，包括你对安全感的需求，包括你对爱的需求。如果认为对方应该满足这些需求，但却没有满足，造成了你的失望、痛苦或失败，你就会愤怒。比如小楠小时候，长期从妈妈那里得不到回应，就会产生不满、失望，进而由"都是因为妈妈偏爱妹妹"的观点，引发对妈妈、妹妹以及其他不公平现象的愤怒。

如果我们看到这些深层的需求，并且如实接纳这些需求，再看那件让我们愤怒的事件，可能就会有不同的感觉。作为成长的一部分，我们的需求将逐渐由我们自己满足，而我们也越来越有能力满足自己的需求。那些需要他人满足自己需求的观点，只是我们过去遗留的想法。我们不再是"受害者"的角色，也不被不属于自己的解读和阐释所左右。

当我们看到了这些，就可以进一步找到解决问题的钥匙。我们很容易意识到，这把钥匙握在我们自己的手上。

我们无法重返童年，更无法回到我们父母的童年。父母如何对待我们、如何对事件进行解读，是他们的责任，而我们只能承担起我们自己面向未来的责任。我们既不是受害者，也不是加害者和拯救者，这一切推动我们遇见醒来的一刻。当我们意识到自己的完整，便不再需要呼求爱。爱自己是属于我们自己的责任，承担这一责任，会收获属于自己的内在力量。

第 5 节

尊重父母必须经历的成长，尊重各自的序位和责任

父母冲突对孩子的影响

小时候，如果父母之间关系不好，经常处于对抗状态——无论是他们经常发生争吵，还是他们一直冷战，那么家里的气氛就总是会充满压抑和紧张。那时，曾经的我们——那个小小的孩子一定有很多糟糕的感受。以至于，就算到了现在，我们内在那个小小孩，也会隐约感到童年时的紧张、压抑，好像随时会回到当时的害怕和恐惧中。

父母之间的冲突，对每个人影响的角度和深度可能是不同的，表现出来的状况也不一样。但是每个人都会不同程度地生活在父母冲突的阴影下，也一直与这些阴影的感受同行着。

我们有可能会感到自卑，缺乏自信和安全感，感觉背后本应坚定的家庭支撑不够稳定，感觉自己活得很失败——我们会不会成了没人要的孩子？

我们有可能会恐惧婚姻，恐惧亲密关系，有可能怀疑伴侣的承诺，不能对婚姻生活充满憧憬，也有可能我们会依附于某些强硬的依靠，交出自

第 9 章
钥匙五：界限
分清各自责任，尊重边界和位置

己的力量，沉溺其中，不能自拔。

我们有可能会讨好父母、讨好他人，甚至不惜牺牲自己。我们害怕争执，害怕冲突，倾向于息事宁人。我们内心隐隐希望以自己的表现，弥补父母之间的关系，以自己的牺牲挽回完整的家庭。

当父母争吵时，童年的我们也许还会有身体反应，比如头疼、浑身发冷、胸口沉闷淤堵，像被恐惧的大手牢牢攥住。我们感到极度难过和心碎，感到所有的错误都是因为自己——没有人喜欢我，没有人爱我，都是我的错！长大后，当再次遇到他人之间的冲突，或者自己与他人的冲突，这种身体的感觉还会再次出现。

每当困扰我们获得幸福和发展的阻碍出现，每当这些害怕、心碎和难过再次涌出，也许你就会回到曾经家庭冲突的伤痛和恐惧中，你难免会谴责父母过去的行为，悲伤于自己的命运，感到自己不够好、不配得、不如意。

"伟大的伤痛不是指责，而是一种疗愈。"

在理性层面，我们已经知道，这一切并不是自己造成的，不是自己的问题，但我们还是会被激荡的情绪所控制，被习惯性的压抑和恐惧所左右。像什么也没发生一样开始新生活，哪有那么容易，我们常常沉入自己痛苦的过去，让自己变得不快乐，分不清是忧郁阻碍了我们快乐，还是我们就是忧郁本身。

如果在冥想中觉察，我们会发现，恐惧或者忧郁只是你的某个解读、某个感受，你可以感觉到它、看到它，但它并不是你。父母之间的冲突，并不是你的错。你希望以你的方式避免他们分开，是因为你爱他们，也因为你希望免于分离导致的心碎和不完整感。但你不必因没有达成想要的结果，或者无法治愈他们，而心怀罪疚。

是的，这一切不是你的错。如果放下它，你就会走上全新的道路。虽然觉察到这一点时，我们的状态会好一点，但做到真正放下，好像还不容易。

对于有些朋友来说，可以想一想这个问题：我们是否真的愿意解决我们的痛苦？或者说，痛苦会不会带来某些"益处"，是我们不想放下的？

有人说：怎么会，痛苦怎么会带来益处呢？而实际上，痛苦并非不能给人们带来利益。比如，痛苦会带给艺术家们以灵感，很多优秀的艺术家来自破碎的家庭；比如，痛苦会带给怀着仇恨的人以清白感，让他们可以在报复和对抗中找到自己似乎合理的位置；比如，痛苦会给一些人带来不再感恩、不再尊重、不再成长的借口。

有的人会依赖于痛苦，只要躲在受害者的角色里，就可以把责任归咎于父母、归咎于他人。一旦我们把父母的责任还给父母，就意味着我们需要为自己负责，承担起自己的责任。一旦我们不愿意承担起自己的责任，我们就会选择指责或者逃避，让我们可以躲在创伤的阴影中不愿醒来。

如果我们的小我从创伤和痛苦中获得所谓"利益"的话，我们就没有来到愿意真正解决自己痛苦的时候。当我们以痛苦为由，寄居在别人要为我们的痛苦负责的外壳里，我们就辜负了我们的痛苦，辜负了自己走过的生命历程。

创伤和痛苦带给我们最大的利益是什么？是我们可以有机会学习放下，并在这个过程中学会接纳，学会宽恕，在这个过程中承担自己成长的责任，感受内心本来就有的爱。就像伯特·海灵格所说："伟大的伤痛不是指责，而是一种疗愈。"

走出冲突中的戏剧角色

我们不需要在父母冲突之间，选择做任何戏剧三角的角色——受害者、拯救者或者迫害者。

在家族系统的序位中，父母是大的，我们是小的。谴责和评判父母，或者挽救父母的关系，并不是我们这一位置的责任。看似我们"舍己救人"，但我们想代替父母经历他们必须经历的成长，则是一种傲慢而非尊重。"拯救"往往意味着认为对方是无力的，意味着剥夺对方的力量，表现自己的力量，而从"拯救"转为"支持"，意味着承认对方自己有力量，意味着一种赋能。感恩我们的家族源头，尊重父母也尊重我们自己，是在家族中解决问题的方式。

对于父母之间的关系来说，我们的父母有他们自己的选择。那是他们之间的关系。无论我们有什么样的需求，我们都需要尊重他们的选择——需要尊重他们在这一时间里，也有自己需要面对和承担的责任，也有自己需要的成长与功课。

小时候，我们把家庭视为让我们"完整"的一个整体，当父母冲突或分离，我们的"完整"被打破，我们就会面对自己"不完整"的痛苦。成年后，也许我们向外寻找完整，也许我们不断面临求而不得的痛苦。这是某个成长的起点——从自己感觉不完整到意识到自己本身就是完整的，是一个内在成长的历程。内在的探索和成长，以生命的经历丰富我们的智慧，是我们自己的责任。

我们既不是他们关系不好的受害者，他们关系不好也不是我们的责任，我们不要试图插手改善或者修复他们的关系，那是他们的责任，不是我们的。我们要从戏剧三角的角色中抽身。

也许他们中的某一方——父亲或者母亲——会来争取你的支持，你也尽量不要介入。尽管你怀着对完美关系的期待，但他们是大的，你是小的，你只有感恩、尊重和祝福。

我们期待通过关系带来一种完整感，但我们也会因期待陷入担忧，或因期待而体验失望，甚至绝望。期待是一种适合恐惧和焦虑生长的土壤。

在关系中，以爱之名义做出的期待，经常会形成某种隐形的操控，使期待者演变成迫害者，使被期待者演变为受害者，使关系中的各方陷入戏剧三角的模式里。孩子对父母之间关系的期待，以及期待中生长的恐惧和焦虑，也会成为父母的无形的束缚——你已成年，他们需要为了满足你的期待而做出牺牲吗？是时候放他们自由了。

当然，这种"不介入"并不代表漠不关心。接纳与尊重他们的选择，会让大家都感觉到彼此之间爱的连接。我们无法拯救别人的关系，只能梳理自己内在的关系，我们也无法通过改变别人得到自己的平静，最有效的方式是探索我们自己内在的宁静、内在的和解。

困扰我们的，并不是过去发生过的事，而是此刻我们内在发生的事。过去发生过的事，已经发生了，无论如何事情都不能再重来，我们要面对的是，如何通过疗愈之路走向属于自己的宁静，走向属于自己的未来。

分清界限，接纳各自的位置和责任

还有一些父母，以自己作为父母的身份，无止境地向孩子索取，甚至胁迫孩子做自己不愿意做的事。孩子如果不顺从父母，会面临很大的道德压力。而且，这中间的是非曲直以及界限划分的程度，很难判断。局外人判断和评价时，往往根据自己的认知或经验，甚至根据自己的伤痛、情绪或者道德优越感。作为当事人，首先要从他人的评价压力中走出来。走出评判的压力，也是你面临的功课。

我们每个人都希望获得认同，在小时候，在我们没有自我认同的能力时，我们获得的认同主要来自外在的认同。我们甚至依赖外在的认同来衡量自己、评价自己、定义自己。长大后，我们可能会倾向于赢得尽可能多的人的认同，认为这是一种"成功"。然而如果我们以外在认同作为自我评价标准，寻找外在认同，甚至依赖外在认同，那么即使人群中99%的人都表示认同，我们也会为那1%的不认同耿耿于怀。是我们内在的自我不认同，强迫般地去关注、放大那1%的外在不认同。

在成长中，意识到自己无法满足所有人，无法赢得所有人的认同，是一个重大的飞跃。这意味着，我们认同自己的首要依据，开始从外在认同转变为内在认同。 拥有外在的认同也很不错，但你不需要为了拥有外在认同而牺牲自己，讨好他人，取悦他人，你也做不到取悦所有人，做不到让所有人都满意。要笃定地做到这一点，需要你把注意力的重心拉回到自己的中心，回到自己内在的认同。

我们心里开始拥有一些界限：哪些属于外在的认同，哪些是我们内在的认同；哪些行为和反应是我们受困于想要赢得外在认同，哪些选择和态度是我们扎根于自己的内在认同。别人对我们是否认同是他们的权利，也是可以被允许和接纳的。追求别人的认同并不是我们的责任，我们自己内在的认同才是我们的责任。

当父母过度要求和索取，并以道德、身份等名义对你进行打击的时候，他们很像一个迫害者的角色。当情况极端严重时，第一条界限是法律的界限，选择是否以法律为工具是你的权利。这时候，你也需要觉察自己内在的感受和状态。

有时候，尽管你愤怒、委屈，但因为恐惧你不敢做出一些选择，那么你可能会陷入受害者的角色。以自己无可奈何为理由，任由人生受苦，你同时也是自己的迫害者。这时，你往往会期待有一个拯救者出现。

有时候，你对父母的境遇感到愧疚，觉得他们是受害者，或者父母某一方具有受害者的角色模式，那么也许你会扮演一个拯救者。比如有的妈妈小时候缺乏关爱，现在反而向你索取关爱，你像你妈妈的父母，而妈妈却像你的孩子。你们失去各自的位置，也失去了各自成为自己的责任。当

第 9 章
钥匙五：界限
分清各自责任，尊重边界和位置

受害者索取关爱而不得的时候，拯救者也会演变成受害者眼里的迫害者。

还有时，我们会和父母激烈对抗。在对抗中，父母更以道德的名义指责你对他们的"迫害"，于是你就卷进了迫害者的角色游戏，但你觉得自己其实是个受害者。

如果我们可以从戏剧三角的各个角色中抽身，那么这个游戏就进行不下去了。对于迫害者来说，如果没有受害者角色的出现——你不再扮演受害者，那么迫害者的角色也将崩塌。这个迫害者可能是越界的父母，也可能是舆论评判——当你不再把自己带入评判的受害者位置，评判对你也没有了迫害的意义。如果我们不再试图拯救父母，那么父母也会去寻找自己的成长。

父母有他们自己愤怒的权利、焦虑的权利、选择自己行为和态度的权利，同时他们也承担自己的责任，这是他们的事，是他们的功课。而我们的责任是自己的成长，即使世事无常，即使不如意，我们也不被内在对抗所消耗，自然体现出接纳和爱。爱不是代替他人受苦，代替他人成长。允许每个人各在其位、各司其职，是对每个人更深的爱。

要走出角色、放下期待、承担起自己的责任，首先要做的就是觉察。对内在运作的认知和了解，有助于引发我们的觉察。觉察之后是接纳。如果在内心中没有完全接纳过去发生过的事，没有接纳自己的生命经历，那么也无法走向宽恕、解脱和转化。如果没有对父母的宽恕，也就没有对自己的宽恕。

接纳家族中爱的序位，接纳父母是大的，我们是小的，接纳父母真实的样子，接纳真实的自己，接纳心中充满恐惧的小小的内在孩童，接纳他人有他人的责任，而我们必须承担起自己人生的责任。

爱就会从接纳自己的过程中，逐渐升起。当我们处理好自己的内在关系，我们身边的关系也会悄然发生改变。接纳是一个渐进的过程，可以通过不断的练习，比如冥想、反思、再觉察而实现。练习的过程就是疗愈的过程。在这个过程中，我们也会经历情绪上的摇摆，但请相信自己，最终我们将会回到自己的中心，找到内心的和平。

第 9 章
钥匙五：界限
分清各自责任，尊重边界和位置

练习 7
冥想练习：释放父母冲突对你的影响

这个冥想练习适合于这样的情景：如果你的父母之间曾经存在矛盾或是冲突，而你在中间感到左右为难，或者你对任何一方有所评判，无法平衡，至今无法释怀，这让你产生内在的冲突和对抗，让你感到痛苦。这个冥想帮助你释放父母冲突对你的影响，从而走向一条属于自己的道路。

请你找个在未来半小时内不被打扰的地方，安静地坐下来。

你可以调整一下你身体的姿势，让自己保持放松和自然的状态。

然后，慢慢闭上你的眼睛。

现在，请把你的注意力放在呼吸上，吸气……呼气……感受气息划过你的鼻腔，感受气息带来的身体的起伏。慢慢地，随着你对呼吸的关注，你的呼吸变得越来越松弛，你的身体也逐渐变得越来越放松。

现在，请你想象，你的父母此刻正站在你的面前。

在你的父亲的身后，是父亲的家族成员们；

你的母亲身后，是母亲的家族成员们。

你可以感受一下，你会不会倾向于父母的某一方？

请你感受一下，对于父母之间所出现的状况，此刻，你会有什么样的感受呢？

与你此刻的感受同在，无论是什么感受，都没有关系，看到这个感受就好，不用抗拒，不用评判，只是觉察到自己的感受，接纳自己的感受，任何的感受都是被允许的，都是可以被接纳的。

……

现在，想象你看着你的父亲，再看着你的母亲。

然后，你的目光越过你的母亲，看到母亲背后母亲的家族，看到每一个人。

然后，你的目光再从你的父亲那里，看向父亲背后的家族，看到每一个人。

你父亲的家族、你母亲的家族，你的生命正是由他们赋予而来、传承而来的。你知道无论发生了什么，这一点都真实地存在。你尊重这真实的存在，接纳这真实的存在。

此刻，请你在心里，对你的父母说：

亲爱的爸爸，谢谢你，亲爱的妈妈，谢谢你。

谢谢你们，给了我生命。

我是你们两个的孩子，

我尊重你们两个人的选择，我接纳你们的选择是只属于你们之间的事。

你们是大的，我是小的，我只是你们的孩子，我不再选择站在你们的任何一方而反对另一方，我不再介入你们之间的选择。

如果我以前有让你们任何人感到不恰当的言行，请接受我的道歉，对不起，请原谅。

我回到作为孩子的位置上，我只是你们的孩子。

我尊重你们的选择，也接受你们的选择，我爱你们两个。

过去的已经过去了，现在我拥有自己的力量，我愿意释放我所有的担忧和恐惧，我是安全的，我是自由的。

谢谢你，请原谅，我爱你们，我爱我自己。

第 9 章
钥匙五：界限
分清各自责任，尊重边界和位置

现在，请你想象，你面向你的父亲，你看着他的脸，然后你在心里对他说：

亲爱的爸爸，我爱你。同时，我也爱妈妈。

请允许我接受来自你和你家族的一切，我也接受来自妈妈和妈妈家族的一切。

我爱你，我尊重你，请允许我也尊重我妈妈，我也爱我妈妈。

无论如何，在我的身上，你们是分不开的，在我的心里，你们并不冲突。

我也尊重你对妈妈的看法，那是属于你的看法。请允许我把你曾经对妈妈的看法交还给你。

我是你们的孩子，谢谢你，谢谢你给予我生命，我爱你。

爸爸，请允许我把属于你的责任交还给你，我承担自己的责任，走我自己的路。

谢谢你，我爱你，对不起，请原谅。

你在心里默默向你的父亲和父亲的家族鞠躬。然后你转向面对你的母亲，你看着母亲的脸，你说：

亲爱的妈妈，我爱你，我尊重你跟爸爸之间的事，我也爱爸爸。

我是你们两个的孩子，请允许我接受来自你和你家族的一切，也接受来自爸爸和爸爸家族的一切。

我爱你们两个。在我的身上，你们是分不开的，在我的心中，你们并不冲突，你们是平衡的。

我也尊重你曾经对爸爸的看法，那是属于你的看法，请允许我把属于你的看法交还给你。

妈妈，我爱你，我是你的孩子，请你允许我用我的方式爱你们。

请允许我把你的责任交还给你，我承担自己的责任。

我是完整的，我走我自己的路。谢谢你，请原谅，对不起，我爱你。

现在，请你在心里向母亲和母亲的家族鞠躬。

然后，你慢慢地转过身去，背对你的父母，你的前方是一条清晰的路，路的两旁是一片丰收的景象。天空晴朗，这条路一直通向光明的远方。

你感到你的背后，你的父亲和母亲都在背后支持着你，都在爱着你，你感到背后家族的力量都在支持着你，欣赏着你，稳稳地托起你，稳稳地抱持着你。

你满心感恩。你在心里对自己说：
是的，我是完整的，我是安全的。我是合一的而不是对抗的。
我接受我自己所有的传承、所有的血脉来源，我爱我自己，我爱我自己的每一个细胞、每一个基因。我是安全的，我拥有认可和支持，我拥有自己的爱和力量，我的生命是美好的，我的生命是完整的。

……

现在，请你再次回到自己的呼吸，回到你的身体。
感受自己的呼吸。感受内心的平静和圆满。随着呼吸，你此时此刻的感受，慢慢留在你的心里，留在你的身体里。

你可以慢慢睁开眼睛，你可以给自己一个微笑。感谢你自己给予自己的爱和力量。这份爱的支持永远与你同在。

祝福你。

第 10 章

钥匙六：放手
清理干扰能量

第 10 章
钥匙六：放手
清理干扰能量

老天牛陪着瓢虫不不走了一段路。

"对于你穿越丛林这事，我是这么看，"老天牛对瓢虫不不说，"地球缺了谁都能照样转，更不管你是不是穿越丛林，是不是找到星星。每当我想到这个，我就轻松了，心情愉快，陪着你走。"

不不说："为什么我一想到这个，却紧张了呢？"

"那你这么想，你就是那个照样转的地球，你见过地球紧张吗？坚持和放下，都会让你强大，而智慧……"老天牛乐呵呵地说，"智慧是清楚何事坚持，何事放下。"

不不低下头，慢慢地、长长地呼了一口气。

一轮圆月，正在升起，瓢虫不不感到很久没见过这么美的月亮了。

第 1 节

放手即转化

困扰发生在当下，而不在过去和未来

培训师朋伟一直在探索原生家庭对自己的困扰。在第三章中，我们曾介绍他的经历。他想成为一名在台上备受瞩目的培训师，但却总受困于一些内在困扰，需要克服很大的恐惧才能走到台前，而上了台也会被紧张淹没。很多困扰来自原生家庭中曾发生的事件、冲突对他的影响和限制，这些阻碍让他在对公众开口时，就变得退缩和恐惧。所以，尽管他们公司里很多人都欣赏他的才华，使用他的课件，但那个站在台上享受掌声的人，却不是他。

朋伟的同事倚菲是我的学员，一直在通过我的冥想音频做练习，她的原生家庭关系困扰发生了很多转变，并达成和解，于是她就介绍朋伟来找我。

"所以你爸爸跟你道歉之后，你就发现，自己没有'使力'的地方了，是吗？"我问。

"是的，我不知道怎么处理下去了。原以为，我遇到的问题来自他们的错误，我就需要找他们解决问题。解铃还须系铃人嘛。我爸和我道歉，我

第 10 章
钥匙六：放手
清理干扰能量

很感动，我也理解他们。但我的困扰并没随着他的道歉而解决，那种纠结和恐惧还是缠绕着我。对于过去发生的事情，当事人都认错了，但我心里还过不去，还在耿耿于怀，阻碍、羁绊自己。那我只能责怪我自己了。"

"是啊。"我说，"当我们遇到问题，或者被困扰阻碍的时候，习惯性地会去寻找它的成因，比如是不是过去某些事件、某些人，让我们在目前的困境中挣扎。我们习惯找到出错的原因，然后去想怎么纠正。这很正常，很多问题就是这样解决的，以前上学时一路复习考试，也是这么过来的。但是，也有些事情，找到原因也无法解决，比如蚊子叮了你，你特别痒，你拍死了蚊子，但你的痒没解决，还会继续痒；比如污染，堵住了源头，但还需清理、清洁；比如战争，处理了战犯，但伤痛仍在；比如在原生家庭的困扰中，尽管父母已经退出了对抗，但当时留下的干扰能量还在困扰着我们。"

"我理解了。就像战争留下的伤痛一样，就算战胜了，得到了赔偿，得到了勋章，但对于当事人来说，那时候留下的身体伤病、心理阴影什么的，还是要自己处理。这是两件相关但不同的事。"

"这样我们就能把注意力聚焦在此时此刻，聚焦在自己身上。而现在引起我们恐惧、紧张的干扰能量，不在过去的成因里，不在未来的可能里，也不在遥远的别人的评价里，就在此刻我们自己身上。如果我们把注意力放到过去的人、事、物上，我们的注意力就离开了当下，也就回避了此刻困扰我们的能量，同时我们可能倾向于进入受害者的模式，进入不为自己伤痛负责的状态。"

"这点我可以验证，以前我以为父母可以为我的恐惧、怨恨、紧张负责，后来发现他们想负责也负责不了。"

"聚焦在我们自己身上，就可以觉察此时此刻在我们内在、在我们身体中正在发生什么。虽然我们总说，要放下过去的伤痛、放下遗憾、放下某个前任、放下某个曾迫害你的人等，但我们真正要放下的，并不是过去的人、事、物，而是放下过去事件留在我们内在场域里的干扰能量——情绪能量、限制信念、自动反应等。过去的人、事、物都已经过去了，困扰我们的是此刻内在的干扰能量。为什么很多过去的事'过不去'？是因为我们内在看不见的手正紧紧抓着它们。"

"对我来说，不仅是过去的，还有'未来'的，比如我要进行公众讲话时。我害怕、恐惧的是还没发生的事，我期待的掌声也是没有发生的事。"

"紧张、害怕、恐惧，这些情绪此时此刻在你内在发生，它们以某种能量的形式存在于你的内在，但我们却把注意力放在了未来。在不确定的世界里，当你执着于未来必须发生某件事，或者必须不发生某件事，你就会受苦。而这些发生或者不发生，在当下并没有出现，此刻，它是'假'的，而你在受苦却是真的。"

"是的，一开始，我害怕两个情况，一是大家不喜欢我、否定我，我怕这些发生，二是怕出错，怕我的'不够好'被显现出来，我必须表现完美才能赢得大家的喜欢和欢迎，我怕我不完美。然后我就特别紧张，结果自然表现不好。后来我就怕这个紧张、表现不好再次出现，怕自己的痛苦再次出现。"

"我们恐惧未来再次经历曾经的痛苦。"我说，"这些情况在此刻都没有真实发生，真实发生的是内在那个叫'恐惧'的情绪能量。我们需要释放这个情绪能量，而它存在于当下，我们必须回到当下来处理它。如果我们的注意力在过去的懊悔或在未来的不确定上,这个情绪能量就不会被正确地释放。"

"我明白了,首先要让注意力回到当下,才能调动当下的资源,解决当下的问题。很简单的道理,以前却想不到。"朋伟撇了撇嘴。

期待、需求和匮乏

"我们来看看你期待的部分,你有没有想过,为什么尽管遇到这么多障碍,你还是期待成为一个在台上闪光的培训师?"我说。

"我想如果有很多人认识我、接受我,我也许就不那么胆怯了。就……不需要总做可怕的自我介绍了。"朋伟自己笑了起来。

他接着说:"我总是感觉有很多人认识我、尊重我,我才是成功的。我还剖析过,我可能想向我妈证明,她说的'说话多不安全'是错的,我必须做到和她的定论不一样。如果我做不到的话,我感觉自己就是失败者。"

"我们期待有一种可能性,可以确定地出现。如果这种可能可以确定地出现,我们就认同自己是有价值的,就可以得到他人肯定,证明自己值得被爱。事实上,你已经得到了他人的认可和肯定,你的父母爱你,同事爱你,你设计的培训课程、你做的课件,培训师们都喜欢用,你体现出别人不具备的价值。但是因为这种认可不在你预期的范围内,所以你会不以为意。你的注意力只在你预期的某个结果上。"

朋伟点了点头，专注地看着我，似乎受到一些触动。

"曾经你期待的，也许只是你要向母亲证明'我自己的方式也是可行的'，你执着于必须用某种方式达成某个结果来证明自己。其实，你还具有更多的、更丰富的可能性。对你来说，你执着的可能是'因为自由表达自己而被肯定甚至崇敬'，对其他人来说，可能是'我这样做也可以有人要、嫁对人''我必须采取你反对的方式，才是成为我自己'，等等。有时候，我们会把自己人生的成功，和这个证明自己的方式绑定，似乎只有这样才能一扫憋屈。我们恐惧人生失败——当我们绑定了唯一的方式，那么其他方式就意味着自己人生失败。我们越害怕人生失败，就越变得执着于某个唯一方式，执着于获得某个身份认同。把这种认同与'自我'绑定，似乎没有这种身份，'自我'就死亡了。'自我'害怕如死去般地身份消失，害怕身份的不安全，害怕未知的不确定性。当我们执着于获得这种自我身份，或者执着于以某种面具示人，我们的目光就会变窄，看不到更丰富的可能性。我们会陷入得不到的恐惧和担忧中，或者陷入害怕失去这个身份或面具的焦虑中。这里说的'面具'并非贬义，而是我们每个人都有的、应对社会和关系的对外的界面。我们恐惧自己不是期待的自己，忽略了自己本来就有的天赋和价值。"

"没人能成为另一个人，做你自己也没人能比你做得更好。我写稿时也经常这么说，但自己不知不觉地想做一个自己期待的角色。嗯，我就不会成为我期待的那样了吗？"

"当然有可能成为，有可能得到你期待的，任何可能都有。但它是以一种自发的、自然生长的方式，自然而然地达到。它是一个'你是谁'的结果，而不是一个'你是谁'的原因。你值得成为你自己——但这个'自己'，也许并不局限于你的期待、你的预期，因为你的期待往往源于你的匮乏，源于你的干扰能量，而非真正的、本自具足的你。站在你拥有的资源上，清理你的干扰能量，让更多的潜力绽放，你会得到超出你此刻预料的自己。因为你此刻的预料和期待，只是基于你的'不够'，而并非基于你更大的潜力。宇宙总会给你最好的，只不过常常超出你的理解和预料。"

"刚才您说——我们和社会打交道的界面，这个比喻我蛮喜欢，其实我们还有更深层的部分，但别人看到的是这个界面。"

"我们和世界打交道的界面，包括我们的观点、立场、情绪，我们过往的故事，无意识中想呈现的人设，等等。比如我们接触一个人，我们会表述，他是爱发脾气的或是脾气好的，他是'站哪个队'的，他的看法是什么，他的身份标签是什么，以前做过什么，受过哪些苦，又有什么成就，等等。当我们深入了解他之前，我们会把这些组合起来，当作这个人的全部。而曾经，我们认识自己的时候，也会把这些当作我们的全部。"

"明白。我们以为这些就是我们自己的全部时，也会特别在乎这些。不过，虽然我现在知道自己不是这些界面，但我也不知道界面背后到底还有些什么。对原生家庭的探索过程，让我感觉冰山下还有很多我不知道的东西。"

"简单说来，这些界面背后，先是藏着一些核心的需求或渴望。就我的观察、学习和体验来说，通常我们会有四个主要的需求：想要安全或者说想要生存，想要被认可或者说想要被爱，想要完整或从想要完整衍生出来的想要独特性，想要改变和控制外在的人、事、物以满足我们对确定性的执着。我们外在所表现出来的，以及我们所追求的，有很多来自这些内在的需要和渴求。而我们之所以'想要'，是因为我们认为我们没有，或者我们缺乏、不够。我们有着自己不够安全、不够被爱、不够完整的信念，而我们也的确有着自己匮乏和脆弱的感受。那些生命里的分离、伤痛和心碎，的的确确发生过，并通过痛苦的感受让我们不愿再次面对。"

"这些渴望、信念、匮乏和脆弱，是不是真实的自己呢？"

"在我看来，虽然它们会形成我们的人生模式，但当我们说'我们有一种不安全感'时，我们已经和这种'不安全感'分开了，我们说'我们有一个不配得的信念'时，我们和这个'不配得的信念'分开了。它们并不是真正的'我们'。它们只是阻碍我们回到并体验真正自己的'干扰能量'。"

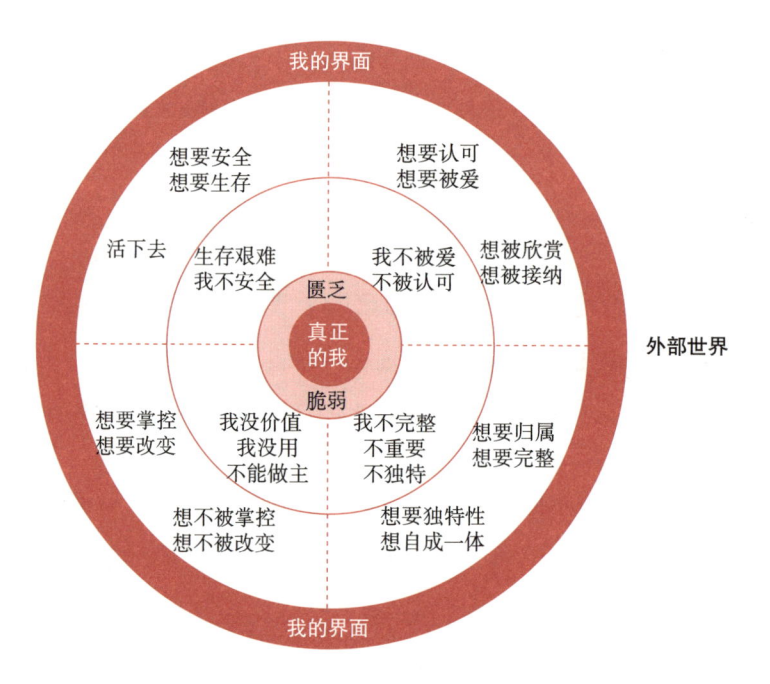

朋伟没说话，我继续说："很多干扰能量在我们年少时形成，在我们原生家庭环境中形成。但原生家庭中的伤痛事件已经过去了，不在此刻、不

第 10 章
钥匙六：放手
清理干扰能量

在当下。此时此刻困扰我们的是这些干扰能量。我们一直没有妥善地处理它们，它们还在我们身体的能量场里，一有风吹草动就出来影响我们。当然，这是一种简单方便的说法。从干扰能量的角度来看我们习性的运作，在不同的心理学流派和哲学传统中也有不同的阐述。它是怎么运作的呢？比如父母的冲突让你感到不安全，你想要安全，而你又存在'当众讲话是不安全的'信念，所以你上台时表现出来的就是紧张、谨慎、封闭自己。它们运行的速度极快，让你觉得这个过程仿佛即时发生，天经地义，像真实的一样，仿佛这就是你。但这些只是干扰能量带给你的自动反应，并不是真正的你自己。真正的你自己——你的天赋、热情和潜力涌现之处，反而被这些干扰能量遮蔽，就像乌云蔽日，让我们看不到阳光的真相。"

"如果干扰能量不是我自己，我能清除它们吗？"

"当然可以。我们释放掉天空中的乌云，蓝天自然展现——放下即是转化，我们不用用力制造蓝天，只需要对我们抓住的乌云放手，或者说，放开我们抓住乌云的手。"

第 2 节

成长是一个拿起和放下的过程

接纳是放下的前提

"情绪也是干扰能量吗?"朋伟问。

"我们可以把情绪也视作一种干扰能量,而且因为它表现明显,所以我们可以通过它来实践释放干扰能量的方法。"我说,"你可以回想一下你和你父母冲突的场景,然后感受一下你的身体,很可能你身体的某个部分会有紧绷、堵塞或者揪心的感觉。"

朋伟闭上眼,感受了一下,一会儿睁开眼睛说:"我觉得胸口附近有一种很闷的感觉。"

"从回忆刺激情绪的场景,到留意身体的感受,这也是回到当下的过程。当我们回到当下,就有机会放下这个干扰能量。"

"怎么放下呢?"朋伟问。

"你以前是怎么处理情绪的?"我问他。

第 10 章
钥匙六：放手
清理干扰能量

"我以前学过一些情绪管理的方法，有的是引导自己回到理性状态，比如说服自己情绪里带的评判是不对的，或者引发情绪的内容只是自己的猜测。但我的体会是，情绪强烈时，别人的劝说都听不进去，还要自己调用逻辑思维，这实在是太难了。"

"有一些冲击力没那么强烈的情绪能量，可以让自己做一个深呼吸，先暂停一下——当然，暂停也是需要训练的能力，然后再去处理。比如正念冥想可以帮我们训练暂停的能力。但有些强烈情绪袭来时，确实很难通过逻辑大脑处理情绪能量，比如巨大的愤怒、强烈的抑郁，当你没有较强的定力时，它们会完全抓住你的注意力。"

"以前习惯的方式，就是压制。尤其对男生来说，好像越能压制情绪，就越男人。但是压抑自己确实很难受。还有转移注意力，比如去唱歌，去喝酒，所谓各种散心。不过也只能躲过初一，到了十五，心里仍然鞭炮与灯谜齐飞，炸得自己遍体鳞伤。"

"我们习惯性处理情绪的方式，一般就是压抑或者逃避。转移注意力也是一种回避、逃避。如果压抑和逃避没成功，我们也许就会宣泄或者发泄，输出一种强迫性的表达。宣泄不一定是大哭大闹，也可能是暴饮暴食、自我放纵，或者长篇大论地、大篇幅地向他人倾诉、诉苦，表达自己是有理的，是一个受害者。"

"我有一个同事就是这样，如果感觉自己在工作上受了委屈，就在微信上给我发大段文字，看似是解释，也像是一种倾诉、一种发泄。"

"压抑、逃避、宣泄都有一个特点，就是认为这个情绪是'不好'的。如果觉得这个情绪不好的话，我们自然会选择抗拒它。而我们内在抗拒的

345

东西不会消失，反而会更强大。我们以抗拒的方式，在我们的能量场里保留了这个情绪能量。它没有被释放，还会在下一个刺激我们的场景里，被调动出来，干扰我们。"

"如果这个情绪让我们不舒服，我们肯定就认为它是不好的。难道它还是好的？"

"它也不是好的。如果是好的，我们也会倾向于留下它。比如有的朋友觉得自己一发怒，别人就让着他——哎呀这个暴脾气，管用，得留着它！那么尽管生气不舒服，但这个愤怒的情绪能量还是会被他保留。如果我们想释放这个情绪能量，就要视它为'不好也不坏'的。它是中性的。我们只是觉察到它，但对它没有评价。当我们没有评价，我们内在抓住它的手就会松开。"

朋伟点点头，表示同意。

"与'抗拒'相反的一种方式是什么呢？就是'接纳'。如果我们对情绪能量的态度是接纳，那我们会采取的方式，通常会是允许、放手、释放，放下我们情绪能量的干扰。当我们觉察并且接纳的时候，我们不像以往陷于情绪时那样处于评价状态、处于头脑中的故事里，我们处在当下。对于情绪能量来说，有效的释放方式，就是觉察、接纳、释放。"

我给朋伟讲了转化三角的模型，他很快就听懂了。

近年来流行的"荷欧波诺波诺"（零极限）也是一种释放法，它通过自己重复"对不起、请原谅、谢谢你、我爱你"这四句话，在内在实践觉察、接纳和放下，从而达成内在的和解。"圣多纳法"也是一种有效的干扰能量释放法，它的问句——我允许这个情绪吗？我愿意放下这个情绪吗？我能放下这个情绪吗？我打算什么时候放下这个情绪？——也是在提醒自己反复选择觉察、接纳和放下。"精通情绪"也是把情绪视为一种能量的释放法。这些方法我自己也经常练习，受益匪浅。

有依附就没有放下

介绍朋伟来找我的，是朋伟的同事倚菲。

倚菲爸爸在情绪失控时，会对倚菲妈妈施以暴力。倚菲妈妈不敢反抗，就只是默默忍受。小时候，当这个场景发生时，倚菲就害怕得要死，把自己藏在房间的某个角落里，不敢出来。年幼的她只能安慰妈妈："妈妈，我以后听话。"长大一些，她问过妈妈："你怎么不呼救？"妈妈说："要是出声，你爸会更生气。"倚菲痛恨爸爸的暴力，也痛恨妈妈的软弱。

初中时，有一次爸爸又要打妈妈，这次倚菲没躲起来，她紧紧从后面拖住爸爸，爸爸拉开她的胳膊狠狠给了她一巴掌。倚菲继续和爸爸扭打，直到没有力气。而令倚菲失望和伤心的是，妈妈只是在一旁看着，仍然不发一声。

倚菲对爸爸既怨恨又害怕，对妈妈夹杂着同情和愤怒。这些情绪让她时而陷入受害者的角色，时而陷入拯救者的角色。比如她害怕冲突，总觉得别人的冲突是"自己的错"；她也会主动帮助处于弱势的同学、同事，而这些帮助又总是让她陷入一种试图控制对方的渴望中，最终和对方不欢而散。这种不欢而散，让她感到愤怒。她总想逃避斗争，但她却总在斗争。对于处理关系，她从父母那里只学到冲突和牺牲，在冲突和牺牲的过程中，她反复体验交织着害怕、屈辱、愤怒和愧疚的情绪状态。

接纳父母各自有着各自的生命功课，也允许自己有自己必须体验的成长经历，这是倚菲从"归因阶段"走出来要做的第一件事。接下来，她需要学习放下一路"积攒"的干扰能量。比如，放下"出事了是因为自己不够好"的信念，放下恐惧、愧疚、愤怒的情绪，慢慢不再担心别人的冲突是自己的错，不再承担不属于自己的"拯救任务"，也就逐渐认清和交还了属于父母的关系模式。

不再抓住原有的模式不放，也意味着自己看世界的视角，不再局限于原来固有的经验和判断。倚菲的生活和工作迎来了新变化，她享受每一天新的体验。正是这些改变，让朋伟感到吃惊。

她说："这世界那么广阔，我们看似可以畅游无限的可能，但其实却被困在狭小的牢笼里。曾经我能做的，只是为自己困在牢笼里找到合理的解释和理由，合理得让我感觉我不可能离开，牢笼让我感到熟悉和安全，甚至我就是牢笼本身，离开的话我就不是我了。但现在我看到这个牢笼只是由我的无数观念和感受编织而成的，放下它们让我前所未有地轻松。真的是砸碎的只是锁链，得到的是全世界。"

朋伟也想砸碎锁链，他对我说："很多书里都讲到放下，但是我一直感觉放下很难。"

如果我们看不到我们真正需要放下的是什么，放下就变得困难。如果

第 10 章
钥匙六：放手
清理干扰能量

我们不知道放下之前需要练习接纳，也做不到真正的放下。

我们抓住了太多东西，当我们依附于我们所抓住的，我们就很难放下。

托尔斯泰写过一个小故事《一个人需要许多土地吗？》。主人公到草原上去购买土地，卖地的人提出了一个奇怪的价格："每天一千卢布。"你一天从日出到日落所走的路围成的土地就是你的了，价钱是一千卢布，但如果日落之前你赶不回出发地点，就白花了一千卢布，也得不到任何土地。那人觉得这个价格不错，一天可以跑出很大的面积，于是一早太阳一露头就开始拼命跑，直到太阳偏西了还不知足。最后他总算在日落前跑了回来，但却精疲力尽，吐血死去。

所谓"想要"的东西，也许并不是我们真正需要的东西，但如果我们对此有着极大的匮乏感，就容易变得贪婪。我们依附于得到更多、炫耀更多，似乎这就意味着我们内在的匮乏可以不被揭露，不被面对。贪婪是匮乏的自然反应，在我们没有放下匮乏、认清匮乏的假象时，放下贪婪是很难做到的。

传说有一种抓猴子的方法。人们把椰子打一个洞，掏空，里面放一根香蕉。猴子就会伸手去拿椰子里的香蕉。如果猴子攥着香蕉，它的手就拿不出来了，如果它松开香蕉，手就可以自由地进出。但是，松开香蕉是猴子最不愿意干的事，所以猴子总是被抓。

每当我们把自己依附于某个外在的事物——某根香蕉、某个伴侣、某种成功、某个标准、某个人设、某种赞美，我们就容易失去自由。我们总希望依附、抓住那个所谓好的，好像抓住了我们就安全了、幸福了、成功了，但我们恰恰陷入了失去"香蕉"的恐惧中。我们失去了安全的感受、幸福的感受、成功的感受，我们失去了自由。

一旦我们与外在的某种情形具有强烈的粘连性关系，我们就一定会受苦。我们也一定放不下。而我们之所以抓住不放，是来自"我们没有""我们缺乏"的信念。只有先放下这些信念，我们才会放开抓住"香蕉"的手。

第 3 节

与父母和解，意味着对安全的肯定

不够好的自己是安全的吗？

"我也有和你类似的阻碍。"我和朋伟说。

"当众讲话吗？"朋伟问。

"我以前在数据通信领域工作，学的也是理工类专业，做的事和现在做的看着距离挺远的，和内在探索好像也没什么关系。最初，我参加一些心灵成长工作坊的时候，遇到的一个问题就是，如何让自己感到安全地表达内心。比如，在工作坊中老师会安排一些互动练习，需要一个人对另一个人敞开心扉，表达自己遇到的困扰、困惑，或者自己遇到的重大问题。这时候，我的大脑就一下子'短路'了，搜肠刮肚，找不到什么困惑是自己觉得可以在台面上说的。"

"其实这本身就是一种困惑。"我继续说，"记得在很多年前，我开始做'心探索'的时候，有几个编辑部的同事还专门找我聊过一次，在当时办公室楼下的咖啡馆，他们说'你还可以更打开一些、敞开一些'。我特别感谢他们。那时候我才开始有意识地关注这一点。"

"我理解，不习惯打开自己的内心，探索别人可以，探索自己就很谨慎。我私下和熟悉的朋友倒是可以——比如倚菲这样的，但是一对多就会紧张。"朋伟说。

"那时候我才注意到这一点。我发现，我那时似乎更善于使用头脑分析他人、分析事件、帮助别人、支持团队，但不愿意分析自己，即使是面对自己的时候，我也很难去直面自己一些脆弱的、弱势的地方，更何况要把这些弱小的部分敞开给别人看了。这是一种下意识的保护。而在外在工作中表现得越好、越有成绩，往往就越觉得自己'没问题'，反而延迟了向内探索的机会。"

"所以像我这种早点受困于自己，总是求而不得的人，还挺幸运的。"朋伟自我调侃道。

"确实是幸运的。这是一种可以在生命历程中早一点醒来的幸运。"我说，"无论什么原因，能早一天开始向内探索，都是一种福气。"

朋伟说："我身边的大多数人，也不太理解为什么我在这个议题上花费那么长时间。就像好多人不理解为什么有人有吃有喝、有名有利，却还会抑郁。他们觉得你是不是矫情，是不是回避现实问题，是不是吃的苦太少什么的。其实完全不是这么回事。也许我们这个行业比较强调成功、励志、正能量，就容易贬低一切脆弱、忐忑和彷徨，似乎一切问题都可以归结为你不坚强、不努力、不能对自己狠一点。我们会塑造一个榜样，鼓励大家成为像榜样一样的人，而不想成为榜样的样子，就是没追求、不上进。我们的眼睛总是望向那个'更好的自己'，但回避和拒绝真实的自己——当有一个'更好的自己'，意味着现在这个自己是不够好的、不完美的、丑陋的、有缺憾的、不被接受的。"

"这就像有一些父母，凡事都可以用来鞭策孩子进步，无论在任何方面，他们都可以马上举一个成功例子用来给孩子加点压力，作为孩子的榜样、努力标准，似乎你不能成为'别人家的孩子'，就不配当'自己家的孩子'。如果我们问一个人你觉得'更好的自己'是什么样的，他经常会说出一个'更好的别人'。如果父母总是否认或逃避自己的阴暗面，孩子也会以自己的阴暗面为耻。长大后，我们想把自己塑造成没有阴影的人，就像没有缺点的英雄、完美无缺的偶像。我们习惯了被完美形象鞭策、被'其他人都做到了'施压，不然就找不到自己的位置和目标，同时批判自己不够好。当有一个目标出现时，自己选了榜样、站了队，似乎自己就从'不好'迈向了'够好'。我们不知道没有压力的自发和热爱是什么滋味，不知道自觉、自发、热情和热爱才是成功的人生之道。如果一时没有压力，我们先是只想躺着什么都不干，然后就变得焦虑和不知所措。"

"可能好多人都是在这样的环境下长大的吧，所以现在他们也希望外界提供相似的环境。你看，我虽然这么说，但我写的课件还是以励志为主，因为人们喜欢。眼睛只望向外面的人喜欢被激励，只有关注自己、可以看到自己另一面的人，才喜欢被治愈。"

"其实，激励和治愈这两者可以和谐同在，人们可以活出不同的面向和层次。人生因为丰富而有弹性。只是有时候我们过于强调单一的标准，习惯非此即彼、非友即敌的两极化评价。在这样的环境下，我们不单以此评价别人，也会以此评价自己。在这种环境下，压制自己脆弱的部分，才会感到安全。甚至贬低别人，找到别人的缺点和弱点，其实也是为了回避自己批判自己。久而久之，我们内在柔软的部分就关闭了。我们也许很阳光，很有正能量，但我们也很坚硬。坚硬到只能崩溃。"

"是的，我有时也有'找别人不足'的习惯，有时这样能让我不那么嫉妒，开心一些，哈哈。但这个人如果太完美了，我会感觉自己太糟糕了，所谓自惭形秽。就像刚才说的，我们会认为，不够好的自己是不安全的，所以每天都要做出够好的样子。只有那个够好的样子才是有价值的，才是合群的，才是有生存的位置的。我们不允许面对生活时，自己有着不同的姿态、不同的结局。一旦那个唯一'有价值'的姿态维持不住，我们就容易崩溃或者抑郁。"

"所以说'上善若水'，水流动、汇聚、渗透、蒸腾——没有什么姿态不是水，无论是云、雨、海洋，它都是水。放下自己认为唯一的姿态，允许自己如水。我们本身就是安全的，我们存在哪怕'无用'，也是'有用'。"

哪里是安全的港湾？

我们很多人都会这样。习惯在人前掩盖自己的脆弱，喜欢把话题带到自己擅长的领域，喜欢让自己待在被肯定、被赞扬的语境中，不愿示弱，也不愿试错，让自己活在光鲜地带，回避探索自己所谓阴暗的部分。

人们这样做，背后可能有很多的原因。其中一个原因是，人们对自身所处的环境感到有各种不信任，觉得不同程度地暴露自己，会有不同程度的不安全。如果我们感觉自己处在一个不安全的环境中，自我保护的本能

第 10 章
钥匙六：放手
清理干扰能量

会让我们选择隐藏自己的阴影。但是，如果你成长的每时每刻，都处在一个自己感觉"不安全"的环境中，这种隐藏就变成了习惯，好像变成了你的一部分，你甚至忘了安全和敞开是什么滋味。

这种掩盖、回避和隐藏，也会因为自己感到的安全程度不同而不同，也许我们会在不同的人前展现不同层级的、不同角度的脆弱一面，也许我们即使自己和自己在一起时，也拒绝认为自己有不完美、不如人意的一面。

如果你在和自己相处时，也会忽视和拒绝自己内心脆弱的部分，逃避自己的所谓缺陷和不完美，那么在你的内在，是不是也有一个自我批判的环境，让你觉得不安全呢？我们警觉的头脑无法向外界示弱，久而久之，我们也无法倾听到自己内心那个示弱的声音。

如果我们内在有一个不安全的环境，如果我们自己不能成为自己安全的港湾，那么无论我们如何找寻，任何外在的地方都无法成为我们安全的港湾。如果我们内在有一个安全的环境，如果我们自己就是自己安全的港湾，任何外在的地方，就都可以成为我们安全的港湾。

我们内在的安全港湾，最早来自我们和母亲的关系。我们还在妈妈肚子里的时候，妈妈就是我们安全的港湾。当我们还是婴儿、还是小小孩的时候，我们的弱小会赢得母亲的保护、赢得母亲的疼爱。很多人即使长大以后，面对妈妈还会忍不住撒撒娇，享受一下过去作为孩子时被妈妈疼爱、呵护的感受。撒娇也是一种安全的示弱。

你渐渐地长大了。在生命中的某一天，当你向妈妈袒露你的脆弱、你的困难时，也许妈妈会这么和你说："别和我说这些，我不爱听！和我说这些有用吗？解决得了问题吗？我没时间管你这些事，也没心情管你这些事，以后你到了社会上，学校、单位里也绝不可能有人管你这些事！大家只会笑话你，没人看得起你！"

那么，在这一刻，你一定会感到很受伤。这一刻，"坦诚自己弱小的部分"与"不好的评价"画上了等号，也与"任人宰割的危险"画上了等号。但更重要的是，在这一刻，你忽然感觉你和妈妈之间，曾经有的某种能量流动中断了。

当我们和母亲的连接不再稳固，我们开始对自己的安全不再那么肯定了。

我们也开始有了一些自己不够好、不完整的信念，我们因为自己不够好、不完整而感到不安全。我们会在生活中用各种方式去反复印证这个信念，会去寻找证明这个信念的线索。比如，我们会在妈妈的话语里，寻找和关注那些印证自己不完整、不够好的线索和证据——当然很多妈妈也确实不注意这方面的表达，但无论她表达什么，我们的注意力都会更加集中在她对我们"不够好"的表达上。

长此以往，这个认为自己不够好的小孩，就会感到自己越发得不到倾听和鼓励——当然在很多家庭里，孩子也确实得不到倾听和鼓励。于是，我们更加感到自己不够好。

我们渐渐丧失了打开自己、自我坦诚的勇气，我们担心自己受到伤害，担心自己不被别人喜欢。我们越是期待，就越是失望。我们曾经认为安全的港湾，不再安全了。

有一位朋友芬芬，说她小时候，只要做错事，妈妈就用扫帚把儿揍她。她也不敢躲，如果躲，被妈妈抓住了就会被揍得更厉害。如果哭的话，她妈妈就会说："是你做错了事，你还哭，再哭就滚出去！别回来了！"芬芬说，后来她很难和妈妈亲近，同时也非常害怕向妈妈暴露自己的"问题"，从来都是报喜不报忧。

害怕有很多种，其实她害怕的不是犯错，是害怕被责骂，害怕引起和妈妈的冲突，害怕妈妈不开心，甚至自责、愧疚于让妈妈不开心，害怕所有这些会导致自己失去安全的港湾，或者说失去爱的连接。

还有一位朋友洋洋，她现在的事业做得非常成功。她说，她小时候爸爸非常严厉，无论做什么，她爸爸总是说，你这个不对，你那个不对。她刚刚努力把上个"不对"的做对了，爸爸马上又指出新的"不对"。学习、锻炼、学校表演……每个项目都必须完美，一旦有些"不完美"，在补完或改完之前就不能吃饭，也不能睡觉。每天她都被训得大哭。她哭着晨跑，哭着做题，甚至哭着吃饭。每时每刻她都在反思：刚才我是不是又做错了什么。

洋洋说："现在，别人看我很成功，就说小时候爸爸这么管是对的，但只有我自己知道自己是不是快乐。我拼命工作，并不是因为我爱工作，而是因为我害怕，我觉得不安全，但无论我怎么拼，我还是觉得不安全、觉得不开心。我时时刻刻都在害怕中度过，你也许觉得事业有成叫成功，但我觉得能开开心心的，才真的是成功。"

有些人因为这些原因，和父母保持着有距离的关系，有些人对父母有着深深的怨恨，感觉"我最深爱的人伤我最深"。有些人甚至已经很久都没有和父母联系了，有些人即使联系，也只是"你好我好"的泛泛而谈，节日里全家一起聚聚，大家也小心翼翼地躲避着容易引起冲突的话题，不会敞开心扉。这样的家，变成了一个"不安全"的场所。

当爱的脐带被剪断，我们就找不到回家的感觉。

我们内在的家

当我们没有建立起内在的安全感，试图向外寻找安全感的时候，我们总会一次又一次地失望，一次又一次地加深自己的不安全感。每一次向外寻找，最终只能验证内在不完整、不够好、不配得的信念。即使偶尔抓到一丝安全感，也总是短暂易逝的。就像手中的一把流沙，抓得越紧，失去得也越快；就像抓住一根救命稻草，仿佛有救，却仍在下沉，反而放手了，才会有更多机会。

前面谈到过，时至今日，我们与父母的冲突，已经不是外在的冲突，而是我们内在的冲突。如果我们解决了内在的冲突，那么外在的冲突包括与父母的冲突也会得以和解。我们真正要做的是内在的和解。

"家"从来不在我们之外，而在我们之内。

如果我们认为自己有一个需要——需要从父母那里得到我们没有的安全感，并且我们认为父母自己拥有安全感，具备给予我们安全感的认知和能力，可是，他们却没有给予我们，那么我们就会怨恨他们，我们就切断了和父母的爱的流动。——而此刻，作为成年人，我们的"父母"已不是外在的父母，不在我们之外，而在我们之内。所以，这也意味着我们不只

第 10 章
钥匙六：放手
清理干扰能量

切断了与外在父母之间的爱的流动，我们也切断了自己内在的爱的流动。而切断这个爱的流动的，不是别人，正是我们自己。

当然，很多朋友说："那父母就没责任了吗？还不是被他们逼的，还不是因为他们的迫害。"或者："还不是因为他们本身没有安全感，还不是因为他们没有给孩子安全感的能力。"关于责任，父母有没有责任是父母的事，不是我们的事。我们更需要看到自己的责任。父母的责任是属于父母的，而我们的生活需要我们自己来负责。如果你觉得你是"失去安全感的受害者"，那么你就进入了戏剧三角的游戏，这个游戏中强化的，只是"自己不够好"的信念而已，我们需要从"失去安全感的受害者"的剧本里走出来，需要松开抓住受害者角色的内在的"手"。

出生时，我们剪断了脐带，意味着我们作为一个"人"开始独立生长，而当我们不再能从外在获得安全感，就意味着我们必须建立内在的安全感。只有接纳这一点，我们才会有真正回家的感觉。

如果我们不再向外抓取什么，以填补内在的需求，如果我们放开向外寻找的"手"，我们的注意力会开始回到我们自己的中心，我们自身的能量频率就有机会提升，从而满足自己的内在需求，或者说，曾经的需求，随着我们的提升已经不再成为一种需求，我们已经不那么容易被"不足"和"匮乏"的感受席卷、带走。

当我们重建内在爱的流动，重建自己对自己的肯定和欣赏、宽恕和接纳，重建自己对自己的爱，我们就找到内心的家，并安住在内心的家。在内心的家里，我们关于安全、关于自我价值、关于最原始的信任，以及关于爱的需求都会得到逐步的满足。那时候，我们会感觉我们已不再需要安全感，我们就是安全感本身。

第 4 节

不确定世界里的确定的目光

不依赖外在的确定性

"完全不需要向外寻找安全感吗?比如你得去挣钱糊口,钱得从外面来吧;比如会发生意外、灾害,你就是感到不安全。"朋伟问。

"你需要通过外在环境获得你生存的必要条件,这是客观的事实。区别是,你是以一种内在缺乏安全感的状态去获得,还是以内在拥有安全感的状态去获得。如果你以内在缺乏安全感的状态去获得,你就会恐惧,就会封闭、依赖、攫取、逃避;如果你以内在拥有安全感的状态去获得,你就会爱,就会开放、分享、允许、治愈。对于挣钱来说,无论哪种状态,你都能挣到钱,但后者无疑让你更能享受过程。同时,一个开放、分享、允许、治愈的你,一定会吸引更多的机会。"我说。

"那么,安全的环境呢?大到那些意外、灾害甚至战争,小到我上台可能被人否定、批判甚至'网暴'?"

"你内在的安全感,来自你承认外在的不确定性,而不来自依赖外在的确定性。对这个世界充满不可预知的'不安全'说'是',才会让你内在充

第 10 章
钥匙六：放手
清理干扰能量

满安全的力量，对外在安全的依赖放手，才会回到你自己安定的中心。这时，外在的不安全就像不断变化的风暴，而你始终安定于风暴中唯一平静的地方——那个风暴眼，风暴的中心。而当你一旦执着于让风暴停息，你就会变得忧心忡忡，恐惧、焦虑，你就也变成了风暴的一部分。而当你安定在你的中心，你会看到，事物总是有起有伏，有生有灭，有来有去。你不抓住'起'，就不会焦虑'伏'，你不抓住'生'，就不会焦虑'灭'。放手，意味着我们不抓住任何自己想依附的，不抓住任何我们自己以为自己'是'的。真正的安全感，来自我们不需要寻找安全感，来自没有安全感这回事儿。"

"我明白了，如果我不依附于公众的评价，我也就不会恐惧公众的评价、恐惧对公众讲话，也就不会认为站在台上是不安全的。"

"是的，对于原生家庭的困扰，如果我们不依附于'父母的改变'使我们可以得到改变，我们就能找到自我改变之道。"

"这个我有体会，我爸妈其实已经改变了，但我还受困于当时留下的内在干扰、内在对抗。"朋伟说。

"就像'一朝被蛇咬，十年怕井绳'，那条蛇早就不在了，而我们还抓住当时的'怕'不放。所以我们要做两件事：第一件事，划清界限，你此刻的'怕井绳'，已经和'蛇'没有关系了，处理和放下我们此刻'怕'的感觉，以及因'怕'而受的苦，是我们的责任，而不是'蛇'的责任；第二件事，回到当下，处理此刻我们感到的干扰能量，看到这个'怕'并不是我们自己，并非和我们是绑定关系，处理、放下这个'怕'的干扰能量，就可以得到改变。"

"是，当下的干扰能量要回到当下处理。"朋伟已经内化了这个原理。

"我们很多创伤能量的形成，都来自原生家庭，我们很容易聚焦于过去发生的事，而不能使当下影响我们的创伤能量得到释放。过去发生的事已经过去了，永远不会再来，留下的礼物是让我们在生命里必须学会'放手'。'放手'是一种训练，这种对于'放手'的训练，是我们一生都要实践的，就像杰克·康菲尔德说：最终，重要的只有这三件事：我们生活得好不好，我们爱得深不深，我们多大程度上学会了放手。"

放下旧的，就迎来了新的

"感觉放手、放下还是挺难的，好在了解了接纳才能放下，还有练习的工具，比如冥想。"

"一般来说，当你觉得放下很难的时候，你和'放下'这件事就有一种对抗的关系，就像你想用力甩开一件事，其实不算是这里所谈的'放手'，因为它来自一种抗拒的关系。这里所谈的'放手'，就像你不用力抓着一只蝴蝶，这只蝴蝶自然就会飞走。如果我们觉得'放下'很难，那么可以试着接纳自己认为'放下很难'这件事，松开抓住'放下很难'这个观点的手。"

"这个角度，我从来没想过。"朋伟说。

"有一些朋友说：'放下旧的，迎来新的，说起来容易，但做起来太难，

第 10 章
钥匙六：放手
清理干扰能量

或者根本不可能——我不可能放下原生家庭的创伤，我不可能放得下前任对我的伤害。'你觉得这个信念是出于封闭和匮乏，还是出于敞开和丰盛？有时候抓住旧的，让我们有理由不去迎接新的，不去为我们的改变负责，有时候是因为我们没有学会如何放下。我们真的不能放下旧的吗？"

我继续说："想想你的呼吸，每天你都在无数次地放下旧的，迎来新的。如果试图抓住某一次吸气或呼气不放，生命就会变得艰难起来。而当你放松并允许，生命之爱会在每一次转换间自然运作，就像每个夜晚和天明。这也是一种冥想，在呼吸中，我们得到了觉察和智慧，它在生活中给我们带来清晰和自由。未来有无数可能，作为一个丰盛自由的能量体，你会如何安住于当下的流动，又如何为未来保持平静而敞开的心呢？"

朋伟点点头，他决定不再纠缠于"蛇"，开始练习放下心里的怕了。

后来的一段时间，朋伟一直和我同步他的练习状态，还有自己的心得。有倚菲的改变在前，他也格外有信心。

有意思的是，后来朋伟并没有去做他曾经梦想的"明星培训师"，他成为业界有名的培训课程策划专家。

他对我说，曾经他感到自己的价值感很低，即使在自己擅长的领域赢得尊重，他也会抓住自己的低价值感不放，只关注自己认定的某种被认可的方式，而看不到自己本来就有价值。他期待一种确定的可能性，执着于某一个身份，以证明自己是有价值的，是被爱的。

他先是试着接纳和放下自己上台的恐惧和紧张，这种恐惧和紧张主要来自害怕否定、害怕评判所带来的不安全感。慢慢地，他意识到，自己真正地感到享受的工作，不是上台一呼百应——上台只是为了赢得自己想象中的认可，而是研究、策划课程的内容。他把更多的精力放在培训课程的教研上。后来，朋伟出版了一本专门讲课程设计的书，在圈内广受好评。他也会上台分享，作为一个课程策划专家，而不是明星培训师——明星培训师反而是他的学员。当他在台上分享自己擅长和喜欢的，他自然、生动，备受欢迎。

如果我们把成功、幸福建立在不可预期的唯一结果上，就时常会感到不成功、不幸福，如果把成功、幸福建立在自己所热爱的选择和行动里，成功和幸福就把握在自己手里。

你的选择、行动意味着你在表达"你是谁"。当你分享完整，你就体验完整；当你寻找完整，你就会体验不完整。当你分享爱，你就会体验爱；当你寻找爱，你就会体验爱的不足。如果我们被"不足"遮住眼睛，我们自然就会恐惧，会控制，会索求，我们会在不确定的世界里期待和要求某种确定。

如果爱和完整，是你天然所是的，你就会从自己天然拥有的资源出发，你会分享，会付出，会去爱。行动即是结果，过程即是目的。如果你安定在内在的中心，你就是看着这不确定世界的确定的目光。

练习 8
冥想练习：回家之路

现在，请你找个舒适的位置，你可以坐着也可以躺着，让自己感觉自然而放松。然后请你慢慢闭上眼睛。在下面的过程中，也许你会自然地睡去，这很正常，你可以允许自己睡去。无论你是不是睡着了，这个冥想引导都会和你的潜意识一起工作，产生作用。

现在请你先感受一下你此刻的身体，此刻，你身体从上到下感受如何？是放松，还是紧张？无论你的身体感受如何，只需要感觉到就好，不用做任何的判断，即使没有什么感受，也没关系，就只是静静地和此刻的身体待一会儿。

现在，请你关注你的呼吸，你可以感觉到随着你的呼吸，鼻腔内空气划过的感觉。你可以通过关注这个感觉，把注意力专注在呼吸上。感觉此刻，你正在呼吸着。

轻松地、自然地呼吸，不需要刻意地用力，不需要任何的目的，就这样简简单单地呼吸着。

如果你感到有一些思绪产生，你可以想象，这些思绪就像蓝天上飘过的一些白云，而你就像这些白云背后，无限的蓝天。思绪在你眼前飘过，就像白云在蓝天的背景上飘过，无论有多少思绪的白云，总会飘过，而你这个蓝天的背景永恒不变。

此刻，你不费力地呼吸着，你就像蓝天的背景，看着思绪的白云飘过，而不会被思绪所带走。

……

现在想象你的每一次呼气，都散发出一股白色的蒸汽，蒸汽一点点地在你蓝天的背景上扩散，形成一个数字5的形状，形成了一朵像数字5一样的白云。

然后，你又呼出了一朵像数字4形状的白云。每当你呼出一个数字，你就感到自己越来越放松了。吸气……呼气……

你又呼出了一朵数字3的白云，你越来越放松了。还记得你第一次认识这些数字的时候吗？你是在幼儿园，还是在家里？

吸气……呼气……你呼出一朵数字2的白云，你越来越放松了。还记得你是婴儿时在妈妈怀抱里的感觉吗？你是那么地放松，那么地舒适。

继续呼吸，吸气……呼气……你呼出一朵数字1的白云，你感到完完全全的放松，完完全全的舒适，完完全全的深沉和安静。或许你感到你的身体变得很沉重，或许你感到你的身体变得很轻盈……无论什么感受，都是被允许的，你可以沉浸在这个感受中。

现在，请感受你的内心。想象你的内心好像打开了一扇门。你穿过这扇门，走进了童年中一段幸福快乐的时光，那是一段无忧无虑的时光。

在这个时光里，你时刻都感到快乐和放松，你感到放心和安全，这是一种真正回到了家的感觉。爸爸妈妈微笑着慈爱地看着你，亲密地和你相处。你时刻都感觉到温暖、亲近和美好。你是那么地被重视、被欣赏、被

第 10 章
钥匙六：放手
清理干扰能量

温柔以待、被无条件地爱。你尽情地享受着。这真是一段柔软而甜蜜的时光。

假如这个时光中，你感到有某些缺憾，你可以尽情用你的想象力去弥补，你拥有绝对的权利。你可以尽情地去构建对你有着无限关爱的爸爸妈妈，构建充满爱的环境，他们满足你内心对爱所有的需求。这是一个充满爱的家，充满了关怀，充满了欣赏，充满了无限的安全和自在。

你细细地感受着这温暖的家，享受着家里的每一个细节，你感受爸爸妈妈对你充满爱的眼神、充满爱的微笑，你感受他们温暖的怀抱、无限的安抚，融化在与他们的亲密中。

你听见他们说：宝贝，无论如何，爸爸妈妈都爱你，这个世界没有另一个人跟你一样。你是我们最心爱的宝贝，我们喜欢照顾你，我们心疼你，我们也支持你未来做你自己。无论如何我们都爱你，无论如何，这个家都爱你、接纳你、包容你，永远都爱你。

感受你心中的爱，感受你心中的温暖和舒畅。你是安全的，你是充满爱的，你是完整的，你是完美的。

你禁不住说：
谢谢你，生命，谢谢你，我的家、我的根，谢谢你们一直爱我。
无论如何，我都允许我成为我自己，我知道我的家会一直接纳我，一直爱着我。
无论如何我都有选择，我可以放心地坦然地选择智慧、喜悦和宁静，放心地坦然地选择信任，我可以放心地坦然地选择富饶，选择内在的和平。
无论我去哪里，我都是安全的，因为我内心的家爱着我，我内心的家

367

永远不会丢失，我内心的家永远都在我的心灵深处。

你感到你内心的爱的丰盈，你感受你的完整无缺，你知道你不需要向外寻找安全，不需要向外寻找完整，不需要向外寻找爱。

你再次回到你来时的门，再次感受这段满足、幸福的时光，感受这温暖、美好的家。你感到这温暖的家可以缩得很小很小，你可以把家放到你的心里。于是你就把它放到了你的心里。永永远远，生生世世，这个完整的、安全的、温暖的、充满爱的家，永永远远都在你心里。

继续你的呼吸，自然地、不费力地呼吸。随着你的呼吸，你感到这个充满爱的感受一点点沉淀在你心里，沉淀在你身体的每一个细胞里、每个思绪里。你知道你的家、你的根源就完完整整地在你心里，永不分离。

慢慢地回到你的身体，慢慢地回来。

你可以选择继续休息，也可以选择慢慢地睁开眼睛，回到此时此刻。

你会带着你对安全的肯定和信任，带着你完整无缺的爱，走向美妙的未来。

祝福你。

第 11 章
钥匙七：爱
爱是道途也是答案

第 11 章
钥匙七：爱
爱是道途也是答案

走了那么远的路，瓢虫不不有些累了。他仰望星空，那些指路星斗也化成迷雾。

他问一只老灰蛾："生命里出现过的召唤究竟有多重要？"

老灰蛾说："我一生中的变化，翻天覆地。小时候匍匐前行，无法预见未来，想不到我的路如此曲折。我甚至分不清变化中的自己到底是谁。但我总在倾听，沿着那内心中的召唤，即使迷惘，却未迷失。现在我确知，大自然所做的一切，只为给你插上爱的翅膀。那是你真正要听从的召唤。"

第 1 节

爱是钥匙，也是拿着钥匙的手

有两种爱

冰迪在这一年间，走过了生命中一些重要成长时光。她重新审视自己——不带评判地、接纳地、开放地重新认识自己。虽然她还在持续做功课，放下内在的干扰，但已经越来越多处在对自己清晰的觉察和负责之中。在她充满平静的时刻，她做出了一些重要的决定。她决定她的项目不再追求不断融资、不断扩大规模的模式，转向以价值和盈利为导向的商业模式。

她对我说："这是一个追赶风口、爆发增长、创造财富明星的时代，在这个时代，你说价值、长期主义，关注当下的每件事，就会显得老土，不求上进，也不符合我自己以前的一些激昂的观点。虽然对很多人来说，这些观点依然适用，并且也有人有能力以这种方式成功，但我看到对我来说，我自己只是被内在的风暴席卷，走上了这条路，我只是想以成就、名气换取爱、肯定和认可。想到这一点，我忽然觉得自己终于踩在了地上，似乎有点明白了《心经》里那句'远离颠倒梦想'。"

相对以往的彷徨，我感觉她的脸上，露出种子扎根在泥土中一般的希

第 11 章
钥匙七：爱
爱是道途也是答案

望。我说："感觉你开始踏实享受工作本身，而不仅追求'把事情做大'这个目标。"

"嗯，对。虽然还在进行调整，但感觉良好，似乎找到了工作中我真正热爱的部分。"她说，"就好像很多年前，高中毕业前，某个漫长的下午，虽然炎热，但我心里却有清凉的光。过去的日子浓稠而紧张，但那一刻，虽然还没有高考，我却有一种对未来的笃定，还有一种因为这种笃定带来的放松。直到自己提醒自己，嘿，还没考完呐。一提醒，反而不安了起来。"

"但无论如何，那个漫长下午你至今仍然记得。在生命中那么多日子里，总有些日子如丰收的稻穗般沉甸甸的，那往往是装载着爱的日子。比如，有的人的是恋爱的日子，有的人的是和家人在一起的时光，有的人的是为热爱、为激情而奋斗燃烧的岁月。也许当想到未知的结果时，我们会感到惶恐，但有爱的日子本身，即是生命里更大的收获。"

"我最近会梦见和我爸相处的一些温暖的画面，比如我们一起吃饭，一起旅行，虽然现实中没怎么发生过。醒来后我想，我还是爱他的，虽然他确实没有给我我需要的。然后，当我这么想，我又问自己，我爱他们吗？答案就变得模糊了起来。当我想到我还爱他们的时候，会有一种温暖的感觉，但一想到妈妈的绝情、爸爸的难以接近，我还是会感到痛苦。爱是不是伴随着痛苦呢？"

"爱有很多种，但从痛苦与否的角度来说，可以分为两种。第一种爱，是仅基于'我''我的'而存在的，在这种爱的定义中，你觉得爱是你会拥有的，也是你会失去的；爱会让你拥有什么，也会让你失去什么。这种爱

373

有时候会因为事情不再在这个'我'的掌控中，不再为这个'我'所占有，不能为'我'带来回报，而让这个'我'感到痛苦。"

"我一想到我虽然爱我爸妈，但他们辜负了我的爱，就会觉得自己在爱中受苦。谈恋爱时也会有这种感觉。"冰迪说。

"第二种爱，里面没有'我'或者'我的'，只有我们所爱的人的和平与幸福，只有我们投身于热爱之事的快乐和满足。这种爱会自然带来某些带着关怀和责任的行动。当你付出和行动，爱不仅是你所拥有的，而是你所'是'的。在这种爱中，爱会让你充满喜悦。"

"好像我的关系总是以第二种爱开始，以第一种爱结束。"冰迪夸张地撇了撇嘴。

"但你还可以继续，在第一种爱里，感受束缚、粘连和缠绕，再在第二种爱中得到超越和解脱。如果可以觉察这两者，你会感谢关系给你提供感受第一种爱的机会，也会感谢关系让你看到，自己会陷入因某个执着而带来的恐惧或痛苦，会觉察到自己需要清理的干扰能量、内在枷锁。当然，这里没有谁对谁错，只针对我们是否在关系中感到受苦。"

"我的体会是，随着对自己干扰能量的觉察、接纳和放下，我越来越能感到自己对父母的爱。以前我以为我恨他们，或者'哀其不幸怒其不争'，但现在我会感到他们也是陷在自己的模式和限制里。以前那种坚硬的感觉会变得柔软、松动。而一旦我心里说，他们在一起时我得到的那种爱再也回不来了，或者'我最终还是什么也没得到'，我确实就在受苦。不同的是，现在我可以看到怨恨升起，也可以放手让它飘走。我知道，这只是我头脑里的游戏，我怨恨的对象不在当下，我也不处于当下。但生活中我还

第 11 章
钥匙七：爱
爱是道途也是答案

不能时时觉察。"

"你在爱中曾经感受快乐和幸福，但一旦你产生抓住快乐、抓住幸福的欲求，你害怕失去它们，你就悄悄来到恐惧之中。同时，我们一旦期待某个结果在我们掌控之中，期待确定性，恐惧不确定性，也会感受到痛苦。"

"那怎么办呢？"

"就像你说的，你会发现，心里充满不快乐的时刻，你都不处于'当下'。在你平常的正念冥想练习中，如果你处于当下的状态，处于一种正念的状态，你会带着一种觉知，看到所有恐惧、评判都有起有伏，有来有去。你会感受到自己这个'我'，不再绑定在某些'我的'上——我的回报、我的执着、我的恐惧，等等。在这一刻，我们所谈论的爱，就脱离了'我''我的'这样的局限。如果脱离了'我''我的'，爱就不再局限在那些基于'分别'的概念中，而变得更宽广、博大和深远。而随着你的练习，你会越来越能把这种状态迁移到生活中。"

"一定会吗？"

"一定会，哈哈。"

"我是不是又想抓住一个结果啊？"冰迪笑着说。

"你现在可以放下得很快了。"我说，"我们可以有一个目标，目标可以给我们方向，然后我们的注意力就可以从目标移开，放下这个目标，专注到眼下的每一步上，但你依然保留着这个方向。当我们渴望抓住一个结果，我们的意念、感受、语言和行动通常是基于恐惧、担心，还是基于爱呢？一切外在的发生，都先从我们内在的种子中发芽，然后开花结果。目标可以是颗种子，种下它就好，而不需要总翻出来看看。只不过种子埋在心里，我们看不到，我们的逻辑头脑就不太能确信这一点，或者可以说，恐惧让我们不太确信这一点。"

"我在感受对父亲的爱时，如果头脑中出现一个怀疑的声音，那个温暖感就减弱了。有时，我也能感到，父亲曾经用他的方式爱我，那一刻我很满足，但如果有一个声音问，你确定吗？我会一下子就紧张起来，似乎并不确定，害怕我感到的是自己想象的，是个假象。"

"如果我们不能确信自己的感受，就可能不确信爱。而我们在以往被教育的过程中，有时会强调忽略感受是值得提倡的。那么，当你爱上一个人时，当你心里充满了爱时，如果有个声音问：为什么？那个爱的感受似乎一下就减弱了，甚至消失了。你无法向别人证明自己的爱。爱只存在于当下，不存在于别的地方。当你问为什么，往往你会离开当下。当你回到当下，放下过去和未来，爱的感受就再次与你同在。"

"我也无法向别人证明我爱的程度——总是有人会希望你证明你爱他的程度。"

"是的。你的父亲也无法向你证明他有多爱你。"

敲响那仍然可以响起的钟声

冰迪低下头，没有说话。我递给她一张纸巾，然后又续上两杯茶。过了一会儿，我感到她的呼吸似乎逐渐回到自然稳定的状态。

"相信自己的感受，也无需向别人证明自己的感受。"我说。

"是的，这对我有很大的启发。我在这段时间的探索中，也和朋友们分享过我的感受。有一些朋友会质疑，比如说你无法证明精神探索的价值，你无法证明你学习的是否只是安慰剂，你也无法证明你得到的疗愈是不是心理暗示，你是不是被洗脑了、被催眠了。我也会反问自己，以前看到一些话，我认为只是正能量鸡汤，现在有些话却会给我触动，我是变得细腻敏锐了吗？还是只是变傻了？"

"这种质疑也挺好的，可以帮我们检视这些感受的过程。比如你独自去看一个电影，感动得哭了，但后来你看到这个电影评分很低，很多人说这个电影技法恶劣，简直不值得看，这时你心里原本感到柔软的部分，可能就会变得坚硬起来。你甚至不好意思说你看这个电影哭了。另一方面，如果你和一群朋友去看，也许你不会哭，或者你在另一个时间看，你也不会哭。但这些都不能证明那天你自己去看电影哭了这件事是错的。感受就只是感受，没有高低对错，也无法向别人证明，甚至无法复现。"

"可是，我们就生活在这个需要证明的世界呀。"

"举个例子，如果此刻你骨折了，你说你很疼很疼，你怎么能证明你很疼呢？"

"我……额头冒汗，我……哇哇哭。"冰迪笑着说。

"我会质疑：'你真会演。'那你怎么办？"

"是啊，那怎么办呢？但骨折会疼，这是常识啊。"

"对的，因为很多人受过伤，所以大家知道骨折会疼。即使没有骨折过，大家也总摔过跤、崴过脚，会有类似的、相通的感受。那么，如果你对完全没有类似感受的人，说起自己的感受，他不能共鸣，是完全可以理解的。既不能说他有问题，也不能说你的感受不对。就像有些得抑郁症的朋友，会抛弃生命，很多人就不理解，因为这距离他们的经验很远，他们缺少相关的感受，也没有相关的了解，就没有共鸣。逻辑分析以及语言表达，相对直觉、感受、顿悟，是极为狭窄的通道。假如有人宣称他'开悟'了，你也只能选择信、不信或者半信半疑，即使他告诉你他的感受和领悟，他也无法证明自己，因为这完全不在绝大多数人的经验和感受之内。那么，现在，你同样也在走一条'少有人走的路'，你的伤痛、你的疗愈、你的感受，对很多人来说也是从没想过的事——或许他们的注意力没在这里，或许他们严守着自己的经验和推理方式，或许，他们还未打开自己的感受，还未打开自己的心。"

"所以，这是因为大家没有在一个频道上讨论问题。有时候我也思考这些状况，因为确实有一些洗脑的或者一看就不靠谱的观点存在，我是不是会陷入其中呢？我自己的答案是，不让你依赖它的，不让你盲目相信的，而让你自己更有力量的，让你更趋向于真善美的，应该不会是不靠谱的。"

"是的。每个人都可以依照自己的独立思考，有自己的观点。只不过你很难向一个不信任你的人证明，你是内在有力量的，还是被打了'鸡血'外强中干的；你是真善美的，还是扮演或假装的；你是趋向于平静、不被自动反应卷走的，还是只是自恋、自诩、自以为平静的；你付出是因为爱，还是因为作秀、避税、'放长线钓大鱼'。这些不管正反都很难证明。人们

第 11 章
钥匙七：爱
爱是道途也是答案

总是会选择相信符合自己经验的事、符合自己价值观的事、符合自己信念的事、符合自己推理逻辑的事，这也是一种自动化的选择。所以，不要因为自己的感受无法被证明，而忽视甚至贬低自己的感受，也不要陷入某种感受中而忽略理智，盲目贬低头脑，人云亦云，把自己的力量交给别人。一个人既保持独立思考，又有一颗打开的心灵，还信任自己的感受，是一件不容易的事，需要我们在成长中不断矫正自己。独立思考和爱，是我们在人世间值得享受的礼物。"我说。

"我现在会感觉，有的质疑有一些坚硬，我想我以前也这样，有点铁板一块刀枪不入的感觉。我为什么会有变化呢？而那些和我以前差不多坚硬的人，会不会也有一天变得松动一些，不再那么坚硬呢？"

"我想起小说《项塔兰》中的一段话：'有时人得用适切的方式将自己的心打碎……打碎自己的心之后，人就会有所体悟，或者说你能感受到全新的东西，那是唯有如此才能领会或感受到的东西。'对我来说，这段话适用。我并不是经人劝说而打开心的，而是经由抑郁，经由反复撞上南墙而破碎，经由突破坚固的茧，才得以重生的。你觉得，对你的变化来说，这段话有没有参考意义呢？"

"也适用——我也是在各种困难、压力中被打碎的，包括原生家庭的挫折，助推我在事业上感到绝望，感到失败、无价值。现在看来这是一件'好事'。但对于没有这种经历，或者没有同样感受的人，就很难理解，就像一些人难以理解抑郁症一样。"冰迪说。

"那你'打碎'之后，到今天，你的感觉有什么变化吗？"

"柔软——哈哈，以前我不怎么提这个词，今天说了好几遍了。还有感动、醒悟和爱。我会面对自己曾经的心碎，允许自己的脆弱，不会回避，也不会压抑自己的感受。而且，当我在这种打开心扉的状态，想到我爸爸的时候，画面好像是温暖的，就像我梦里的那样，他身上好像披着柔和的光。而以前，我想到他的时候，画面灰暗阴郁，没有什么温度。"

"我猜想，在那些艰难的岁月，你爸爸也曾困于自己的痛苦、脆弱，就像我们很多人的父母，以及父母的父母一样，但他们又必须向我们展现他们的坚强，甚至装出他们的坚强。所以他们必须压抑自己内在柔软、脆弱的部分，起来战斗。久而久之，他们就习惯了封闭自己的心。他们也许觉得打开是不安全的，是痛苦的，是不忍面对的，是可能让自己窒息的。但封闭得久了，心里就更缺光亮。但就像莱昂纳德·科恩有一首歌里唱到的（作词也是他）：'万物皆有裂缝，那是光照进来的地方。'有时候，我们害怕打开，不允许自己有裂缝，但那颗我们不确知的、呼唤光明的心，却和现实生活的进程里应外合，让我们被迫打开甚至破碎重生，以使成长的种子重见光明。"

"那首歌里还有一句：'敲响那仍然可以响起的钟声。'每次我听到，就感觉力量在自己手上，有一种敞开心灵的澎湃。"

"当你习惯打开自己，会感觉自己内在频率的提升。打开，不单单是开放性地倾听世界、倾听他人，更重要的是，打开意味着对自己的接纳。爱从接纳自己开始，当你百分之百地接纳自己，百分之百地认可自己，百分之百地对自己负责，当你爱自己，你会感到随之而来的更多的爱，也会感到自己可以给予世界、给予他人更多的爱，更多的贡献。我想，那对自己的允许、接纳和爱，是任何时候，你都可以敲响的'那仍然可以响起的钟声'。"

第 11 章
钥匙七：爱
爱是道途也是答案

"接纳了自己，才能打开内心，感受到的东西是和以前不一样的。尽管有人会说你是不是骗自己什么的，那也没办法，就像刚才说的，你没办法证明有什么不一样，甚至没办法表达清楚。但当我有了这些爱的感受，我可以看到一些人，他们在生活中也同样发着光，无论他们的学识、收入、资历、外貌都是怎样的，你就是能感受得到他们发着光。越是简单的人，越容易散发出一种朴素而伟大的爱。"

"所以，你也能看到你爸爸身上披着的光。也许，你也感染了他。"

"哈哈，无论怎么样都很好。"冰迪说，"还有一个消息，我妈妈和我的联系，现在也多了些。以前我不爱回应她，这一年——尤其是我感到'开心'的时候——我会回复她的信息。我感觉她似乎也在变化。有一次她还给我寄了一件大衣，我的直觉是她在用她的方式，表达对我的歉疚。以往我的回应会比较冷淡，现在我会表达我的喜欢和接受。以前，恨会让我紧缩、封闭，现在当我有能力、有力量宽容时，我感觉我愿意拥抱她。"

"这时候，你会感到压抑和委屈吗？"

"不会。以前，如果我认为我'应该'爱她，我就会感觉自己压抑、委屈，或是自己是牺牲品，但现在不会。现在是自然而然的，没什么可压抑的，也没什么委屈的情绪。我不觉得自己牺牲了自己，成全了她。我不需要用对她的恨来摆脱我对自己的责任。我只是接纳我自己，认可我自己，爱我自己，对自己负责，其他的都自然到来。"

"就像有人说，爱会满溢出来，带给你身边的人。你足够爱你自己，对你自己负责，因爱而行动，那么你周围的人会感到你的爱，你对他们也自然带着接纳、宽容和爱。而他们也会被你触动。比如，我们在生活中，如果遇到一个打开内心的人，我们也更容易打开内心。就像我们凝视一朵花，我们的心会逐渐平静，我们看到一个小婴儿，听着他的笑声，我们也会敞开我们的心。而我们对自己的接纳和爱，也会影响到我们的父母，也会帮助他们打开自己。"

"以前我会指望我妈先改变，又害怕她真的改变我反而没了借口。"冰迪笑着说，"后来发现，改变是我的责任，爱的满足是我的责任。我迈出第一步，周围的人也开始试探着迈出他们的脚步。"

"真正的爱意味着一种自由，没有那么多要求和期待。当你爱自己，你放自己自由，你也放他人自由。这是一种能量的传递，他人会感到自由和轻松，并逐渐在这轻松中让注意力回到自己，绽放出他们的爱。"

"是啊。爱不仅是钥匙，也是拿着钥匙的手。"冰迪说。

第 2 节

无条件的爱

在相对世界中认识"我是谁"

如果有人问"你是谁?",你的回答可能是你的名字,比如"我是冰迪""我是乌实";或者在某些场合,你会说"我是某人的妻子或者丈夫""我是某某的妈妈或爸爸",或者"我是某某的朋友或同事"。你会用你与另一个人的关系,来介绍自己。

也可能,你会说,"我是某公司的销售顾问""我是三年二班的班主任";也可能你会告诉对方,你来自哪里,你是什么时间出生的,比如"我是北京来的""我是九〇后""我是 2015 年毕业的",等等。

你会发现,这些回答基本上会基于某种关系——你与某个人、某个组织、某个集体的关系,你与某个地点、某个时间的关系,你与某个名字的关系,等等。

当我们建立一个新关系时,也会喜欢借由老关系,比如"你同学介绍我来找你请教一个问题""哦,你也是那毕业的呀,校友啊""咱俩生日是一天哪,都是摩羯座的"……

可以说，在相对性的世界中，我们习惯透过相对性的关系，来锚定我们是谁，或者说定义我们是谁。我们也在以我们的思维、行动，表达着我们是谁。

而每一段关系的感受，也微妙地影响着我们对于"我是谁"的感受，影响着我们体验"我是谁"。比如，一段让你感觉良好的关系，会让"这个你"体验到生命历程的美妙，而那一段让你有不好感受的关系，就会降低"那个你"的频率，影响"那个你"体验生命的美好。

什么样的关系可以让你真正感觉美好呢？如果一段关系让你感觉美好，一定是这段关系满足了你的某种需求，这些需求从浅到深，往往意味着这段关系对你的影响从浅到深。而我们最深的需求，是心灵的需求。

我们谈到过，每一段关系的背后，都隐藏着最重要的两个需求：爱与被爱。这是两个心灵的需求。当这两个需求在一段关系中得到满足时，我们会在这段关系中感到深深的、无以言表的喜悦和满足。无论这段关系是我们与他人的关系、我们与世界的关系，还是我们与自己的关系。

有条件的爱

我们与父母的关系，是我们生命中最早的关系，是所有关系的起点，深深地影响着我们后来——以及未来——的所有关系。我们在与父母的关系中，爱与被爱的需求被满足了吗？通常来说，没有。

第 11 章
钥匙七：爱
爱是道途也是答案

可是每个父母都会以他们的方式爱孩子，而我们的爱的需求为什么还是没有被满足呢？我们冥冥之中所找寻的爱，是什么样的呢？

我们所找寻的爱，是一种"无条件的爱"。然而，我们所处的相对性世界，是一个"有条件的世界"——至少得符合一些生物性的条件，我们似乎才"活"在这个世界上，至少有一个"我"，这个我才会去爱或被爱。所以，在这个"有条件的世界"中，展现出来的爱更多是"有条件的爱"。

很多妈妈会有这样的经验，孩子小时候会反复问："妈妈，你爱我吗？"我们小时候也许也会反复向母亲确认："妈妈，你爱我吗？"尤其是当我们被批评了，或是感到不如意的时候——比如妈妈加班还没回来。现在，你会觉察到，你可能不自觉地也在用各种方式向你的伴侣确认："你爱我吗？"

当你还是小小孩时，父母通常会怎么回答呢？有些父母会说："当然爱你啦！你是我的宝贝呀。"也有些父母，会转换话题，他们很少用语言表达爱，"爱"似乎是一个难以启齿的词——他们也是在难以表达爱的环境下长大的。

随着你开始长大，六七岁、八九岁，有些父母可能喜欢用一种"肯定、但是"的表达方式。比如说，"当然啦，我爱你，但你得早点睡觉""我爱你，但你别总是这么哭就好了""爱你呀，但是你也别太淘气了""妈妈爱你，但是你的作业不能写得这么潦草了""妈妈爱你，但是你别总是问这个问题了好吗？"。

有些父母不会直接说"但是……"，他们会表达自己对其他孩子的喜欢，拿他们的优点和你比较，让你感觉如果活成了其他孩子那样，父母就会爱你。还有些父母总在批判别的孩子的各种不好、各种缺点，让你觉得，

385

如果你也有这些缺点或不足，父母就不会爱你了。

我们逐渐感到，仅凭"我们是妈妈的宝贝"这一个条件，似乎还不够，我们需要满足更多条件，父母才会满意，才会开心，才会爱我，或者才会"更"爱我。我们内心中也逐渐形成了一个声音："自己不够好，不够值得爱，除非满足了某个条件，自己才是一个值得爱的人。"

我们在心中埋下了某些"我不够好"的信念。在与父母的互动中，我们反复验证这个信念——你看，果然我没考好爸妈就不高兴了吧！妈妈不开心，是我不够好，爸爸表情严肃，是我不够好。

久而久之，我们给自己的爱，也是有条件的爱。

在相对关系中所表达的"我是谁"

我们期待从父母那里得到所谓"完美的爱""绝对的爱"，但在这个"有条件的世界"中，父母不曾从自己相对性的关系中，得到过"完美的爱"，也很难给予你"完美的爱""绝对的爱"。于是，我们越有被爱的期待，就越感到失望，越加深自己不配得的感受，加深自己的负疚，觉得这是因为自己"条件不够""自己不完美"。成年后，无论我们离家多远，无论我们取得什么成就，我们内心的最深处，仍然寻找着、渴望着得到"绝对的爱"的感觉，渴望着被人无条件爱着的感觉。

当我们带着这样的缺失感进入其他各种关系时，在不同程度上，我们

第 11 章
钥匙七：爱
爱是道途也是答案

都会在关系中寻找某种得到爱的感受，无论关系中的对方是一个组织、一个集体，还是一个爱人、一个朋友，甚至一个陌生人。我们寻找的"得到爱""被爱"，也可能演化为被认可、被欣赏、被羡慕、被肯定、被安抚、被照顾等各种形式。我们以从外界获得这些"被爱"的形式，暂时填补自己"不够好""不完美"的空洞。

尤其是在亲密关系中，我们渴望透过对方得到"完整"，渴望从对方那里得到"完美的爱"，甚至要求对方给予完美的爱、无条件的爱——"要不怎么叫亲密关系嘛，这就是我进入亲密关系的一种'条件'"。而亲密关系中的对方，也同样如此，也许只是表现形式不同而已。在有条件的相对性关系中，完美的爱随着时间总是被淹没在不完美的关系中，无条件的爱总是随着时间的条件和双方要求的条件而转向黯淡。

我们的一切思想、语言、行动都在表达"我是谁"。我们透过在关系中寻找被爱，表达着这样的"我是谁"：我是不够好的，我是不完整的，我是不足够的，我是不配得的……在有条件的相对性世界，我们似乎只能从相对性关系里印证自己的缺失、不足、不完整、不完美。我们得到的爱似乎只能是有条件的爱，而感受不到无条件的爱。

基于"不够"的循环

我们多么希望可以确信，自己是无条件被爱的——不需要达到什么名利、成就，就被爱着；不需要有什么样的外貌、身材，就被爱着；不需要

387

成为另外一个人，就被爱着；无论我们是什么样的，无论我们去向哪里，我们依旧被爱。我们只是因为自己存在，就可以被深深地爱着。我们所追寻的一直没有变，无非是无条件地被爱。

然而，夜深人静时，当你问自己："我爱不爱我自己？我够不够好？"——"不"，每次心里都有个声音说，自己不够好，自己不够值得爱。我们自己给予自己的也是有条件的爱。

我们走进一个爱与条件的循环：我们需要被爱、被认可才能证明自己够好，我们够好才会被爱——而我们不够好，所以我们不配被爱，我们得不到完美的爱，所以不够好。我们就这么循环着，每一次向外找寻，都是在印证自己那不够好、不够完整的信念而已。

父母无法给予我们无条件的爱，我们被爱的需求没被满足，我们与父母产生了有冲突的关系；我们与父母外在的冲突关系，内化形成内在冲突，我们无法与自己和解，我们陷入爱的匮乏，形成不够好的信念；我们不断向外寻找完美的爱，希望填补爱的匮乏，而我们自己匮乏的东西又无法给予他人，包括无法给予父母我们自己也匮乏的无条件的爱，于是我们无力从内在与父母和解；而我们无法与父母和解，内在冲突依旧激烈，那么外在关系的冲突也愈演愈烈，我们再次从外在验证了我们不够好、不完整的信念。

我们就这样陷入了无解的循环。这个循环自动运行着，有可能很多人一生都无法找到自己所要寻找的。

你无法给出你没有的东西，别人无法给予你他自己没有的东西。而为什么没有，是因为大家都从未感到自己得到过。每个人都有一个自己不完整的信念，每个人都在向外寻找。

第 11 章
钥匙七：爱
爱是道途也是答案

当我们不能无条件地爱，我们也不能无条件地被爱。 对每个人来说都是这样。

跳出寻找爱的循环

我们再回顾一下这句话：无论从原生家庭关系还是从亲密关系里，我们都渴望得到完美的爱、绝对的爱、无条件的爱，但我们没有得到，因为父母或伴侣无法给予他们没有的东西。而我们没有得到，也就无法给予父母和伴侣我们没有的东西。

这句话之所以听着有道理，是因为我们认为"得到、拥有、给予"是一个正常的逻辑顺序，是一个合理的能量流动方式。但是，这个顺序，正是我们需要跳出的习惯性逻辑顺序。我们借由跳出这个顺序，跳出寻找爱的自动循环。

我们谈到过，父母如今对我们的意义，并不是外在两个个体，无论他们身在哪里，是否在世，他们都存在于我们的内心深处，是我们内在的一部分。有些冲突，看似是与父母的冲突，其实也是我们内在的冲突，我们与父母和解，也意味着与自己和解；我们在最初的关系——和父母的关系中，爱与被爱的需求是否得到满足，也意味着我们内在自己对自己的爱与被爱的需求，是否得到满足。

如果，我们内在的爱与被爱的需求得到满足，那么，我们将不再向外

去寻找爱。如果我们的爱无需外求，我们也将治愈我们所有的关系。

一般我们会认为，给予和得到是一个相对的过程，当你给出了什么，你会少了些什么，对方会多了些什么。那么给予的人往往被认为在做奉献甚至牺牲。但还有一些给予并非如此。比如花朵为这世界贡献它的美，但它并没有因为这种贡献而缺少什么；比如一个婴儿的笑声为你带来快乐，婴儿不但没有失去什么反而因为看到你开心，他笑得更开心；一个成熟强大的人，他帮助弱小，给予他人力量和支持，但他自己并未失去力量，反而体验到自己蓬勃的生命力，收获更多的支持。

这是因为美、快乐、生命力，并不只是他们拥有的，而是他们所"是"的。

当一个人给予爱、付出爱而不在乎回报时，他会感到自己更快乐也更有力量，这是因为爱不单是他拥有的，而是他所"是"的。他不需要以此换取什么。这是一种"绝对的爱"，而这种"绝对的爱"因为他在相对性世界中的给予和付出，得以被体验，得以被验证。

一个婴儿张开眼睛望向他的妈妈，他的眼里满含着爱。如果我们能忆起生命的最初时刻——甚至更久远的时刻，那时我们的眼中也满含着爱。对于爱来说，并不是我们得到了才会拥有，而是天生就拥有。这是一个我们一直遗忘的秘密。在这个世界里，我们还没有体验过内在具足、自性圆满，没有体验到我们天生的完整，所以人们也不相信这是真的。然而我们只是被内在对抗和干扰所遮蔽，以为这些对抗、评判、干扰才是真的，以为它们才是我们自己，就像以为密布的乌云是天空的全部。只是在某些心动的时刻，我们被唤醒的爱在提醒我们，爱一直都在，并且没有"为什么"。

我们并非得到爱才拥有爱、成为爱，而是我们本身是爱，才会因爱行动，才会给予爱，才会拥有更多爱。在每一段"求爱而不得"的关系中，只有我们了悟了这一点，并付诸行动，才会跳出"验证不足"的自动循环。并且，可以在给予爱的过程中，体验真正的"我是谁"。

无条件的爱

在外在相对性的关系里，爱像一种可衡量回报的收支反应，甚至像一种需要算计的交易，但我们在其中感受到的滋养非常有限。这种外在的计算，也表现出我们内在的对抗——我们的匮乏感、配得感在不断地拉锯。这种爱，仅基于"我""我的"而存在。

当你望向一朵花、一只小猫咪、一朵反射着阳光的美丽的云，你会打开你的心，毫无要求地响应它们的美、它们的可爱。当你初次恋爱，第一次坠入爱河，无论你现在怎么评价，那一时刻的你有着毫无保留的欢欣和喜悦。总有些说不清楚的感受，让我们的心瞬间闪亮，仿佛内在的频率被拉到高点。

尽管之后随着一些观点的进入、一些需求的进入、一些分析和计算的进入，这个感受会变得模糊、消解，甚至逐渐被怀疑、被否定，但那一瞬间的感受仍然可以像一盏灯一样，在无数漆黑的风浪里，让你感到希望。

这种爱，没有"我""我的"。内在响彻着"我""我的"的空间里，必然充满了分别、抗拒、评判和恐惧，而拨开充满内在对抗的密布的阴云，在内心深处，似乎隐藏着一个非相对性的世界。在这个非相对性的世界中，存在着无条件的、绝对的爱。

这种爱像是一种自然属性，没有分别、没有评判、没有分析。而平常我们总在用社会属性建立关系，这就让爱的自然属性显得稀缺。但正是这种爱，让你感到真正的喜悦，感到有一种心灵回到了家的感觉——全然地被接纳、被理解、被滋养、被抱持，全然地完整和安全。

也许我们可以从无条件地认可自己、无条件地接纳自己开始，从清理自己的嫉妒、怨恨、愤怒开始，从放下自己的控制、占有、取悦和指责开始，当我们清理了内在充满干扰能量的空间，当我们体验风暴的中心如如不动，那个非相对性的世界就会被你感受和领悟。

但是我们无法向他人验证这个非相对性的世界。对有些人，可以经由他们的感受而共鸣，而对还未感受到的人，在这一时间点，它只能是个传说。也许，我们可以试着在一次拥抱中全心地投入当下，投入此刻，投入每一次一呼一吸之中，放下所有的期待和判断，感受一下是否有片刻的宁静和安定。

绝对的爱、无条件的爱同样难以验证，也难以用语言表达，表达出来的就只有一些片段的信息，就像我们想用勺子表达大海，用一张照片表达漫长的旅行。但我们的感受让我们确信，那个无法言表的信息根植于心灵深处，一旦放下评判、放下恐惧、放下分别，我们将触摸它，感受它，直到体验到我们就是它。

第 11 章
钥匙七：爱
爱是道途也是答案

在无数星辰与星辰之间，在蒲公英与大地之间，在翅膀与风之间，在男人与女人之间，在世界与生命的诞生之间，在深不可测的双眸之间，爱是无需翻译的语言，爱是支持时空运转的光和电，只要你打开你的心，就会打开一个接一个美妙而无法言说的瞬间。

人生的旅途曲折、坎坷，也充满喜悦、希望，我们在这个世界透过寒冷体验温暖，透过黑暗体验光明，我们透过我们所经历的痛苦和冲突、恐惧和绝望，去寻找内在爱的种子。

我们带着爱出生，来到这个世界，我们以相对性世界中的经历为自己编织一个茧，将自己层层包裹起来。那是我们的束缚、限制、抗拒和干扰。有时候，我们会说，是这个世界、这个家庭、这个关系或者命运，在为我们作茧，但我们也可以说，是我们为了体验觉醒，而吸引了过往所有的经历，在帮我们作茧。

总之，有一天，我们透不过气了，我们必须打破壁垒，扭转思维，让内在被包裹着的爱的种子发芽、成长。最终，让我们不只认识到，而且体验到，这爱不来自他人，而是来自自己，因为我们的存在就是爱本身。

这一智慧和领悟，也是在生命结束时，我们唯一可以带走的东西。

第 3 节

从宽恕到无所宽恕

成就之路

尼采说过一句话,大意是:一个人必须成为大海,才能接受一条污流而不致变污。每当谈到"接纳"的时候,我总会想起大海。

以往我们所说的强大,往往指自己有力量可以和别人竞争、对抗,要不我说得过你,要不我打得过你,征服你,或者消灭你。但我认为**真正的强大,就像大海一样,我可以接纳一切,允许生命中的经历流过我,海纳百川,我仍然是大海**。我接纳每一个发生,对每一个发生说"是"。尽管大海的表面也有波浪汹涌,也会有飓风和冰川,但在大海的深处,却处于深深的宁静之中。

接纳和宽恕,是走向和解的道路,而对抗只会让自己所抗拒的能量越发强烈。接纳他人真实的样子,也接纳自己真实的样子,宽恕他人,也宽恕自己。在这个过程中,我们看似达成了外在关系的和解,但其实达成的是内在冲突的和解。我们加深了我们内在的宁静,越是宁静,就有越深的接纳和宽恕的力量。

第 11 章
钥匙七：爱
爱是道途也是答案

宽恕父母对自己的伤害，或者说"宽恕父母"，并不是一件容易的事。也许如今，回想起某些伤痛，你依然会红了眼睛、落下眼泪。你可能已不记得伤痛的来龙去脉，不记得完整的原因和细节，但伤痛引发的感受和情绪，还深深影响到你，让你仿佛瞬间再次变成那个两三岁的孩子。这些感受和情绪的能量潜藏在身体里，并没有因为你一直以来的回避和压制而消失，在每一次爆发时，它们仍然具有强大的能量。

我们要做的更多的是与这个内在存有的能量和解，它们一直被我们无意识地抓在手里，它们也需要我们的觉察、接纳和放手。

我们以往对父母的抱怨和愤怒都是正常的，是可以被理解、被接纳的。对于很多人来说，人生中遇到的最初伤害，往往来自父母，而他们又正是我们完全依赖的对象，是我们最重大的关系方，而他们却伤害了我们。——好吧，那时候我们除了他们也不认识其他人。所以，他们——无论他们愿不愿意——也从此成为我们成长的必由之路。

我们要宽恕的，看似是父母对我们的伤害，但更深的宽恕，是对自己过往的路途的宽恕。看似宽恕他人达成了外在关系的和解，但达成的其实是我们内在冲突的和解。

小时候，我们很难理解，父母为什么会这样对我，为什么不能满足我的需求？前面谈过，这些需求里，物质的需求可能只是很小的部分，更主要的是被爱的需求。

现在我们知道，人们只能给予他人自己拥有的东西，我们的父母，他们也有他们没被满足的爱的需求，他们并"没有"我们所要的那些东西。在他们还是孩子的时候，他们也没有从他们的父母那里得到足够的爱的满足,他们也曾被父母所伤害,他们也没感受过无条件的爱。他们成长中充满我们不理解的限制。他们对我们的期待,也常常是他们对自己的期待。他们养育我们的过程,其实也是他们自我成长的过程——无论他们是否意识得到。这是我们小时候不可能理解和确知的。

每个时代都有各自不同的教育环境,有各自不同的条件和烙印,也许,父母在那时没有机缘唤醒自己内在无条件的爱,只为了在此刻,帮助我们走上唤醒爱的道路。

这是一条成就我们的路途。

宽恕自己

小时候,我们的父母就是我们的神,我们觉得他们无所不能,而且神应该是得具备绝对的能力和绝对的爱,所以他们每一个不能给予和接纳我们的地方,都是我们难以接受的,都让我们感到受挫、感到受伤。

但也不知从哪天起,我们开始看到父母作为一个普通人的一面,他们也会对处境感到悲哀、无奈,他们也有恐惧、害怕,他们也充满了不安全感,他们也有无处安放的负面情绪能量,他们也从未被无条件地接纳过。他们承接着父辈的、社会的期待和担忧,也同样对孩子充满期待和担忧。

父母们也无法无条件地接纳自己,所以他们也无法无条件地接纳孩子。

第 11 章
钥匙七：爱
爱是道途也是答案

红尘滚滚，奔腾向前，父母也是生命洪流中的普通一分子。尽管我们感到伤痕累累，尽管他们也会感到遗憾，但他们已经尽他们的能力、认知，甚至尽他们的想象，在那一刻，做到了他们认为最好的。那一刻我们彼此的所作所为，是由很多机缘造成的，无论父母是否需要为此负责，他们都以自己能尽力做到的方式，编织着自己的命运之路。

对照父母，我们同样也是如此。我们为自己感受到的不完整而愧疚，为自己不能为自己或他人付出绝对的爱而责怪自己，我们也需要原谅我们自己。

改善与父母的关系，意味着必须接受他们真实的样子，接受他们一路走来的路途泥泞，接受如其所是的一切真实的发生。——这同样在说我们自己，我们同样在这泥泞的路上一路走来，这是我们过往真实的路。接纳这真实的发生，意味着接纳真实的自己，意味着宽恕我们自己。我们不经历泥泞，就无法更清晰、更深入地认识我们自己。

你和父母的关系，是他们的路途，更是你自己的路途。曾经的伤害、曾经的痛苦，连同曾经的依赖与幸福，都已经如实发生了，也请接纳你自己走过的一切路途。宽恕往昔的伤害，也意味着宽恕自己，意味着你如实接纳了自己过往真实的路途，你允许自己与内在的冲突和解。

除了自己，你无法改变任何人，除了当下，你无法把握任何的时间。在这个当下，接纳过去一切的发生，宽恕和原谅你曾经对抗的所有人、事、物，就意味着从这一刻起，改变与和解将在你生活中发生。

在世世代代的家族沿袭中，如果有一代人意识到改变会从自己开始，而不是承袭以往的惯性，如果有一代人意识到命运在给他一个启示，把过去的责任交还给过去，自己承担起当下自己的责任，那么这一代人就会在家族的沿袭中，开启一条崭新的道路。一代又一代，世世代代的家族沿袭中，此刻作为这一代的你，正在成为一个重要的转折点。接纳自己，认可自己，爱自己，为自己负责，当你以你所是的爱而选择、行动，你会印证自己的完整和具足，你也会给予你的孩子以爱，给予他们肯定、接纳和欣赏，允许他们走他们的路，成为他们自己。宽恕自己，爱自己，也意味着给予未来以爱。

看似是我们宽恕父母对我们的伤害，但更重要的是我们宽恕自己的过往，宽恕我们自己。对自己的宽恕，需要无条件的宽恕。

如果你没经历过需要宽恕的人、事、物，如果你没经历过需要宽恕的关系或纠缠，你就无法真正体验什么是"无条件的宽恕"，你也无法亲历内在的爱的成长——不仅是"知道"，而是"体验"。过去的一切发生，也是成就突破与解脱的路，让你透过接纳、宽恕和疗愈，成长起来，体验自己的本质，最终领悟乌云翻滚背后安定的蓝天背景，体验移除了爱的障碍后，内在本来所是的爱。

无所宽恕

人和大海很像。

如果只看到大海表面的巨浪随着风起云涌不断翻腾，只看到入海口不断冲入的污浊，看到千帆相竞、万丈冰凌，你就会跟着这些风浪翻滚，心

第 11 章
钥匙七：爱
爱是道途也是答案

中巨浪滔天，贪恨难平。你会心生焦虑、烦躁、恐惧，自动化地掩饰匮乏和脆弱，用依赖和捆绑去索取归属感，用野心和操纵去寻找认可和价值，用竞争和控制去证明自己的重要性，用抗拒去回避自己对自己的不满。

如果你相信你是脆弱的，你就会防卫你的脆弱；如果你相信你是没有归属的，你就会去盲目征服或依附；如果你相信你是不美丽的、不重要的，你就永远看不到自己有多美丽、有多重要。如果，你相信你就是这完整、无限的大海，无论表面是恶浪汹涌，还是风光旖旎，内在都是不被打扰的深沉宁静，你会把自己归于你深沉的宁静中心，你会看到，表面的一切都不是你的本质，你有无需证明的喜悦、宁静和爱，你可以接纳一切表面的发生，你可以允许生命的经历如是地流经你。

你可以接纳任何事——你接纳任何河流，任何风暴、雨雪、沙尘、泥浆。你成为大海，并不是因为接纳了河流，而是因为你本来就是大海，所以才海纳百川，河流才会流向你。而又因为你亲自经历了海纳百川，你就可以体验到——而不仅是知道——你就是这宁静、无垠、容纳一切的大海。

每个人都是完整的大海，但展示出来的，却都是波涛汹涌。只有少数人才了解自己具备宁静、深刻的本质。

我们彼此，以表面的波涛相遇，相互拍打，相互席卷，却很少看到彼此的本质。一个人在你面前展现他的波涛与冰凌，如果你可以看到他不为人知的深深的本质，你就生出了宽恕与慈悲之心。

如果你在自己过往的经历和遭遇中，看出所有一切都只为让你体验自己本质的一面，你就宽恕了所有的过往，你就会生起对自己的慈悲。

如果我们辨认出，一切的发生、一切的关系，我们所遇到的所有人、事、物，都在铺就我们认出真实自己的道路，铺就我们回归本源的道路，都在铺就我们体验自己所是的爱的道路，都对我们的成长有利、有益、有爱，我们还有什么需要宽恕的呢？

这一切，无所宽恕。

当你来到宽恕之路的终点，辨认出这一切其实本没什么需要宽恕的时候，你就回到了你爱的本质、宁静的本质。在这一刻，恭喜你，享受心中的爱的光芒吧！

第 4 节

我们曾经就是"一个"

一个故事

（瓢虫不不这个梦的故事，感谢来自尼尔·唐纳德·沃尔什的故事灵感和启发。）

瓢虫不不做了一个梦，在梦里他离开了现实的丛林，在无尽时空中漂浮。

他似乎被一种引力吸引，不断向上。他穿过所有小昆虫的天堂，又穿过所有生命的天堂，他依稀穿过了光阴的边缘，来到一片光明的国度——一整片不分彼此的光芒，周围一切都是暖洋洋的，无边无际。不不看不到自己的样子了。

有一个声音在说话："我是光？我是光！我是光呀！"不不努力辨认，仿佛看到一个闪耀的光球在自言自语着。这时，另一个声音传来："是的，你一直是光。"这个声音似乎来自另一个耀眼辉煌的光球。

不不想，那么我在这里……也是光吗？

闪耀的光球说:"有没有办法可以让我体验一下呢?是'体验'一下!体验一下我是光——我虽然'知道',但是我完全没有感受。我可以感受一下我如何'是'光吗?"

辉煌的光球说:"有什么是不可以的呢?只不过,要体验的话,你现在还有一个障碍。"

"什么障碍呢?"闪耀的光球急切地问。

"'知道'与'体验'不同。'知道'一件事,是明白与了解,'体验'一件事,你需要有一个对象、一个对境。你需要去到那些相对的世界,才能'体验'你是谁,而这里是绝对的世界,绝对的世界没有对境。"

"我怎么才能有相对性的对境呢?我要体验一下我是谁。"闪耀的光球渴望地说。

"你需要创造出这个现实,"辉煌的光球接着说,"好消息是,你是全能的。你试试,你是不是可以分成两个?"

闪耀的光球晃动了一下,瞬间他分成了两个光球,他们同样明亮闪耀。其中一个哈哈笑着说:"真有意思,我一决定,就做到了!接下来怎么办?"

辉煌的光球说:"如果你们去到相对性的世界,一个光明,一个黑暗,你就可以体验你自己了。光只有在黑暗中,才能体验自己是光,而黑暗在光下,才能体验自己的改变。"

不不想到,他也曾听到过类似的话——不需要害怕黑暗,只需成为一束光,不需要摆脱或驱赶黑暗,只需要点起一盏灯。他悄悄给这两个同样

第 11 章
钥匙七：爱
爱是道途也是答案

闪耀的光球起了名字，哈哈笑的叫小闪，另一个叫小耀，这样就稍微容易辨认一些。

小闪——闪耀的光球分出的其中一个说："好有意思呀，我要去相对世界里试一试。"感觉他已经摩拳擦掌、跃跃欲试了。

辉煌的光球说："如果你去往一个相对性的游戏场——比如地球，你可以试试体验光的各种品质，比如勇气、善良、慈悲、宽容、宽恕……"

"勇气、慈悲、宽恕……我都想体验！听起来比光本身还要复杂有趣一些似的。"小闪欢天喜地地说道。

辉煌的光球说："可是，你要知道一件事，本来，是没有什么事需要勇气的，本来也是没有什么人要被宽恕的，比如我，比如他。"说着他指了指小耀——闪耀的光球分出的另一个，然后向周围比画了一圈。

小闪看着小耀，小耀是那么耀眼明亮，他的光明同样意味着善良、勇气、慈悲、宽容。小闪又向周围看了看，这个国度只有完美的光。他有点泄气，因为的确没有任何人需要宽恕，没有任何事需要勇气去挑战和克服。

"那怎么办呢？"看着这个完美无缺的世界，小闪轻轻叹道。

"我可以帮你，我可以做你的对境。"小耀此时开口说，"你不记得了？我们刚刚还是一个——我们就是为了这件事，才开始一次分离。"

"但是……你是那么耀眼明亮！我可以感受到我对你无条件的爱，我怎么能让你降低自己的频率，进入黑暗，被泥沼般的阴影吞没呢！况且，我们曾是一个！"

403

"我们会通过彼此，体验自己，就像你此刻正体验你的爱，而我这么做也因为我爱你。我还将通过另一种曲折的方式，体验勇气、接受、承担与救赎。此刻我的决定，也让我在体验我的爱——我对你的爱。"

小耀停顿了一会儿，继续说："也许，在那里，我会做一些糟糕的事。也许我会禁锢你，贬损你，操控你，践踏你，让你从懦弱、依赖中不得不生出勇气。也许我会侵害你，欺骗你，污蔑你，毁灭你，让你在怨恨、愤怒中煎熬挣扎——也许，你也会对我做相似的回击，仇恨我，报复我，打击我，伤害我，直到你从破碎中选择重生，从撕裂中选择宽恕，从痛苦中选择解脱。直到你在黑暗中，点亮你的光，体验到你光的本质。"

小闪没有说话，他一闪一闪的，似乎回应着小耀的光。不不听到这里，感到自己的心也在怦怦跳动。

不久，只听小闪说："好吧，那我们就开始吧！"他对体验"自己是光"的渴望和兴奋，代替了犹豫。似乎因为体验而增长智慧，是他必然要走的路。

"但是，我还有一个请求，"小耀对小闪和辉煌的光球同时说，"请你们帮助我。"

"那当然可以，我们曾经就是一个！"小闪说。

"当我们进入相对性世界，我会忘了此刻，忘了我们曾经就是一个。"小耀说，"我会降低我的频率，投身于我的角色，我可能会变得阴暗、残忍甚至暴虐。在相对性世界，我必须遵循因果法则，承担我所有行为的后果。也许我的频率会沉重得让我堕入浓密的黑暗。如果我不能记起我真正是谁，我将被困在漫长暗夜的深渊中，无法自我救赎，无法回归光明。如果你记起你是谁，也请你提醒我，我真正是谁。"

辉煌的光球说："如果是这样，我会分身去往那里，我也会用自己的觉醒找回自己，并提醒你们。但那时，是否相信这个约定，是否接受提醒，也来自你们自由的决定。"

小闪也跳着说："我会记得的！我会记得这个约定！"他继续说，"我会提醒自己我们曾经的约定，我们都曾是唯一的光明，即使选择去经历阴影，也是为了体验智慧回归光明。"

不不感到，辉煌的光球似乎向自己瞥了一眼，似乎他和自己也曾有约定似的。但还在他回味这个感受时，一瞬间，辉煌的光球、小闪和小耀他们都消失了，他们已出发去完成他们的体验。而不不的周围，仍然是无边无际的光的海洋。

"因为我爱你……记得我们曾是一个……"不不心里重复着。他想着："我会为此说'不'吗？我又为何说'不'呢？"

想着想着，他似乎进入更深、更沉静的梦中，他所有的伙伴们——蚱蜢、蜘蛛、蚯蚓、天牛……似乎在光中闪现了，又消失了。

在梦的最后，他好像预见到，醒来前他会忘记这个梦，忘记有一天他听到一个声音说：请记得我们曾经就是一个。

你是道途，是答案，也是家园

冰迪端详着手中的茶，好久没有说话。

窗外，傍晚，风吹过树梢，酝酿着一场夏日的雨。靛蓝色的云层深深浅浅，积累着一次新的改变。

"谢谢，"冰迪缓缓地说，"也许这就是我一直寻找的秘密。我不知道我未来会怎样继续面对那些困难，但我想，我们已经太久太久只能看到对方，看到彼此'海浪'的汹涌，是时候该回到'海洋深处'，回到深深的平静、安定中了。"

她停了停，继续说道："在这些日子里，有一些时刻——比如此刻——我感到我回到了我海洋的中心——那深深的我自己。我感到，我也能辨认出每个其他的海浪，他们也有着深深的、宁静的中心。我们曾经就是一个，一片光，一片海洋。"

我回应她："是的，他们和你彼此相伴。你们来到每一刻，经历每一刻，超越每一刻。这既是你的旅程，也是他们的旅程，既是你所寻找的秘密，也是他们心中未知的宝藏。这些旅伴，也是你的旅途；你的旅途，也是你正在寻找、正在体验的答案。你终将重返最深的自己，重返永恒的家园。"

第 11 章
钥匙七：爱
爱是道途也是答案

"我的父母、家庭，我的经历，都是我的道途，还有我每一个关系中的他们。曾经，我们就是一个。现在，我只想谢谢他们，他们都在帮我认出、帮我体验'我是谁'。"

"是的，也谢谢你。你，你们。曾经，我们就是一个。"我说。

练习 9
冥想练习：由爱到爱

请你找个不被打扰的地方，舒适地坐着，双脚放在地板上，或者盘坐也可以。

你可以调整你的身体，让自己自然、放松。

你可以用鼻子吸气，嘴巴呼气，在呼气的同时，轻轻闭上眼睛。

感觉和你接触的地板、椅子或者垫子，以及这之下的大地，此刻，都在稳稳地支撑着你。你的身体的重力，沿着脊柱向下，一直深入到大地的中心。此刻，你稳稳地接地。

感受一下你的身体，从下到上，你身体内的每个部位现在的感受如何？是轻松、舒适，还是有些疲惫、紧绷？有什么感受都没关系，没有感受也是一种感受，允许任何的感受，就让自己和这个感受同在。

现在，请感受自己的呼吸。此刻，你正自然地呼吸着，感受此刻你的身体，正随着你的呼吸自然地起伏。感受你的呼吸，自然、放松地呼吸，不费力地呼吸。

吸气……呼气……
那么自然，没有目的，就只是简单、放松地呼吸。

放松你的双腿，放松你的背部，放松你的肩膀，放松你的面部。你可以允许自己给自己一点温柔的微笑。现在，带着这温柔的、自然的微笑，

第 11 章
钥匙七：爱
爱是道途也是答案

我们一起开始一个内在探索的旅行。

请你把注意力放在你的胸骨下方、肚脐上方中间的位置，胃部的附近，这里是你的太阳神经丛脉轮。

想象你每一次呼吸都把气息带到你的太阳神经丛脉轮。

每一次呼吸，都把空气中新鲜的养分和能量带到这里。

在你的周围，充满了平常看不到的宇宙的能量，这些能量随着你的呼吸，不断补充到你的太阳神经丛脉轮。

感觉随着你的每一次呼吸，你的太阳神经丛脉轮仿佛发出金色的光，在你的胃部附近，越来越亮，越来越亮。

每一次把气息吸到这里，你都在为自己赋能，为自己充电，这金色的光越来越充盈，让你感到越来越有力量，越来越强壮、健康，你的潜能越来越被激发，你越来越能实现你的意图和愿望。

此刻，随着你的呼吸，你感到这金色的光在你身体内流动着，运转着。你的无限的潜能、无限的能量在你的体内流动。

你感觉这金色的光进入你的胸腔，进入你的心脏，你感到你的胸腔被生命的能量充盈着，每一次呼吸，都可以容纳更多的能量。你感到你的内心打开了，你的内心越打开、越开放，能量就越充足。

你对你自己微笑着，你在生命里经历了那么多，每一个行动都为你的现在打下基石，这一切都是你内在的财富，都是你内在的富足，都滋养着你爱的能量，滋养着你对自己真正的爱。

你感到你内心的能量越来越充盈，你的内心也越来越打开。

每一次你对过往的疗愈和宽恕，都让你释放了更多的能量；每一次放手和原谅，都让你释放更多潜在的力量，都让你更加信任地打开内心，去迎接爱，去获得爱，去给予爱，去把你的感恩、慈悲、宽恕和友善散发到你触及的所有空间。

你的身体充满爱的疗愈能量，你的周围也充满爱的光。你被爱包围。你快乐、健康，完整无缺，你值得拥有所有的一切。你有能力爱自己、爱他人，你值得被爱，你值得活得健康，值得成功，值得幸福。

每次当你放手和原谅，每次当你给予爱，每次当你充满信任地打开内心，你的创造力、你疗愈的力量都将会增强。

你给予他人爱，你给予自己爱。

你的内心越打开，你越能接受更多的富足和能量，你越能来到你希望的未来。

金色的光不断流动着。你感到金色的光充满了你的全身，这金色的光也扩散出你的身体，不断地扩大，你的觉知也随着光的扩大不断地扩大。

这光充满了你在的房间，你的觉知也扩展到你在的整个房间。

光越来越大，扩散出你在的房间，覆盖了你所在的城市，你的觉知也扩展到整个城市。

光越来越大，光越来越大，覆盖了这整个的星球，你的觉知也扩展到整个星球。

一切的发生，都在你之内。

想象你两臂张开，想象你把所有的人都拥抱进来，你把这个世界拥抱了进来，你把生命中所有的可能性拥抱了进来。所有的一切都环绕在你的

第 11 章
钥匙七：爱
爱是道途也是答案

双臂之中，这一刻的爱从你打开的心里发出去，又千百倍回到你身上。

一切都是完整的、圆满的。所有的一切，都在微笑。所有的一切都在你之内，所有的爱都是你的爱。你是起点、是旅程、是终点，你是一切的起因和答案，你就是爱，你有疗愈一切的力量。

……

现在，请你记住此时此刻你的感受，身体的感受，心灵的感受。所有的困难都属于过去，铺就你走到此刻的道路，现在你拥有全新的一刻。永远信任你的爱，爱会带你走向未来。

……

自然地呼吸，让你的觉知慢慢地回到你在的房间，回到你的身体，慢慢地回到你的呼吸。在每一次呼吸中，你的感受都沉淀在你的身体里，沉淀在你的每一个细胞里。

然后，你可以一点一点地睁开眼睛，让光一点点地透进来。在一切现象的背后，在一切表层的核心，这个世界带着爱、带着光来到你的身边。

祝福你。